中國學術思想

研究輯刊

三六編

林慶彰 主編

第23冊

儒家倫理的堅守、批判與創造性轉化
——韋政通倫理思想研究

劉君莉 著

花木蘭文化事業有限公司

國家圖書館出版品預行編目資料

儒家倫理的堅守、批判與創造性轉化——韋政通倫理思想研
究／劉君莉 著 -- 初版 -- 新北市：花木蘭文化事業有限公司，
2022〔民 111〕
序 10+ 目 4+198 面；19×26 公分
（中國學術思想研究輯刊 三六編；第 23 冊）
ISBN 978-626-344-066-1（精裝）
1.CST：韋政通 2.CST：學術思想 3.CST：儒家 4.CST：倫理學
030.8   111010206

中國學術思想研究輯刊
三六編　第二三冊　　　　　　　ISBN：978-626-344-066-1

儒家倫理的堅守、批判與創造性轉化
——韋政通倫理思想研究

作　　者　劉君莉
主　　編　林慶彰
總 編 輯　杜潔祥
副總編輯　楊嘉樂
編輯主任　許郁翎
編　　輯　張雅淋、潘玟靜、劉子瑄　美術編輯　陳逸婷
出　　版　花木蘭文化事業有限公司
發 行 人　高小娟
聯絡地址　235 新北市中和區中安街七二號十三樓
　　　　　電話：02-2923-1455 ／傳真：02-2923-1452
網　　址　http://www.huamulan.tw 信箱 service@huamulans.com
印　　刷　普羅文化出版廣告事業
封面設計　劉開工作室
初　　版　2022 年 9 月
定　　價　三六編 30 冊（精裝）新台幣 83,000 元

儒家倫理的堅守、批判與創造性轉化
——韋政通倫理思想研究

劉君莉　著

作者簡介

劉君莉，女，河南長垣人，1980 年 8 月 9 日出生，中國人民大學哲學博士，上海師範大學馬克思主義學院副教授，上海殯葬文化研究中心特約編輯。主要研究方向：中國傳統倫理學，中國近現代倫理學，中西倫理比較。先後在《哲學與文化》《思想與文化》等權威和核心刊物發表論文 16 篇；出版專著 2 部，主持國家社科基金一般項目「儒家倫理的現代困境及其轉型路徑研究」（20BZX074），多次應邀參加國內、國際學術研討會。工作期間先後榮獲「省優秀黨員」「省優秀教師」「省教學標兵」「省教學技能大賽一等獎」等榮譽。「羅國傑倫理學教育基金一等獎」獲得者。

提　要

　　儒家倫理是中國傳統文化精神、思想的核心與靈魂，對中國傳統影響「且深且巨」，但在五四運動以後，隨著西方文化的侵入，儒家成了批判的主要對象。從陳獨秀提出「孔子之道與現代生活」如同「水火之不相容、南北之不相併」到胡適提出「我們必須承認自己百事不如人」；從李大釗的「封閉、焚毀、葬諸墳墓、陳死人之歷史」到美國著名學者約瑟夫・列文森視孔子與傳統價值為「博物館裏的陳列品」；儒家倫理遭遇前所未有的困境與挑戰。儒家倫理思想在現代社會之價值何在？還能發揮何種作用？如何回應挑戰並重建傳統儒家倫理？這是每位關心中國文化前途命運的學者始終探索的問題。韋政通先生自覺地意識到了中國思想界這種「首要的困惑與危機意識」，並始終「帶著中國的實際」去思考如何既能保存中國傳統文化的精華，同時吸收西方先進文化的要義，從而為暫時「失語」的中國文化與倫理尋求新的發展道路。

　　異樣的人生經歷與學思歷程使得韋政通自覺關注儒家倫理現代轉型問題的同時又有著自己獨特的研究路徑。縱觀韋政通整個倫理思想發展，他首先是深入傳統、尋求認同、直達心魂；然後跳出傳統、兩面攝取、雙向批判；最後是創造轉化、探尋出路、指向未來，最終實現以現代為視角進行「現代而又中國」的出路探尋。其思路是一種「認同（深入）─批判─展望」模式。構建出一套異於他人又具有現代化特色的儒家倫理轉型體系：儒家倫理現代轉換與重建的基礎是將抽象性、靜態性、封閉性的傳統人性觀轉變成動態、開放的人性觀；儒家倫理現代重建的核心是以「中國本位的中西互為體用」為前提，復興中國文化根亥的同時引進西方的道德理念，加強道德規範的重建；儒家倫理現代重建的關鍵是在中西倫理架構中構建「自由人倫理」。儒家倫理的現代重建旨歸於道德人格的塑造和生活化的儒家。他關於中國倫理文化的重建構想有著更為全面的考量，其倫理思想是切入儒家倫理困境及轉型問題研究的重要門徑。

守住文化根與魂　圓我中華復興夢

肖群忠〔註1〕

　　文化是每一個民族的根與魂，近代以來，由於中華民族積貧積弱，倍受列強欺誣，使部分中國知識分子喪失民族文化自信，把我們落後的原因全部歸結到傳統文化身上，因此，在百年前的新文化運動和五四運動時期，某些激進的知識分子就激烈批判中華傳統文化和傳統道德，這在當時雖然有其啟蒙的時代價值，但一百多年過去了，我們再回頭看，顯然具有情緒化的偏頗。早在上世紀後半葉，臺灣、香港、新加坡、韓國等亞洲四小龍的經濟騰飛，正是在傳統儒學文化背景下發展起來，而且形成了被世人認可的亞洲價值觀和儒家資本主義的發展模式，這證明傳統文化並不必然影響社會經濟發展。

　　近四十多年來，中國大陸在經濟與社會發展上，取得了令世人囑目的成就，成為世界第二大經濟體，因此，民間與官方對中華優秀傳統文化的自信大大增強。在大陸地區，自上世紀九十年代以來，形成了幾波中華傳統文化熱，傳統文化不僅重新影響著民眾的價值選擇、生活方式，也日漸成為官方的意識形態，建設和諧社會，共建人類命運共同體，民本政治，崇德向善無不是其體現，甚至形成了要把馬克思主義一般原理與中國優秀傳統文化相結合這樣百年來從未有的高度政治論述，體現了官方對傳統文化的重視程度無以復加。還有一個普遍的認識即當前是我們近代以來最接近中華民族實現偉大復興的時期，伴隨著中華民族偉大復興，也必然伴隨著中華文化的復興，並成為推動實現民族偉大復興中國夢的文化與精神動力。

　　中華傳統文化相較於西方文化的智性主義、印度文化的神性主義，顯然

〔註1〕中國人民大學哲學院教授。

是一種德性主義文化，或者換句話說傳統道德是傳統文化的核心與靈魂，這是一種廣泛的學術共識，比如，德國著名學者阿爾伯特・史懷哲早在上世紀三四十年代就曾指出：「在我們所能認知的中國古代思想最古老的形式上就已經發展出了高度發達的倫理觀。它雖然不過是從過去慢慢演化形成，並且在傳承中被保留下來的道德習俗，但這種道德習俗卻幾千年來一直處在對世界和人類的思考的影響之下，並且在這樣的思考中不斷地變得精緻而深入。」〔註2〕「它認為世界只有在有道德的人出現的前提下才能變得美好而有意義。」「人可以通過自己倫理的行為達到和自然的和諧統一，這樣的思想有了如此的深度。」〔註3〕「沒有哪種倫理教育像中國倫理那樣致力於內在的修養。」〔註4〕史懷哲先生不僅對中國文化的這種倫理特質有清晰的瞭解，而且對其歷史價值、世界影響和未來價值給予了非常高的評價和展望：「中國倫理思想千百年來對於個人和全民族的教育的功績是偉大的。世界上沒有任何一個地方有這樣一個建築在倫理思想之上的文化，能與中國這塊土地上存在的相匹敵。」〔註5〕「近代的思想家開始懷疑孔子並不代表他對於今天的中國不再有意義。他的思維方式已經深深地扎根於中國人的精神當中，所以即使現在的時代看起來對他並不有利，但他仍將長存。」〔註6〕「如果設想一下中國思想的明天，那麼它必然是一個從孔子學說出發的、通過實現其開始具有的各種可能性並將其中蘊含的所有生機和活力都淋漓盡致地發揮出來的有所革新的思想。它擁有一種出於自我力量而不斷以符合其本質的方式革新的能力，又不乏其深刻性。……對孔子精神做符合時代精神的革新意味著精神和倫理文化對於物質主義文化的一次勝利，它將不僅對於中國，甚至對於全世界都有重大的意義。」〔註7〕韋政通先生在其《中國文化概論》一書中也指出：「在

〔註2〕〔德〕阿爾伯特・史懷哲著：《有大用的中國思想史》，南京：江蘇人民出版社，2018年6月版，第84頁。

〔註3〕〔德〕阿爾伯特・史懷哲著：《有大用的中國思想史》，南京：江蘇人民出版社，2018年6月版，第83頁。

〔註4〕〔德〕阿爾伯特・史懷哲著：《有大用的中國思想史》，南京：江蘇人民出版社，2018年6月版，第89頁。

〔註5〕〔德〕阿爾伯特・史懷哲著：《有大用的中國思想史》，南京：江蘇人民出版社，2018年6月版，第247頁。

〔註6〕〔德〕阿爾伯特・史懷哲著：《有大用的中國思想史》，南京：江蘇人民出版社，2018年6月版，第255頁。

〔註7〕〔德〕阿爾伯特・史懷哲著：《有大用的中國思想史》，南京：江蘇人民出版

中國文化中，有『一本萬殊』的理念，於是堅信一切文化都有一個共同的基礎，這基礎就是道德。中國傳統中講道德，不像西方人講道德只限制在人生的範圍內，而是彌漫在文化的一切領域。因此，中國的政治理想是『德治』，文學理想是『文以載道』，經濟的理想是『不患寡而患不均』，他如教育、法律、也莫不以道德為基礎。」（註8）

　　韋政通先生是臺灣著名學者和思想家，他研究和著述的主要領域均是傳統文化，雖然在立場上，他早年曾經追隨自由主義思想家殷海光，但也曾追隨唐君毅、牟宗三等保守主義新儒家學者，不管立場如何，他對中國傳統文化的豐富學養和深刻洞見，令我輩晚學很是崇敬。先生的著作在大陸出版傳播的比較多，先生也是我最青睞和崇敬的當代學人，買和讀先生的書也是相對較多的，先生的學問博大精深，其表達則是準確平實，在我的讀書史上，曾有在清代祖廟（今勞動人民文化宮）圖書節上淘得先生《中國哲學辭典》的喜悅，也有讀《中國思想史》的通透體驗，更從其言簡意賅的《中國的智慧》《中國文化概論》《倫理思想的突破》等著作中獲得了豐富滋養。

　　因此，2016 年至 2019 年，當本書作者劉君莉博士跟隨我在中國人民大學哲學院就讀博士研究生時，我和她經過商量，選定了韋政通倫理思想作為她的博士論文選題，為了寫好這個題目，她曾經申請並獲准赴臺灣輔仁大學訪學，不僅在臺灣地區大量採集到了比較全面的韋先生的著作文本和研究資料，而且赴韋先生住所數次訪問韋先生並請教相關問題，研究者能夠有機會當面向被研究者請益，這顯然是難得的機遇，對增強研究的客觀性和信度顯然是有助益的。君莉還為我帶回了韋先生的問候和致意，先生還贈我了他的簽名標準照和臺灣初版《倫理思想的突破》一書，可惜君莉這篇論文尚未完成答辯時，年過九十高齡、身體康健的韋先生卻因偶然的交通事故而駕鶴西去，真是令人感歎不已。先生逝世後，我曾撰學術長文：「人文學者與中西哲學——韋政通著作讀書劄記與評論」發表在《唐都學刊》2018 年第 5 期以表達敬仰與紀念之情。

　　道德是傳統文化的核心和靈魂，作為一名倫理學者，關注以儒學為核心的傳統文化的現代性轉化與現代性發展，自然首先是關注傳統道德的現代轉化與現代發展，因此，就希望君莉以此為研究課題，實際上，在現代中國的

社，2018 年 6 月版，第 255 頁。
〔註 8〕韋政通：《中國文化概論》，長沙：嶽麓書社，2003 年 10 月版，第 58 頁。

百年歷史上，特別是在 20 世紀 60、70 年代以後，如何在面對工商社會和市場經濟的社會大背景下，思考傳統倫理的現代化問題，韋先生身處工商社會先期發展的臺灣地區，最早系統思考了這個問題，其成果就體現為先生代表作之一：《倫理思想的突破》，本書在上世紀八十年代初，就引進到大陸出版，愚開始學習研究倫理學時，就閱讀學習了先生此書。顯然，這是一個百年來具有重大學術和思想價值的現代性問題。

問題和主題確定後，君莉就投入到了紮實的研究與寫作中去，本書是在其博士學位論文的基礎上經過修改而成。本文對韋政通先生思考的問題進行了較為全面的疏理和分析，闡發了先生對傳統倫理的堅守與批判，弘揚與建構，對其思考方式和分析方法，觀點內容和立場貢獻等都進行了清晰的分析論述，全文主題鮮明，邏輯嚴整，文獻紮實，思想敘述分析準確，語言表達順暢，是一篇合格的博士學位論文，得以順利通過答辯，獲得哲學博士學位，並順利就職於上海師範大學。畢業工作後，又不斷深化這一課題研究，也許是由於這一問題的重要性和君莉有相應的研究工作積累，在她畢業當年就以此論文為基礎，以此主題申請了國家社會科學基金項目，由於其在讀博期間，也發表了相對豐碩的學術論文成果，她在入職第一年，就順利獲評副教授職稱，作為她的導師顯然為她取得的成績感到高興。君莉學習刻苦，為人謙虛，做事到位，尊敬師長，友善同學，上學時很受老師們好評與喜愛。

為自己的學生的著作出版寫序言，對於為師者來說是一件令人愉悅的事，因為「得天下英才而教育之」是孟子所說君子三樂之一，也是為人師者的真實愉悅體驗。研究韋政通思想的著作，君莉此書雖然不是第一本，但也卻是有所推進的為數不多的著作之一，雖然作為一位年輕學者，其研究與著述仍然需要不斷深化與提高，但我相信此書的出版，對推進韋政通學術思想研究，解決這一重大時代問題會提供有益借鑒和推進。此書在臺灣花木蘭文化事業有限公司出版，也感謝該社長期致力於兩岸學術著作的出版，希望此書在該社出版也能對兩岸文化交流發揮助益作用。

2022 年 5 月 26 日於北京世紀城時雨園𢙐風軒

明月為我寄愁心——劉君莉有關韋政通倫理思想研究的新著序

王立新

　　為學需要靜處獨思，於是很多研究，就不可避免地陷入「與世隔離」、與研究對象「隔離」的境地，這種情形雖屬必須，但於研究當代對象的學者，未嘗不是一種遺憾。這種遺憾，是否能夠得到機會彌補，全在機緣，全在生活世界能否為研究者提供機緣，而一旦獲得這種機緣，便可使研究進入更親切的境地，直接感受被研究者的生命氣質和精神脈動。這是一種福緣，得之不易，求之難獲的福緣。

　　上海師範大學的劉君莉副教授，把辛苦撰成的博士畢業論文，做深細加工，將以《儒家倫理的批判、堅守與創造性轉化——韋政通倫理思想研究》為書名，出版自己的學術研究專著，同時藉此書出版，「悼念並致敬對中國倫理思想創造性轉化做出重要貢獻的韋政通先生」。

　　這件事情讓我高興，這種說法令我感動。

　　君莉於人民大學讀博期間，在導師肖群忠教授的建議下，將韋政通的倫理思想作為研究目標撰寫博士畢業論文。為了給君莉寫這篇序言，我查了一下她跟我電子通訊的記錄，最早收到君莉的來信，是 2018 年的 4 月 4 日。君莉在信中，說她將韋政通倫理思想作為畢業論文的研究目標，希望得到我的指導和幫助。4 月 9 日，君莉再來郵件，說她將於 4 月 16 日去臺灣，參加輔仁大學「士林哲學班」的研學活動，趁機搜集論文資料。信中表達對韋政通先生的仰慕之情，希望能夠得以拜見先生，直接從先生那裡獲得寫作目標和撰寫路徑、內容等指教。我把先生家的電話和住址告訴她，也通過電話將此事告知先生，先生欣然同意君莉去訪問。

君莉就這樣，在短短一個半月時間內，四次到先生家中拜訪，直接受教於先生，與先生結下了很深的情誼。回到大陸後，君莉繼續與我通信，我讓她把跟先生幾次見面的情形和感受寫出來，以便緊急加進我當時正在主編的《思想的感染與生命的感動——獻給韋政通先生九十華誕》書中。君莉奮力書寫，很快撰就《用生命做學問——初見韋政通先生》。七月底，該書出版，八月七日寄到臺灣時，先生卻已於兩天前意外過世。說起這件事我就傷懷，我敬愛的先生，一生拼盡生命能量為學，又揮盡生命熱情啟導後學，我們今日的教育，已無法想像曾經有過像他那樣的好學者和好老師這種事實。

韋政通先生，踏遍山河歲月，走完了自己精彩耀人的一生，面對先生的為學、為人、為師，同樣作為教育者，我不僅自慚形穢，而且常常感動哭泣。不要說先生的倫理思想，先生本人，就是中華倫理楷模的鮮活樣本，如果真正識得他，就會自覺不自覺的受到感召和激勵，即便處在艱難中，也總是想到要堅持下去。

念起先生，差點又痛心而開心地哭上一場。

先生一生，忠於學術、忠於思想、忠於客觀真實。其於學術思想方面的創製，確實不止一端兩處，無論對思想史的爬疏與重建，還是對文化的精解與普及，都做出了令人企羨的成就，而其更顯著的特點與奉獻，則全在於對現世的社會和人生的真摯關懷和真心熱愛上。他在有關中國人和中國社會倫理重建方面的思考和建樹，就是其中重要的一項。

先生朝倫理方向用心，不是為了成為一名博通中外同類學問的專家，而是為了使中國人能夠過上真正的現代化生活，能在中國走向現代化的途程中，找到新的合情合理、合世界潮流又合中國人實際的嶄新道路。他無意成為學術的名家，而著力想把自己打造成一位真正的自由思想者。學術只是基礎和前提，思想才是目標和動力。他的思想也不是歷史上哲學家的那種思想，他不想做那種整日陷入冥思的玄想家，他的思想，是完全面對現實，直指社會和人生的思想。他有很好的邏輯訓練，但他對從概念到概念的那種邏輯不感興趣，他的邏輯是依循客觀實際的情況，做符合實際的理論推導，目的在為生活於當下的人類尤其是中國人，提供符合客觀實際的誘導和啟發。

先生有感於中國人在走向現代化過程中，所遭遇的傳統與現代的衝撞以及由此而引發的觀念分裂和行為失調，試圖尋求一種適中的調適，他的用心

是感人的，他的努力也是卓有成效的。有關於此，讀者朋友們可以從君莉教授的這部研究專著中略窺一二。

如同君莉在本書中所描述的：「儒家倫理的現代轉型問題是幾代學者共同關注的主題，韋政通終其一生關注並致力於此問題的研究，發展出了具有自己獨特風格的研究路徑，也獲得了相當重要的研究成果。他以現代生活的實際為視角，採取『認同（深入）—批判—展望』模式，進行「現代而又中國」的出路探尋。具體表現為：通過深入傳統、直探心魂尋求認同；進一步經由『兩面攝取與雙向批判』反省傳統；最後以創造轉化路徑為儒家倫理的現代轉型，探尋出路並走向未來。此種轉型路徑的生成依據在於：第一，邊際學者身份使其對待傳統倫理的立場與態度合乎中道；第二，異於常人的研究方法和科學客觀的認知批判視野；第三，獨特的研究視角使其對儒家倫理研究持論平和。因此，無論是其對儒家倫理的批判還是出路探尋，都是我們重新認識和思考傳統儒家倫理及其現代轉化的重要參照。」

有關君莉本書的詳細內容，朋友們可以從閱讀中去瞭解，我只想在這裡說明，君莉作為現代倫理建設家韋政通的研究者，直接感受到了韋政通做人、為學和思想特徵等情況，在短短的一月之中，她曾四次與先生深談並且共餐，這是她的幸運，這種幸運使得她對韋政通在倫理方面所作奉獻的原因和內容，都有不同於只看著作者的深入瞭解，所以她的研究成果，既有真實感，又有親切感，不光是理論上的邏輯陳述。

我為君莉的際遇感到慶幸，也為君莉的成果感到高興。祝賀君莉的專著付諸出版，也祝願君莉在未來的繼續研究中，獲得更豐的收穫、取得更多的成就。

我也想借給君莉寫這篇序文的機會，向君莉的博士導師中國人民大學的肖群忠教授表示感謝。他是倫理學研究專家，他深知韋政通的倫理思想在當代的地位和影響，他指導君莉研究韋政通倫理思想，同時希望君莉能夠聯繫到我並通過我跟韋政通先生取得聯絡。在得知韋政通先生過世的消息後，肖教授委託君莉發來了悼念先生的挽詩：

> 人生學涯歷苦辛，出入新儒自由身。
>
> 識廣慧靈卓然立，德潤後學一賢人。
>
> 《突破》開出新倫理，《詞典》《史》著澤士林。
>
> 高壽不測命歸西，繼志述事耀黌門。

上面書名號的文字，是專指韋政通先生的代表作《倫理思想的突破》、《中國哲學詞典》和《中國思想史》上、下卷。

先生過世後，我與東華大學陳復教授，合力主編《生氣依舊滿人間——韋政通先生懷念文集》，我們分別負責彙集兩岸的懷念文章，但因陸內書刊出版忽然猛勒緊箍，檢查機構不斷令我說明書中所涉臺港兩地人士的政治立場，我為此做了十幾次書面說明，一一列名，一一說明經歷、發表文章、出版著作名稱，講學活動地點、內容，但是毫無效用。檢察官員們明知我的「彙報」沒有問題，但卻害怕天上飛下隕石砸到自己，於是一拖再拖，再拖又拖，又拖還拖，直到拖黃了事。

為了這件事，我必須向海內外師友們致以由衷的歉意，包括肖群忠教授。遺憾的是，參與、關注，還有親自撰文悼念韋政通先生的數位師輩朋友，卻在我陷入不斷「彙報」作者立場的那段時間裏，不幸過世了，我失去了向他們表達歉意的機會。將來我到另外的世界裏，也未必就能遇見他們，今生所欠他們的情誼，徹底無法償還了。最遺憾的，還是他們自己，他們都想看到韋政通先生懷念文集的出版，都想看到自己的悼念文章，被發表在已出版的懷念文集裏。

再回到正題，中國的社會和倫理必須向前走，倫理雖然未必能夠做到先行引領，但也不能總是跟跟蹌蹌地跟在社會發展的身後，至少可以與社會的行進基本保持同調。不能總是遲遲於後，更不可以掉頭向回走。縮進傳統的殼裏，只會表明不思進取、怯懦無能和愚鈍寡智。老舊的綱常殼子，早就經不起技術和經濟的衝擊，更遮蔽不了現代的風雨。傳統的倫常，已不能解決現代人面臨的難題，只能封閉自己、捆綁自己，必須建立新規制，創建新倫理，才能回答時代賦予的新課題。這件事情儘管道阻且長，但處在今日，卻是正當其機。

世界在向前走，只有開放地融入，才能看清真實的處境，處置真實的問題。否則，就只能在故意虛擬的夢幻裏囈語。

新倫理的建設，必須首先面對正在走向世界化和現代化的真實客觀情勢，與世界潮流挽臂同行，攜手並進，同時批判性地繼承古代倫理，學習一切不同族群曾經和當下的經驗與智慧。新倫理的建設，是為了滿足現代人的生存，而不是為了給古代人的說法找尋現代的證據。只有這樣，才能使現代人真正瞭解自己的困境，弄清造成心理失調和行為失措的真正原因，找到精神重新

獲得安頓的路徑和可能。沉浸在幽深玄遠的古代遙想中，最多只能使自己化成夢中的蝴蝶，解決不了醒來後面臨的真實問題，從而也就無從真正贏得現代心靈的安慰與展拓。

承蒙君莉不棄，向我索求此序，因為有關她拜見韋政通先生的前前後後，我既是引介人，又是見證人。我既是韋政通先生的學生，也早已成了君莉的朋友，涉及到兩個方面的情誼，所以敢於並且甘於不顧自己的孤陋寡聞，也不在乎意必固我，寫下上面這段文字。寄望君莉不斷進步的同時，也希望先生的用心和思想，在更為廣大的空間裏為人所知，給後來的人們以更加持久、更加深入的啟迪與激勵，增強國人在走向現代化過程中的勇氣，為中國人真正能夠過上有品質、有內涵，同時又靜悅動樂的現代生活，提供更加飽滿而富有熱力的信心。

王立新

退休半月前——2022 年 4 月 30 日，於深圳大學

目次

前　圖

筆者與韋政通先生於碧湖公園合影留念，攝於 2018 年 4 月 28 日

思想沉思中的韋政通先生與他的書房，2018 年 4 月 28 日

韋政通先生慷慨激昂給筆者講他的思想，2018 年 5 月 6 號攝於先生府宅客廳

韋政通先生（前排中）與筆者（後排中），臺灣東華大學陳復（後排右），中國礦業大學胡可濤副教授（後排左），廣州葉師竹博士前排（右）合影留念，攝於 2018 年 5 月 12 日

韋政通先生與筆者在先生府宅書房，攝於 2018 年 5 月 18 日

用放大鏡給筆者講其思想的韋政通先生，2018 年 5 月 18 日攝於先生府宅書房

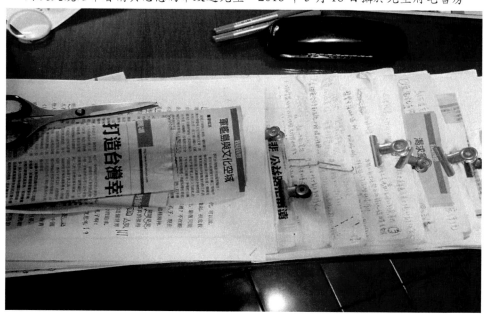

晚年仍筆耕不輟的韋政通先生，2018 年 5 月 21 日攝於先生府宅書房

第 1 章　導　論

1.1　問題意識、選題緣由與研究方法

1.1.1　問題意識

　　儒家倫理思想對中國傳統影響「且深且巨」，近代以來遭受「打倒孔家店」之衝擊，作為人類文明一系，儒家倫理遭遇前所未有的困境與挑戰。儒家倫理思想在現代社會之價值何在？還能發揮何種作用？儒家倫理思想如何回應這一挑戰以及如何重建中國傳統倫理？是每位關心中國文化前途命運的學者始終探索和關切的問題。

1.1.2　選題緣由

　　本書擬以儒家倫理的現代轉型為旨歸，以現代生活為動態座標，以當代學術界具有重大影響力的思想家、政論家、哲學家、知名學者、臺灣社會轉型時期最活躍的知識精英之一韋政通先生的倫理思想作為研究的重心，探討韋政通先生倫理思想的學術成果、主要觀點及思路，全面闡述韋政通倫理思想的內容及價值。

　　本書將通過不同的方法，從不同的角度考察韋政通倫理思想產生的時代背景、理論來源、獨特的思想經歷與學養，分析其倫理思想的架構、意義價值、偏頗缺失，依照「是什麼、怎麼樣、應如何」的基本思路對韋政通的倫理思想進行全面而深刻地研究。回顧傳統，著眼當下，面向未來，以期從韋政

通倫理思想中找到中國傳統倫理「存」與「續」的依據與路徑，尋求傳統倫理的現代轉換和突破，以實現傳統儒家倫理的現代超越。

選擇這一問題進行研究理由如下：

第一、韋政通倫理思想的獨特性

韋政通是現代社會較早地研究儒家倫理思想及其轉換的重要學者，其倫理思想特徵鮮明又自成體系。其對中國傳統倫理研究深入，觀點獨到。2012 年韋政通先生在接受李懷宇採訪時自言到：「我思想上比較有創建的是倫理思想，我在這方面比較有創見。」[註1] 十九世紀以來，傳統向現代的轉換一直是學人思考探討的大問題，比較有代表性的觀點[註2]認為，中國思想「傳統」與「現代」之間存在明顯的斷裂，主要表現在由傳統向現代轉換過程中，中國傳統思想存在自身活力與資源不足的困境，在回應西方文化挑戰的過程中，傳統思想一直處於完全被動的狀態。與很多學者不同，韋政通先生認為中國思想能夠實現轉換，不單單是西方文化的衝擊和挑戰，最為重要的是傳統自身爆發了很大的潛力，造就了一批思想家從而影響了中國思想的歷史進程。他非常強調中國思想在轉換過程中的根源性：「中國近代思想，並非全由西方的挑戰，而做被動的回應，它是由傳統思想內部的發展展開的。」[註3] 韋政通先生獨到的觀點對我們理解傳統倫理極具啟發性，韋政通先生認肯中國傳統倫理思想在中國現代化進程中重要價值的同時也為我們提供了一種方法論，我們在研究中國傳統倫理的過程中，應注意傳統與現代之間複雜的聯繫，避免簡單地割裂、對峙，做出非此即彼的武斷劃分與評判。韋政通先生基於對中國傳統倫理批判研究去解析傳統，重建現代新倫理，與傳統主義者和非傳統主義者將傳統看作一個整體從而形成尖銳對立不同，韋政通先生注重對傳統倫理的內部解析，反思人獸之別的傳統二元人性論，關注靈與肉對立之外的關係；將中國傳統倫理分為理想層的「五倫」和實效層的「三綱」兩個不同的層次，「以『理想系統』與『實效系統』來解析傳統，使傳統文化的結構發生質的改變，同時又不失民族

〔註1〕李懷宇：《韋政通：文化在老百姓的生活裏》〔M〕，《知識人：臺灣文化十六家》，桂林：灘江出版社，2012 年版，第 166 頁。

〔註2〕代表性的看法有兩種：一種是以嚴復為代表，認為中國思想與西方思想全然不同，中國思想缺乏生命力，無法應對挑戰；另一種以侯外廬為代表，認為中國思想 17 世紀有啟蒙思潮，18 世紀受壓制難產，19 世紀中期開始活躍。

〔註3〕韋政通：《中國十九世紀思想史》（上卷）〔M〕，臺北：東大圖書股份有限公司，1991 年版，自序第 4 頁。

文化的傳統性。」〔註 4〕將對倫理生活產生重要影響的文化區分為合理文化、反理文化和非理文化。這種平實、中允的獨特思想使我們對傳統倫理產生了新的理解和認識，對傳統倫理實現現代性超越提供了重要啟示。

其倫理思想之所以有其獨特性，原因如下：

首先，邊際學者〔註 5〕**的身份使其對待傳統倫理的立場與態度平和中允。** 韋政通先生學術道路和治學方式尤為特殊，他一生出入於現代新儒家和自由主義兩大思潮陣營，先後受新儒家牟宗三先生和著名自由主義思想家殷海光兩個完全不同的典型人物的影響，經歷了「困頓歲月、信仰之旅、冒險遠航、和跋涉山水」〔註 6〕——不尋乎常人的學術歷程，使得其倫理思想具有不同於新儒家、自由主義者的獨特之處。他自言：「我沒有學派的觀念，講我是新儒家，講我是自由主義者，都與我不相干，我就是我。」〔註 7〕深厚的學養使其能對儒家倫理的困境與轉型問題進行理性的思考，對西方文化的深刻認識和獨到見解使其能夠跳出「我族中心主義」〔註 8〕的限制，對五四新文化運動對儒家文化的破壞進行客觀公正的評價。特殊的人生經歷，充滿異數的學術道路，深厚的中國思想史研究功底，使他能以「邊際人」的身份從歷史的視角審視中國傳統文化發展的流變，以一種開放的心態吸納西學，研究西學，客觀公正、科學理性地去審視儒家倫理。

其次，獨特的研究方法和科學、客觀的認知批判態度。 就研究方法而言，

〔註 4〕何卓恩：《韋政通與殷海光——以傳統的批判和重建為中心的考察》，可參見吳根友、歐崇敬、王立新主編：《中國哲學的創造性轉化》〔C〕昆明：雲南人民出版社，2004 年版，第 365～366 頁。

〔註 5〕1928 年羅伯特·帕克提出了「邊緣人」（marginal man，亦譯為「邊際人」）的概念，柯尼格博士在其《社會學》一書中論及並詳細介紹邊際人格，意指新舊文化同化過程中所帶給思想家或者文化人的不可避免的矛盾與苦悶，韋政通先生認為「邊際人是『文化的混血兒』。『邊際人』真是個美妙的造詞，恰當不移地代表著新舊衝突和文化同化過程中文化人的性格，我國在五四運動以後，從事新文化工作的人，他們的矛盾與苦悶，就正是這種邊際人式的矛盾與苦悶。」『邊際人』必是舊時代舊文化的批判者，同時也必是新文化新時代的奠基人。」可參見韋政通：《人是可以這樣活的》，臺北：洪葉文化事業有限公司，2000 年 11 月，第 188 頁。

〔註 6〕韋政通：《儒家與現代中國》〔M〕，臺北：東大圖書股份有限公司，1991 年版，第 293～324 頁。

〔註 7〕參見 2018 年 4 月 28 日韋政通口述，採訪人：劉君莉、葉師竹，未刊。

〔註 8〕韋政通：《中國文化與現代生活》〔M〕，北京：中國人民大學出版社，2005 年版，第 165 頁。

韋政通先生有不同常人之處，先生自言：「我研究中國文化與倫理的方法與任何人都不同。」〔註9〕在研究中國傳統倫理向現代轉化的過程中，韋政通先生主要採用了「與傳統對話」「與現實直接對話」「科際整合」的方法。在研究態度方面韋政通先生也異於常人，傳統主義和西化主義在應對巨變上的失敗表明，「客觀冷靜的態度」和「同情而心存敬意」〔註10〕都不是研究歷史文化應持的態度，關鍵是要有科學和客觀認知的思想和態度，此態度和思想在韋政通先生的思想中有著深深的烙印。在認知中國傳統文化方面他主張：「對於認知文化，既不加歪曲，也不加以顛倒，既不過分簡單，也不過分渲染，既不增加事實，也不裁減割裂事實。是什麼就說什麼。」〔註11〕本著這樣的治學態度，韋政通先生深入傳統之後剖析反思傳統，注重傳統與現代的關係，用現代的視角去構建傳統倫理，推動了中國傳統儒家文化和倫理轉型的進程。在傳統文化思想的繼承和發揚方面，韋政通先生認為應採取批判的態度。韋政通先生對「批判」有很深的見解，他認為批判是極其艱巨而重要的工作，他談到：「批判工作的重點在對所批判的對象做客觀的瞭解，瞭解它的意義與限制，瞭解它的推理過程並檢視其論證，瞭解它與外在環境的聯繫，和內在心智活動的歷程。」〔註12〕韋政通先生認為，只有經由真實地瞭解、熱情的投入、信任地跟隨、掙脫信服權威的程序，批判才能真正做到理性客觀審慎〔註13〕。他「兩面攝取、雙向批判」。〔註14〕用傳統批判現代化和用現代化批判傳統，以中國人的道德精神深入地批判傳統並認真地研究西方，他認為創造性轉換的關鍵和實質在於批判繼承傳統文化的同時吸收批判西方的文化，「我族中心主義」和「西方中心主義的態度」不理性不平衡也不可取〔註15〕。韋

〔註 9〕 參見 2018 年 4 月 28 日韋政通口述，採訪人：劉君莉、葉師竹，未刊。

〔註10〕 韋政通：《儒家與現代中國》〔M〕，上海：上海人民出版社，1990 年版，第 196 頁。

〔註11〕 韋政通：《儒家與現代中國》〔M〕，上海：上海人民出版社，1990 年版，第 16 頁。

〔註12〕 韋政通：《中國思想傳統的現代反思》，〔M〕，臺北：桂冠圖書股份有限公司，1990 年 2 月，第 60 頁。

〔註13〕 韋政通：《儒家與現代中國》〔M〕，上海：上海人民出版社，1990 年版，第 226 頁。

〔註14〕 吳根友、歐崇敬、王立新主編：《中國哲學的創造性轉化》，昆明：雲南人民出版社，2004 年版，第 334 頁。

〔註15〕 韋政通：《中國思想傳統的創造轉化：韋政通自選集》，昆明：雲南人民出版社，2002 年版，第 2 頁。

政通先生從四個維度批判傳統文化與倫理：對原始儒家（孔孟荀）的批判、對歷史上批判儒家的再批判、對新文化運動時的反傳統的批判、對當代新儒家的批判。

第二、韋政通倫理思想的時代性、現實性

倫理建設不能脫離傳統，更要面對現實，立足現代。先生自言：「我的倫理思想是對傳統批判出來的，是跟當代文化結合的倫理思想。」〔註16〕韋政通先生作為一個入世的思想家、學者、知識分子，批判傳統儒家倫理的同時充滿了強烈的現實關懷，與他的老師牟宗三先生濃厚的崇古心態不同，韋政通先生以現代生活為依託思考新倫理的構建，其思想傾向是面向現代的，韋政通先生在其著作《倫理思想的突破》第一章導語中曾言：「本書處理的中心問題，是在逐漸走向工業化、自由民主的現代化過程中，如何推動一種新倫理觀，以便配合社會發展的需要。」〔註17〕書中用大量的篇幅討論了工業文明的倫理新貌、人生階段與倫理、民主自由與倫理等現代社會的倫理問題，他對傳統倫理道德進行批判檢討的同時，對現實的道德進行理論上的診斷：「今日的道德問題及其產生，主要是由新舊兩代之間觀念上的衝突、外來觀念的衝擊等造成，而今日之道德問題遠比過去任何時代都複雜，現代道德問題與傳統道德問題的崩潰是分不開的。」〔註18〕他的倫理觀點均以合乎現代社會理性發展為依託，以現代社會的經濟文化生態發展的要求為旨歸，先生對現代道德及倫理建設的熱情在近世的學者當中也極為罕見，他認為民主、科學、倫理是構建文化的三個重要方面，且把「倫理」問題置於民主與科學的優先地位〔註19〕。

第三、儒家倫理思想現代轉型問題的重要性

儒家思想的重建與轉型問題重要而迫切，也是每位關心中國文化前途命運的學者始終關注並探索的問題。建國後，國內學界對儒家文化尤其是儒家倫理思想轉型問題研究較為薄弱；八十年代後國內倫理學界對儒家思想的現

〔註16〕李懷宇：《韋政通：文化在老百姓的生活裏》，《知識人：臺灣文化十六家》〔M〕，桂林：灕江出版社，2012 年版，第 166 頁。

〔註17〕韋政通：《倫理思想的突破》〔M〕，成都：四川人民出版社，1988 年版，第 3 頁。

〔註18〕韋政通：《韋政通自選集》，濟南：山東教育出版社，2005 年版，第 388 頁。

〔註19〕韋政通：《倫理思想的突破》〔M〕，成都：四川人民出版社，1988 年版，第 209 頁。

代轉型問題關注不夠。然而早在 60 年代初，傳統的更新與重建就是韋政通先生關注的主要問題。「我的工作是希望能促進傳統思想的更新，僅是總目標的一小部分，卻是一個基本的部分，這個工作的主旨在為中國這個古老的社會文化尋求一種新的意義和方向，希望能對中國文化的重建貢獻一份心力，自 1965 年以來，我寫的十幾本書，都是在運用不同的方式，朝這個目標和主旨努力。」〔註 20〕儒家倫理問題一直是韋政通先生批判和研究的主要對象。在其專著《儒家與現代中國》的自序中韋政通先生自言：「儒家與我的生活已有三十年的關係，我對儒家的心情也許可用通俗的『愛之深、責之切』來表達，我的一切批評，當然是希望它在現代中國能繼續成長，繼續發展。」〔註 21〕先生在總結自己 30 多年來的工作時也曾言：「傅偉勳提到的『批判地繼承及創造地發展』恰好把我多年所思以及想要做的，用最簡約的文字表示出來。」〔註 22〕由此可知，韋政通先生在批判傳統倫理的同時一直致力於中國思想傳統的創造性轉化。在他近 40 部的專著當中，道德和倫理尤其是儒家倫理佔了相當大的分量，1974 年～1987 年出版的《中國文化與現代生活》《中國的智慧》《巨變與傳統》《儒家與現代化》（1989 年由《傳統與現代化》更名而來）《倫理思想的突破》等著作，以上幾本書「如冠以一個總題或總綱，它應該是『中國思想傳統的批判與重建。』」〔註 23〕在這一總綱下，傳統儒家倫理的批判與重建是他真正的興趣和重心所在。尤以《倫理思想的突破》一書突出，該書堪稱研究儒家倫理思想現代轉換與構建的典範，因此，韋政通先生的倫理思想是切入儒家倫理困境及轉型問題研究的重要門徑。深入研究韋政通先生如何深入傳統、批判傳統以及如何詮釋、融會與創造傳統儒家倫理，意義重大。

1.1.3　研究方法

　　韋政通先生的著作是本書研究的主要對象，論文以韋政通先生的倫理思

〔註 20〕韋政通：《傳統的更新》〔M〕，臺灣：大林出版社，1981 年版，自序第 1～2頁。

〔註 21〕韋政通：《儒家與現代中國》〔M〕，上海：上海人民出版社，1990 年版，自序第 2 頁。

〔註 22〕韋政通：《儒家與現代中國》〔M〕，上海：上海人民出版社，1990 年版，第 228頁。

〔註 23〕韋政通：《中國思想傳統的現代反思》〔M〕，臺北：桂冠圖書股份有限公司，1990 年 2 月，自序第 5 頁。

想為依託，對韋政通先生關於儒家倫理、傳統與現代、傳統倫理與現代的關係等思想進行研究和討論。具體方法如下：

　　文獻研讀法。文獻研讀法是最基本的方法。在研究過程中，要認真細讀韋政通先生的核心著作，客觀、真實地呈現、梳理、分析其思想，同時以文本為中介，在閱讀文獻的過程中實現視域融合，追問文獻作者為什麼說、哪些沒有說、我應如何說。儘量做到分析精詳準確，不隨意論斷。

　　分析建構法。分析性建構意指在文獻研讀基礎上，準確全面把握文獻作者要義的前提下，批判性考察，大膽懷疑，小心求證，對作者的思想進行推進和體系的建構，李澤厚先生很贊同這種研究方法，他曾言：「要真批判，就必須有正面的主張。」〔註24〕

　　比較研究法。一方面，該論文注重對不同階段和不同時期韋政通倫理思想特徵的比較和分析；另一方面，本文將比較韋政通先生與同時代某些學術觀點的爭鋒，韋政通先生所處時代，學者的研究大都圍繞兩個方面，一個是中西思想之比較，另一個是中華傳統文化的傳承與創新即古今比較。圍繞這兩個議題許多學者都提出了自己的觀點，具有很強的可比較性。我們可以將韋政通倫理思想與其他學者的倫理思想進行比較，力求準確地把握韋政通倫理思想的精髓，並評價其理論特質和思想貢獻。

1.2　研究現狀、存在問題與可能推進

1.2.1　研究現狀

　　由於臺灣與大陸的學術交流受限，關於韋政通先生及其思想的研究從九十年代末才開始，其著作也相繼在大陸出版，但在此之前，其思想及相關著作已引起了學術敏感度較高學者的關注，一些學人對韋政通先生的著作曾進行過專門的評介〔註25〕。二十世紀以來，大陸關於韋政通先生及其思想的研究有兩次高潮：（1）「第一屆海峽兩岸傅偉勳、韋政通當代中國哲學的創造性

〔註24〕李澤厚：《李澤厚近年答問錄》，天津：天津社會科學出版社，2006 年，第 64 ～65 頁。

〔註25〕根據先生的未刊日記、書信和能查到的臺灣資料記載，對韋政通先生的書籍做過專門評介的學人如下：嚴靈峰、項退結、殷海光、金觀濤、李中華、鄭曉江、盧建榮、羅秉祥、劉玉禎、朱永嘉、蕭木。

轉化」高級研討會（2002 年 9 月 20 日～24 日），此次會議是受教育部人事司委託，由教育部人事司和高教司分別發文，由武漢大學哲學系中國哲學學科點與教育部高等學校師資培訓交流中心共同主辦，來自全國的 50 多名學者和教師參加了此次研討會，會議圍繞「韋政通與中國傳統的創造性轉化」議題，探討了韋政通先生的哲學、文化及倫理思想，最後形成了研究韋政通先生思想的論文集〔註26〕。（2）「人文思想與人文教育研討會暨韋政通先生八十八壽誕學慶」（2014 年 11 月 28 日～11 月 30 日），該會議由深圳大學人文學院、深圳大學國學院精心籌劃，海峽兩岸的四十餘位專家學者彙集一堂，韋政通先生圍繞「活化人格」教育展開了演講，與會代表圍繞人文教育展開激烈地討論，會後產生了不少研究韋政通先生的論文。

總體而言，對韋政通及其思想的研究主要涉及以下幾個方面：文化哲學思想（碩士論文 2 篇、期刊論文 1 篇）、韋政通與中國思想史（期刊論文 7 篇）、自由主義思想（專著一部、期刊論文 2 篇）、儒學研究及批判（博士論文 1 篇、期刊論文 5 篇、收錄論文集 3 篇）、倫理思想（專著一部、碩士論文 3 篇、收錄論文集 2 篇、公開發表論文 1 篇，專論之外散論 3 篇）、個人影響與定位（期刊論文 6 篇）等。

鑒於筆者博士論文的選題是側重於韋政通倫理思想研究，所以在搜集韋政通倫理思想的文獻過程中儘量做到精、全、準，從目前能夠查到的文獻來看，研究韋政通先生倫理思想具體情況如下：專著一部，碩士論文兩篇，收錄論文集兩篇，公開發表論文一篇，專論之外散論三篇。就目前的研究現狀而言，學界對韋政通先生的研究仍嫌不足，對韋政通倫理的研究還有待深入。

對韋政通倫理思想研究最早、最全面、最系統的是池州學院的尹文漢教授，他出版了題名為《儒家倫理思想的創造性轉化──韋政通倫理思想研究》的專著，是目前以「倫理思想研究」為名的第一部也是唯一的一部，作者與韋政通先生有書信往來並有實際的接觸，對韋政通先生的學術和為人甚為瞭解，尹文漢教授的行文風格樸素平實，他主要以韋政通先生的《倫理思想的突破》一書為藍本，對韋政通先生關於倫理思想的主要觀點進行歸納和整理，全書共分六章，除了第一章對韋政通先生進行整體介紹、第六章對韋政通倫理思想進行評價之外，其他三章與韋政通先生《倫理思想的突破》行文思路

〔註26〕吳根友、歐崇敬、王立新主編：《中國哲學的創造性轉化》〔C〕，昆明：雲南人民出版社，2004 年版。

保持高度的一致，檢討儒家倫理，構建現代倫理。

　　唐凱麟、王澤應教授所編著的《20 世紀中國倫理思潮》中涉及有關韋政通先生的倫理思想，作者把韋政通先生放在自由主義思想的代表中進行了研究，認為韋政通先生是臺灣五六十年代自由主義的重要代表人物，在這本書中，作者用大量的篇幅研究了韋政通先生的新倫理觀，從韋政通有關儒家倫理思想的四大缺陷開始分析，然後論述了工業文明的倫理新貌和韋政通先生有關現代新倫理的構想，最後作者對韋政通先生及其倫理思想進行了評價，從門派劃分上，作者認為韋政通先生是屬於自由主義陣營的，「現代新儒家和自由主義倫理思潮在本世紀五十年代以後的對立和鬥爭，主要就是以殷海光、韋政通為代表的自由主義和以唐君毅、牟宗三為代表的現代新儒家的對立和鬥爭。」〔註 27〕作者認為韋政通先生關於儒家倫理思想的批判不同於其他學者，其倫理思想的最大特點在於提出了中國文化民主科學倫理建設的新模式，其倫理思想的缺陷在於僅僅侷限於自由主義的範疇，未擺脫全盤西化的窠臼。

　　劉春蕊的碩士學位論文《韋政通先生家庭倫理思想》從韋政通家庭倫理思想的歷史背景和理論淵源入手，分析了當代家庭倫理存在的問題及其原因，緊接著分析了韋政通先生關於構建家庭新倫理的內容，最後對韋政通家庭倫理觀進行了評價。該篇論文最大的亮點是側重於韋政通先生的家庭倫理進行研究，這也是作者在視角上的創新之處。總體而言，研究深度有待加強，資料掌握不夠全面，從作者的參考文獻來看，作者參考的大部分都是韋政通先生著作的大陸版，涉及到臺版的著作不多；在對韋政通先生倫理思想進行評價時作者所總結的兩點自視為創新之處實為尹文漢在其著作《儒家倫理思想的創造性轉化——韋政通倫理思想研究》一書中的觀點。另外就是出現了和研究韋政通文化哲學兩篇碩士論文同樣的問題，關於韋政通的基本史實的記述錯誤較多〔註 28〕。

〔註 27〕唐凱麟、王澤應：《20 世紀中國倫理思潮》〔M〕，長沙：湖南教育出版社，1998 年版，第 134 頁。

〔註 28〕劉春蕊談論及韋政通個人情況：大學畢業後，家里人希望他回家管店，他不滿這種人生安排，毅然決然地跟隨軍隊到了臺灣基隆。真實情況是韋政通並未畢業就去了臺灣，其去臺灣的原因也不是如上所說，另外作者還錯誤地將報刊文獻《人生》和《民主評論》當成韋政通的兩篇文章，將韋政通來大陸講學的日期錯誤地寫成 1989 年，實為 1988 年。

陳宗真的碩士論文《韋政通對儒家倫理的創造詮釋》，主要從詮釋學的角度解析了韋先生不同時期的倫理思想，他用「正」「反」「合」來總結韋政通倫理思想的歷程，認為「正」是韋政通發掘儒家倫理價值，具體表現在韋政通研究孔子的成德之學和朱子的經權理論，「反」是韋政通對儒家倫理的批判，「合」是韋政通運用科際整合的方法構建的融合傳統與現代價值的自由人倫理。陳宗真總結的「正」「反」「合」別出心裁，令人耳目一新，但真正「正」「反」「合」的內容還有待發掘和考究。

杭州師範大學李迎春的碩士論文《韋政通倫理思想探究》從四個方面論述了韋政通的倫理思想，第一章從韋政通倫理思想產生的時代背景切入，第二章闡述了韋政通倫理思想的形成過程，第三章詳細論述了韋政通倫理思想的主要內容，第四章論述了韋政通倫理思想的特色及其侷限性。較之其他幾篇碩士論文，本篇論文的創新之處是作者在論述韋政通倫理思想特色的同時指出了其倫理思想的侷限性，作者認為韋政通先生新倫理觀的思想不能囊括現代化的所有問題，更多新的問題需要我們去進一步思考。這是很多學人在研究韋政通倫理思想時所未注意之處，但也不免有苛責之處，因為韋先生所處時代，網絡化、信息化還沒有現在這麼發達。另外，作者在敘述有關韋政通個人史實方面也有疏漏之處〔註29〕。

《中國哲學的創造性轉化》一書收錄了尹文漢教授的《思想家韋政通先生的倫理關懷》一文，據作者自言，此文主要觀點來自其著作《儒家倫理的創造性轉化──韋政通倫理思想研究》，筆者結合作者的著作對此文進行了對比閱讀，論文的第一部分探討了韋政通先生對傳統文化的態度：「同情的瞭解，無情的批判。」〔註30〕作者追尋了韋政通《孔子》一書中「成德之學」在現代失落的原因，韋政通先生是如何立足現代社會構建現代新倫理，指出了倫理思想在韋政通先生整個思想中所處的位置和在其著作中所佔的份量，並對韋政通先生進行了評價，讓我們從總體上對韋政通先生的倫理思想有一個粗淺的瞭解，作者文筆細膩，考察細緻，能夠抓住韋政通倫理思想的實質和要義，對韋

〔註29〕李迎春在論文中論及韋政通在上海的大夏大學讀，實際情況應該是上海的光華大學，參見李迎春：《韋政通倫理思想研究》，2009 年杭州師範大學碩士論文，第 14 頁。

〔註30〕尹文漢：《思想家韋政通先生的倫理關懷》，見吳根友、歐崇敬、王立新主編：《中國哲學的創造性轉化》，昆明：雲南人民出版社，2004 年版，第 373 頁。

政通先生倫理思想中所涵攝的人文關懷論述評析到位，把握精準。

　　湘潭大學哲學系教授王向清與黃守紅老師聯合撰寫了《韋政通倫理思想簡論》一文，文章篇幅不長，但觀點明確，立意新穎，作者認為倫理問題是韋政通先生學術研究的重點和核心，並且認為韋政通先生的倫理思想特點和體系鮮明，傳統倫理和現代社會是韋政通先生的兩個切入點：「他研究倫理思想是從對於傳統倫理思想的批判和對現代社會生活中的倫理問題以及由倫理觀念和倫理行為的紊亂並妨礙現代社會的有序性發展的兩個方向同時入手的。」〔註31〕作者認為韋政通先生與全盤西化者和傳統主義者有別，韋政通先生在批判檢省傳統倫理時並非把傳統倫理看作鐵板一塊，而是辯證看待，並做具體層次區分，此觀點與武漢理工大學的何卓恩教授有異曲同工之妙，另外作者認為韋政通倫理思想與其他學者的不同之處在於他是以現代社會為立足點和出發點，作者借引韋政通先生關於倫理民主科學的關係、人生不同階段的不同倫理特點、當前道德問題的診斷及解決共識等觀點進行了論證。該篇文章對我們領會韋政通倫理思想的核心和特色深有啟發。

1.2.2　存在問題

第一、文獻鋪陳多，評論少，史實錯誤

　　通過系統閱讀研究韋政通先生的論文、專著，筆者發現「韋政通認為」是諸多論文表述中的高頻詞，熟悉韋政通先生原作的人很容易發現，不管是帶引號還是不帶引號的，有無腳注尾注的，很多話都是韋政通先生原作中的內容，而作者自己的評論卻很少，很像韋政通語錄。雖然作者能將韋政通的思想冠以「文化哲學」「文化觀」「倫理觀」等名稱分項列出，但很多轉述的地方或限於篇幅並未清楚表達韋政通先生的要義。研究初期，這樣的文獻整理是必要的，因為沒人研究，可以借鑒的研究文獻很少，所以先大致有個整理的框架，便於日後的研究深入，這或許是可以的，但僅停留在讀書筆記式的論文或專著是不行的。另外就是未對前人研究成果消化吸收並進一步推進，相互之間重複過多。同是研究韋政通的文化哲學觀，翻開一看內容大致不差，只是標題和用語不同而已。另外，有關先生生平及人生經歷前人研究出現錯誤較多，這主要是因為有關先生的兩本自傳諸如《人是可以這樣活的》（臺灣

〔註31〕王向清、黃守紅：《韋政通倫理思想簡論》，見吳根友、歐崇敬、王立新主編：
　　　　《中國哲學的創造性轉化》，昆明：雲南人民出版社，2004 年版，第 385 頁。

洪葉文化事業有限公司 2000 年出版）尚未出版大陸版，韋政通的其他著作和未刊日記、手稿在大陸能參考到也很有限所致。

第二、問題意識有待加強

在搜集研究文獻時，筆者發現多篇「讀解」「簡評」「評述」韋政通個人及思想的文章，不容易看出作者想要討論什麼問題。以前文提到的尹文漢教授的專著為例，作者的特點是嚴格地忠實於原作，細心認真閱讀，對韋政通如何批判舊倫理構建新倫理進行穩紮穩打地解讀，尹文漢的碩士導師，深圳大學的王立新教授在本書的序言對尹文漢的著作進行了高度的評價，認為尹文漢對韋政通先生的思想把握得到位而精準，「用心不偏、用力不淺，真正是可畏的後生。」〔註 32〕可以說作者能做到對韋政通個人思想進行貼切、忠實細緻地研究，對於初期研究韋政通先生的學人來說也是一部很不錯的參考。但很明顯的是作者對韋政通的倫理思想評論不多，也很少以問題為中心展開與相關學者進行比較，尤其是第三章和第四章，其內容只是對韋政通相關思想簡單的羅列和歸類，沒有進行適時的評論。雖然第五章《現代新儒家、自由主義與韋政通倫理思想》是作者與韋政通先生的《倫理思想的突破》一書不同且有創意之處，但在行文方面作者未能做好前後章節的銜接和過渡，布局謀篇不夠和諧。

第三、關於韋政通倫理思想研究不夠系統全面

筆者專門查閱了有關研究韋政通倫理思想的所有論文和專著（只有一部），除了研究問題重複性較強之外，非常相似的地方就是相關作者參考的主要藍本都是韋政通先生大陸版的《倫理思想的突破》，整個行文結構也和《倫理思想的突破》一書極為相似。「中國思想傳統的批判與重建」是韋政通先生一生工作的主題和重心，韋政通先生有關儒家倫理思想的見解涵攝在他大部分的著作中，諸如《立足臺灣，關懷大陸》《歷史轉折點上的反思》《思想的貧困》《傳統的更新》《儒家與現代中國》《中國思想和人文關懷》《人是可以這樣活的》《知識分子的責任》《現代化與中國的適應》《中國文化概論》《中國思想傳統的創造性轉化》等，《倫理思想的突破》僅是韋政通先生對其倫理思想階段性的總結。韋政通先生自己也認同這一點，筆者在臺灣訪學時曾針對此問題當面請教過先生。先生在其著作《中國思想傳統

〔註 32〕尹文漢：《儒家倫理的創造性轉化──韋政通倫理思想研究》〔M〕，合肥：安徽人民出版社，2008 年版，序言第 4 頁。

的現代反思》〔註33〕自序中也談到：「『重建新傳統』的工作，如廣義地說，應該包括一九六五年以來我所有出版的著作。」〔註34〕若從思想層面而言，有計劃有系統地研究傳統思想的至少也包括《中國文化與現代生活》（1974年）、《中國的智慧》（1975年）、《巨變與傳統——中國傳統思想現代意義的追尋》（1978年）、《倫理思想的突破》（1982年）。韋政通先生在《傳統的更新》一書的自序中也明確表明從1965年以來，他寫的十幾本書，都與傳統倫理的更新有關，關係比較密切的有下列幾種：《傳統的透視》（1965年作品，以批判新儒家為主，主要針對儒家的道德問題）、《傳統與現代化》（該書寫於1965年，1968年出版，此書仍是針對傳統道德問題，較之《傳統的透視》一書，反省更廣泛，檢討與批判更有深度和系統性）、《現代化與中國的適應》（出版於1974年，該書以近代史為背景，省思了中國在遭遇西方文化衝擊之後所引起的一系列問題以及如何去適應的問題）。

　　在先生眾多的著作中，《倫理思想的突破》一書的內容僅僅是韋政通先生針對1981年3月～7月臺灣輿論學界關於新倫理討論有感而著，也是當年8月份應中國時報主辦的「文化講座」之邀的演講內容，只是韋政通先生倫理思想的一部分和階段性倫理思想，並不能概括韋政通倫理思想的尤其是其關於儒家倫理思想研究的全部和全貌，研究韋政通先生的倫理思想，若僅以《倫理思想的突破》為藍本研究韋政通先生的倫理思想，研究視野有待擴充。

1.2.3　創新與推進

第一、全面深入地推進韋政通倫理思想研究

　　研究近代儒家倫理及其現代轉型的成果不少，但以一個人物切入，並把他的思想放在儒家倫理的歷史脈絡中去透視，以點帶面地去研究儒家倫理的創造性轉化的學人不多，另外，前人在研究韋政通倫理思想時，僅將內容侷限於韋政通批判儒家倫理之後的倫理思想，而忽略了韋政通早年跟隨牟宗三即信仰傳統時期的倫理思想和他晚年的倫理思想，牟宗三早在50年代評論諸弟子未來的發展，說韋政通會在倫理思想方面有成就，可以推出韋政通在牟

〔註33〕此書原名為《巨變與傳統——中國傳統思想的現代意義的追尋》，1978年由臺北牧童出版社出版。1990年，改由臺北桂冠圖書公司出版，改名為《中國思想傳統的現代反思》。

〔註34〕韋政通：《中國思想傳統的現代反思》〔M〕，臺北：桂冠圖書股份有限公司，1990年2月，自序第5頁。

宗三門下時個人表現或對倫理問題的論述異於他人才使牟先生有如此預測。海峽兩岸三通後，先生來大陸探親講學又提出了活化人格教育的思想，這也是很多學人在研究時的疏漏之處，筆者計劃在前人研究的基礎上，借助在臺灣期間搜集到的所有資料，對韋政通先生關於儒家倫理的批判與重建思想進行深入地研究，全面地推進。

需要指出的是根據筆者對韋政通先生的採訪和查閱韋政通先生的相關著作，韋政通在跳出新儒家之前也發表了很多有關倫理思想方面的相關的論文；兩岸三通之後先生遊走於海峽兩岸，提出了「活化人格」教育，可視為其晚年的倫理思想，而大部分學人在研究韋政通倫理思想時僅限於他批判儒家時的倫理思想，顯然是不夠全面的。以上不足之處也是筆者試圖推進之處，筆者在臺灣輔仁大學參加「十五屆士林哲學教學講習會」期間，先後在輔仁大學三大圖書館（公博、濟時、神學）和臺灣大學圖書館搜集到了先生所有的臺版著作（包括一些大陸根本沒有流通或不能查到的著作）和韋政通先生十五年被隱沒的相關材料和論述，另外筆者數次去臺北內湖先生內府探望先生，先生思維清晰，精神矍鑠，接受筆者數次採訪，還將早年和晚年的一些筆記、未刊的日記和他人對先生的研究成果贈予筆者。這些都是研究韋政通先生倫理思想得天獨厚的條件。

第二、為儒家倫理的現代轉型提供新的可供借鑒的視角

本書以儒家倫理的批判與重建為大的問題意識，以韋政通先生的三個不同階段的倫理思想為考察內容和對象，追問為何韋政通先生的倫理思想在不同階段表現不同的特徵？其倫理思想的旨歸是什麼？韋政通倫理思想對儒家倫理的現代轉型有何重要啟示和價值？韋政通先生的倫理思想有哪些特點和獨特之處？其倫理思想有何貢獻與侷限？如何進行歷史定位？韋政通先生的倫理思想對當前大陸的文化全面復興能提供什麼借鑒？另外，一個人人生道路的選擇受其生活背景、性格與心理的影響較大，筆者將嘗試用柯尼格的「邊際人理論」榮格的「人格心理學」分析韋政通先生的性格與心理，追尋生活經歷、文化背景對韋政通倫理思想的重大影響。

1.3 研究思路和章節框架

本文擬以時代發展為背景，以學術文獻為依據，以儒家倫理的現代困境

及轉型為主線，以現代生活為動態座標，以韋政通的倫理思想作為研究的藍本和對象，系統地研究韋政通先生關於傳統倫理現代轉換的思想及其價值。本文將還原、整合、重構韋政通先生的倫理思想，通過不同的方法，從不同的角度考察韋政通倫理思想產生的時代背景、理論來源、分析其倫理思想的架構、意義價值、偏頗缺失，循著「是什麼、怎麼樣、應如何」這樣一個基本思路對韋政通的倫理思想進行全面而深刻地研究。回顧傳統，著眼當下，面向未來，以期從韋政通先生倫理思想中找到中國傳統倫理「存」與「續」的依據與路徑，以實現傳統儒家倫理的現代創建與超越。本書初步設想分為五個部分，除去導論共計四章。

第一章　導　論　主要從問題意識、研究緣起、研究現狀、研究方法、選題重難點及創新點展開，其中研究緣起包括選題對象的界定、選題依據和研究意義，研究現狀主要是對文獻的梳理和歸納並做簡單的評價。

第二章　立仁之學與成德之教——韋政通對儒家倫理之認同與堅守。本章主要闡述韋政通信仰、堅守儒家時期的倫理思想。本章採取歷史溯源的方法，通過對其特殊的人生經歷和學思歷程考察，主要從社會因素、個人因素、理論因素分析韋政通先生為何以及如何堅守並認同儒家倫理思想。總體分三節：第一節　立仁之學——儒家倫理之奠基；第二節　成德之教，儒家倫理之實踐；第三節　人文關懷，儒家倫理之擴展。論述了韋政通先生是如何認同與堅守傳統儒家倫理的道德規範、道德修養與道德人格。

第三章　兩面攝取與雙向批判：儒家倫理之批判。此章是韋政通批判反思儒家倫理階段的思想，韋政通倫理觀的提出及構建始於對傳統儒家倫理的批判與反思，其批判的特點是「兩面攝取，雙向批判」，以現代化批判傳統，以傳統反思現代化。本章共分為三節，第一節　雙向批判之一：以現代性批判傳統倫理文化，以現代的視角來看，傳統有哪些侷限性，哪些反現代化或違背現代化；第二節　雙向批判之二：以傳統反思現代化。以傳統視角來看，傳統能彌補現代化的哪些不足，彰顯儒家倫理的永恆價值；第三節儒家倫理的自身缺陷。本節主要探討儒家道德的缺陷。

第四章　探尋出路與走向未來：韋政通對儒家倫理之現代重建與創造性轉化。本章是核心章節，也是韋政通先生學術致力的中心和最終目的。承接上一章，韋政通先生在理性批判解構中國傳統倫理的基礎上，帶著強烈的問題意識，結合當代工業文明社會之道德現狀與危機，運用現代多元化的手段

和方法，探索出一條「科學」「民主」「倫理」相結合的新路子。構建出一套異於他人又具有現代化特色的倫理理論體系。實現了「批判地繼承創造地發展」。本章系統研究了韋政通先生關於當代倫理建設所提出的一系列問題，涉及到當代倫理建設的時代基礎、本質、主力軍、動力、人性觀、文化觀、構建層次等。韋政通先生從現代社會入手，在探討現代社會特徵和道德要求的基礎上構建新的倫理規範體系，該倫理體系涉及到道德主體、道德實體和道德價值與道德規範，從個人到家庭進而到社會的倫理構建，三位一體。

　　從第二章到第四章，關鍵詞是堅守、批判、創造性轉化，詮釋路徑是「正」「反」「合」〔註35〕，從認同到批判再到創造性詮釋，我們可以全面瞭解韋政通先生是如何在批判傳統倫理的基礎上，重新認識傳統倫理，並找出傳統之於現代有意義的思想。韋政通自言：「所謂『走出傳統』，其真實的意義是，與傳統告別，放棄了對儒家的信仰。不過，經過一番轉折，我繼續耕耘的土地還是原來的，只是將信仰換成為批判，希望能播下一點兒新的種子。」〔註36〕第二章和第四章試圖在材料和觀點上進一步推進研究，學人在研究韋政通倫理思想時僅注重韋政通先生批判儒家時的倫理思想，而忽略了韋政通先生不同時期的倫理思想，韋政通先生從信仰到批判重建再到對新儒家的超越與回歸，其思想發展是一個逐漸走向理性成熟的過程，隨著對儒家倫理思想認識地不斷深入，其倫理思想也更為完善和成熟。

　　第五章　獨特路徑與思想融通：重建思路之特質。本章承接前四章，在系統研究韋政通倫理思想的基礎上，對其倫理思想的特質、歷史地位、價值做宏觀層面的總體概括，系統分析韋政通倫理思想的現實合理性及貢獻，做到客觀、理性、全面看待韋政通的倫理思想。分析其理論的價值與特色，以期對本文隱存的論題「儒家倫理的理論困境及其現代轉型」給出總結性的答案。

〔註35〕吳森於1980年4月24日在給韋政通的信中用黑格爾的「正、反、合」來形容韋政通的思想演變過程，這一詮釋路徑頗得韋政通先生認可。

〔註36〕韋政通著，王立新、何卓恩編，《知識人生三大調》〔C〕，北京：中華書局，2011年10月，第108頁。

第 2 章　立仁之學與成德之教：
儒家倫理之堅守

　　韋政通先生的倫理思想雖沒有明確的時間段劃分，但縱觀其整個思想的發展，的確在不同的人生階段呈現出不同的思想特徵。吳森於 1980 年 4 月 24 日在給韋政通的信中用黑格爾的「正、反、合」來形容韋政通的思想演變過程，這一詮釋路徑頗得韋政通先生認可。本書也是遵循這種「正、反、合」的邏輯發展思路來詮釋和解讀韋政通的倫理思想，本章節是論述韋政通先生信仰儒家時期的倫理思想。韋政通先生曾用「信仰之旅」概括自己二十世紀五十年代到六十年代中期的生活，「信仰之旅」是他拜師於新儒家代表牟宗三先生並成為儒家信徒的時期，信仰儒家時期的韋政通，深入傳統，直達心魂，尋求並堅守儒家的人文精神、仁本體及理想人格，為他日後批判重建儒家倫理打下了堅實的基礎，也對他的人生產生了重要的影響，韋政通先生在其《八百字小語》一文中如此表達處於傳統主義階段（信仰儒家思想時期）的自己：「在傳統主義階段，傳統文化像一股理想的火焰，對我的生命有過很大的鼓舞。那段時光，我的信念和理想都相當堅定，我的文化認同與自我認同也沒有問題。堅定的理想和認同，曾使我安穩地度過一段漫長而困頓的歲月。」[註1] 本章主要通過三個認同和三個堅守論述了韋政通先生早期是如何認同與堅守傳統儒家倫理的普遍價值：人文精神、仁本體及理想人格。

〔註 1〕傅偉勳、韋政通：《思想的貧困》〔M〕，臺北：東大圖書股份有限公司，1985 年版，第 255 頁。

2.1 　立仁之學：儒家倫理之奠基

　　儒家倫理的核心概念是「仁」，傳統的儒學也被稱之為「仁學」，儒家思想是以「仁」為核心的倫理學。仁是儒家倫理思想的根本，儒家文化的根脈建立在仁愛基礎之上，孔子以前的歷史也言仁，但「仁」的重要性遠不如「道」與「德」，而且其深度與廣度都不能與《論語》中孔子所釋的「仁」相比，孔子使仁成為一種學說，甚至相當於道德哲學或倫理學，屈萬里先生如此評價孔子以及仁：「東周以來，雖已有仁字，而且雖也把仁當做一種美德，但強調仁字，使它成為做人的最高準則，使它成為一個學說，則實從孔子開始。」〔註2〕經由我們對孔子仁學的瞭解，孔子創立仁學的初衷，並不是經由理論思辨的程序去建立一套系統的學說，因為其仁學從性質上而言是一種成德之學，其目的是培養君子的道德人格，仁賦予了人崇高的價值，使人確立人生的價值與奮鬥目標，充分發揮人的潛能去提高個人的道德境界。

　　韋政通先生認為「仁」具有普遍的價值，先生在其著作《中國思想傳統的現代反思》一書中以《仁的哲學的時代意義》命名寫專文對「仁」進行了全面的闡釋和評價，他用現代的觀點，對仁的涵義進行了多面的解析，認為仁具有熱愛生命、對平等精神的肯定、使人類生命成為創生不息的過程、具有好惡選擇的能力等特質；認為仁是人類最高的善和自由，仁是終極的關切等，這些都蘊含了現代人的追求，從古至今，仁具有普遍的意義和價值。

2.1.1 　仁是人性特質

　　韋政通先生認為，孔子將仁由「一種美德」發展成為「一種學說」是重大的進展，但仁更是人類基本的特質，仁使人突破自然狀態成為一種超自然的存在，繼而在超自然存在中產生美德。從自然狀態到超自然狀態，一方面完成了直接形態的德性人格的創造；另一方面也發展出來了間接形態的智性學說系統。只是這種智性的學說系統代表的不是自然的知識而是人文的知識，而且這種人文知識因關涉人的生存活動和德性人格的創造才有了意義，更為重要的，儒家不是為了知識而知識，是為了實踐。創造性人格是仁學的活泉，這也是仁何以能成為一個文明的根，成為人類的基本特質。

〔註2〕轉引自韋政通：《中國思想傳統的現代反思》又名：《巨變與傳統》〔M〕，臺北：桂冠圖書公司出版，1990年，第131頁。也可參見：屈萬里：《仁字涵義之史的觀察》，香港，《民主評論》，五卷二十三期。

　　仁之特質一，熱愛生命勝於熱愛物質。「仁於他物，不仁於人，不得為仁。不仁於他物，獨仁於人，猶若為人。仁也者，仁乎其類者也。」(《呂氏春秋‧愛類》) 這句話的意思就是如果你愛物或其他東西勝於愛人就不是「仁」，若你不愛其他東西，但是你愛所有的人也可以稱為「仁」，仁即愛人和「愛同類」。「愛類」把人與其他物類進行了區分。「廄焚。子退朝，曰：『傷人乎？』不問馬。」(《論語‧鄉黨篇‧第十》) 為什麼馬房著火，孔子最先詢問的是傷人了沒有而不是問馬？由此可見孔子對人和其他物類做了明顯地區分。在韋政通先生看來，儒家極為重視人類生命和人類尊嚴，但這種生命哲學過度抬高了人的至尊地位，從而忽略了人類自然界其他生命的價值，從處境倫理學角度而言，此種「重人」的觀念可以理解，但這種以人為重的生命哲學觀與現代的生命哲學有著一定的價值衝突，現代生命哲學認為人類與動物都有同等重要的價值，現代生命哲學的代表人物史懷哲呼籲人類不要把生命分為有價值的與無價值的，高等的與低等的，那是純主觀的評論，他在接受諾貝爾和平獎的演說詞《我的呼籲》中談到，我們對生命的肯定是精神工作的一種，只有有了對生命的肯定，以往的生活態度才能隨之改變，從而去尊重自己的生命，彰顯生命的價值。因此，這種以人為重的理念會影響儒家生命哲學在當代的發展。

　　在這裡需要指出的是，儒家是「愛類」兼及「愛物」，只不過「愛類」勝於「愛物」，這是愛的順延層序及愛的差等。另外，關於發展路徑問題，孔子雖然認識到以「仁」為主的人性觀雖有無限發展的可能，但很少論及發展的路徑與方式，僅提及形式上的「下學而上達」和很難與個別經驗相結合的「吾十有五」到「七十從心所欲不逾矩」。後來孟子提出了人有潛能的「四端」說，研究出由個人（盡心、知性、知天）到社會（親親、仁民、愛物）的實現潛能之路：「親親而仁民，仁民而愛物。」由「親親」到「仁民」繼而「愛物」，即愛親到愛所有人最後擴充到愛物，使得儒家的仁愛精神不僅具有人際關係的普遍道德意義，而且具有天人關係的生態保護意義。這才是真正意義上儒家的仁愛，首先是「愛類」，愛人類所有人，然後是兼及「愛物」的生態保護意義。愛所有人類兼及愛物的思想一直保存在儒家文化和倫理之中。韋政通先生認為儒家改造和影響他人的方式是用愛，不是用懲罰。孔子能將常見的物質賦予生命和不同的感受：「逝者如斯夫，不捨晝夜。」(《論語‧子罕篇》) 由仁產生對生命的熱愛，由熱愛產生喜悅，喜悅中充斥著道德的光輝，這種喜悅，不是來自於名譽，也

不是來自於自身的財富，而是來自於健康的身心修養和心靈的修煉，從而能夠做到「飯蔬食飲水，曲肱而枕之，樂亦在其中矣」（《論語·述而》）。

仁之特質二，平等自由精神。儒家的仁道精神裏，認為人人平等，人心相同。「仁者，人也。」（《中庸》和《禮記·表記》）「仁者，人心也。」（《孟子·告子上》）荀子在《性惡篇》中也談到：「仁之所在無貧窮，仁之所亡無富貴。」所以，儒家相信「塗之人可以為禹」，後來發展成「人人皆可為堯舜」。正如佛洛姆所言：「在偉大的人道主義傳統中，『平等』概念的意涵是什麼？它意味著我們在這一意義上的平等：每一個人，就其本身而言，就是一個目的，而必不可成為他人的目的之手段。」〔註3〕韋政通先生認為，儒家就是在這種最普遍的平等信念之上建立了人類的真正自信和自尊。但平等不等於相同，平等是對人類價值、人類生命普遍地尊重。

2.1.2　人是體仁行仁主體

仁的根本含義就是道德的本體與全體，「仁者人也。」（語見《中庸》）仁是人之所以為人的根本標誌和本質特徵，仁即道德主體、道德自我，這是孔子仁學得以建立的重要依據。孟子曰：「仁也者人也，合而言之道也。」（《孟子·盡心上》）朱熹說：「仁者人所自有。」（《論語集注》）人只有具備了「人所自有」的善根，才能「依於仁」（《論語》7·6）。這是道德修養工夫的依據和前提，人只有具備了內在的善，才能「我欲仁，斯仁至矣」（《論語》7·30）。仁如同道，須臾不可離，「道也者，不可須臾離也，可離非道也」（《中庸》）。仁也是如此，「君子無終食之間違仁」。人若違背或離開了仁，就無道德可言。

人的道德自我和內在善性經由修養工夫實現。仁是道德主體或道德自我只是一種抽象的肯定，具體行為的落實和實現是經由修養工夫實現，韋政通先生認為孔子的仁學有雙重的含義：「它既是一個概念又代表一種動力，既是一個學說，又代表一種美德。前者是知之事，後者是行之事；前者是理論的，後者是實踐的。」〔註4〕因此，孔子的仁學，除了知之外，尤為重視行，這種行，主要體現在修身與實踐。「為仁由己」（《論語》12·1）。為仁即為實現仁，

〔註3〕佛洛姆著，孟祥森譯：《基督教與心理分析》〔M〕，臺北：晨鐘出版社，1960年，第82頁。

〔註4〕韋政通：《中國思想傳統的現代反思》〔M〕，臺北：桂冠圖書公司出版，1990年，第131頁。

如何實現仁？劉笑敢先生認為，行仁非迫於外界壓力，是一種自覺自發非強制的行為〔註5〕。「君子求諸己」（《論語》15‧21）。意欲實現仁，要從自身出發，自己做主，經由自覺的反省，要時時提撕，念念警策。反求諸己是修養工夫的特性之一。

　　仁是生命的本體和道德的本源，而且仁又是在工夫修養中有待實現和完成的，在中國傳統文化語境中，德性與生俱來，但仁者並非天生，仁與德同體同質但又有很大的不同。「德似乎是仁之所以為仁的內核，『仁』本即是『人』……仁之所以成為人的主體，是靠『天生德於予』的自覺或證悟，自覺或證悟是內省的工夫，由於這個原因，使德與工夫有本質上的關聯，所以德可修，而仁則靠工夫來實現……如果道德可以用光來比喻，那麼，仁是光之體，德是光之源。當我們說仁是一切道德的根源時，那是因為仁中有德。」〔註6〕韋政通先生借用光巧妙地論證了仁與人、人與德、德與仁的關係，德使得人成為仁的主體，人有德但未必就能成仁，仁需要修養工夫。「志於道，據於德、依於仁，游於藝」（《論語‧述而》），德與仁是成德工夫的關鍵。由此可知，仁成就了個體。「仁者安仁，智者利仁」（《論語‧里仁》）。仁者把「仁」作為自我安身立命之本，智者把「仁」作為自我事業成就之道。突顯了人的價值主體性，「仁」幾乎對於每一個人來說都是一種道德追求和精神境界。

　　修養工夫的目的是立己達人。反求諸己的工夫不但是為了「達己」同時也是為了「達人」，仁不僅表現於個體，也表現於人與人之間，同時擴及於社會政治。牟宗三說：「仁以感通為性，以潤物為用。」〔註7〕立己的同時立人，「達己」的同時達人，從仁的本性上而言是不可分離的。韋政通說：「依照仁的特性，充於內者必形諸外，充於內的精神活動，是向內向上，性諸外的精神活動，是向前向外，個人的修養必須在外顯的活動中接受考驗，也必須在外顯的過程中才能充分表現仁的本性。」〔註8〕韋政通先生在對「仁」進行研究和闡釋的過程當中，立足於「仁」歷史的發展、對「仁」的定義和特性的概

〔註5〕劉笑敢：《孔子之仁與老子之自然》，張廣保、楊浩主編：《儒釋道三教關係研究論文選粹》，北京：華夏出版社，2016年版，第361頁。

〔註6〕可參見傅偉勳、韋政通：《孔子》〔M〕，臺北：東大圖書股份有限公司。1996年，第170頁。

〔註7〕轉引自：傅偉勳、韋政通：《孔子》〔M〕，臺北：東大圖書股份有限公司。1996年，第157頁。

〔註8〕傅偉勳、韋政通：《孔子》〔M〕，臺北：東大圖書股份有限公司。1996年，第158頁。

括全面、精準。仁的主體是人,仁的本質和內核是道德和善,人通過自我修煉工夫獲得德性;仁講求知行合一,自修的同時要踐行;仁充斥於內,行諸於外,內外一體。「子罕言利,與命與仁」(《論語‧子罕》)。「仁」與「命」的分立使人的價值主體性進一步突顯的同時將「仁」性向上擴充。

2.1.3 仁貫通性與天道

在論述了仁的本質、特性和主體之後,韋政通先生進一步指出,「仁」促進了個體生命與客觀法度的貫通與和諧。「仁即人之所以為人之本,是生命的真幾,人只有先恢復生命的真幾,而後才能承受禮制法度;故蘇醒生命的真幾,是創造新秩序所以可能的唯一根據。」〔註9〕由此可以推出,仁具有橋樑作用,通過仁,實現了個體生命與客觀法度之間的循環往復。禮制法度被人接受的前提和基礎是人具備了仁。除此之外,「仁」還具有上下貫通性。孔子後學對此進一步發展,形成了與道家決然不同的關於和諧宇宙表達方式:天人合德,這是孔子及其後學在仁學體系下發展出來的重要成果,有了上下貫通的「仁」,才有了《中庸》中的盡人之性,盡物之性,贊天地之化育與天地參。才有了孟子的「君子所過者化,所存者神,上下與天地同流。盡其心者,知其性也;知其性,則知天矣」(《孟子‧盡心上》)。這種天人合德的思想,是德性生命與仁學擴充的結果和創造。韋政通先生認為孔子所發現的仁體,一體兩面連接著性與天道:繼天德立人極;仁性的擴充濟天德之窮,二者交感且相輔相成〔註10〕。從韋政通先生對仁的概括我們可以得出,人經由仁,成就道德自我的同時擴充仁性,達到與天地相參、天人合德的境界。

談及仁,牟宗三先生如此論述到,在具有倫理精神象徵的仁裏,能清楚明白地反映儒家倫理思想中固有的宗教性。在日用倫常方面,仁表達了「愛」的道德理念,從深層來看,「仁」代表了一種來自性與天道的世界觀,這一世界觀認為世界宇宙萬物之間具有「本質上的一致」。「仁」的精神意義在「天人合一」的理論中體現出來〔註11〕。牟宗三先生從日用倫常倫理層面和形而

〔註9〕 參見韋政通:《韋政通自選集》〔C〕,濟南:山東教育出版社,2005 年,第 182 頁。

〔註10〕 韋政通著,何卓恩、王立新編:《傳統與現代之間》〔C〕,北京:中華書局,2011 年,第 288 頁。

〔註11〕 張灝:《轉型時代與幽暗意識——張灝自選集》〔M〕,上海:上海人民出版社,2018 年,第 116~117 頁。

上學的層面去理解「仁」，詮釋了仁具有貫通性與天道的特性，由於仁的貫通性，萬事萬物在本質上具有一致性。萬事萬物統一於「仁」。學者郭齊勇認為「仁」這種貫通性其實是一種感通，感通具有層次性，「感通」的最高層和最終層是天人感通。人的宗教、道德情感來源於「天」，天不在人之外，而是在人和萬物之中〔註12〕。

　　與其他學者不同，韋政通先生對仁的認識和解析是立體化多維度多層次的，他認為對仁的理解可以從日用倫常或者倫理範圍去詮釋但又不止於此，從水平面上看，仁由仁心擴及他人、家國天下；從垂直面上仁可以延伸天地萬物，仁不僅是人的特性，宇宙萬物也具有；近觀仁是愛，遠觀仁是萬物以生，萬物已成的「道」。孔子的知天命，孟子的盡心知性知天，宋儒程顥的「仁者與天地萬物為一體」，羅近溪所言的「大人者，連屬家國天下而為一身者也」等最終都依歸於「天人合一」。表現了仁所具有的無限生命創造力且關係到人類的命運。更為重要的，仁愛精神具有宗教般的動力，引發人產生終極關切和無限承當的精神。這種終極關切形成生命的催迫力量，突破生物意識的限制和現實的困難，把人從一己之私中解放出來，以天下為己任，表現出超人的熱情，保持個體生命的不息。韋政通先生認為仁愛就是傳統文化的根脈，仁愛精神動力不息，成為歷代仁人志士的追求，這種不息的動力激發因素之一就是終極關切和無限承當精神的要求。

　　由此可見，韋政通先生認同並肯定「仁」在傳統儒家文化和倫理中的特殊地位，他認為「仁愛」是儒家傳統文化的基礎，仁愛是人類歷史文明的源頭，韋政通先生在寫給王道的信中談到，儒學「仁」這個觀念，必然地是人類文化的最高領導原理。凡對中國文化稍有體悟者，絕不當有異議。與此同時，他希望通過對仁的意義及價值的闡發喚醒人們對仁的認識，從而發揮仁對於當今社會的作用，韋政通先生深刻地認識到，影響仁愛精神的因素很多，除了人自身的原因，還有很多外部因素，諸如自由的缺失等等。韋政通先生認為自由和愛是緊密相連的，自由越大，愛就越多，要想恢復仁愛的光芒，必須增強人類的自由度，人要從法西斯和技術專政中解脫出來〔註13〕。

〔註12〕可參見郭齊勇：《儒家人文主義與道家自然主義》〔J〕，《船山學刊》，2017 年第 5 期。

〔註13〕韋政通：《中國思想傳統的現代反思》〔M〕，桂冠圖書股份有限公司，1990 年 2 月第 1 版，第 140 頁。

2.2　成德之教：儒家倫理之實踐

先秦儒家的精神要義和實質是道德理想主義。這種道德理想主義以「內聖外王」為終極追求。落實在個體上，是道德人格的創造；落實到社會上，是建立倫理規範，重建社會秩序；落實到政治上，是以德化民，重建政治秩序。先秦儒家希望「通過道德教化，培養一批有道德理想，有人文教養的『君子』，然後，借『君子』的治理，使國家與社會重新走向文明與秩序」〔註14〕。這種道德理想主義的實踐或者實現路徑是孔子的成德之學。韋政通先生從程序上把成德之學分為成德的工夫、成德的理想、成德之教。即一個人通過內在的修養工夫，使自己具備君子人格；然後學以致用，通過成德之教，達到「立人立己」。成德之學是一套成熟的道德理論，反映了孔子對人類道德的獨特關懷。孔子創立仁學本義並非在於通過理論思辨建立系統的學說，目的是培養具有理想主義精神的道德人格的士、君子。仁學本質上就是成德的學問，成德之學的作用在於賦予人崇高的價值，使人能夠確立人生奮鬥的目標，激發人向善的潛能，提升人的道德境界。

2.2.1　成德的工夫：修身

成德是一種理想，一種可能性，並非人人都能實現，孔孟都認為，生於道德淪喪的時代，作為一代新士人，首先必須立志使自己成為一『居仁由義』之士，此不僅安身立命於仁義之上，還必須經由道德自我實現的過程，使一己成為頂天立地的人物〔註15〕。如何實現孔孟所言的這種理想性的人格？必須經由修身成德，為什麼孔子對人的要求僅侷限於成德？韋政通先生進行了分析，他認為孔子論人，基本上是建立在德（善）與不德（不善）的二元價值論之上〔註16〕。孔子之學非形而上學也非知識論，而是屬於道德價值論，因此，孔子之學就是成德之學，修身的過程就是成德的過程，理想人格也就是道德人格，修身是孔子學說的命脈，也是道德生命之所在，「如何進行修養，

〔註14〕馮達文、郭齊勇：《新編中國哲學史》（上冊），北京：人民出版社，2004年，第42頁。

〔註15〕參見韋政通：《韋政通自選集》〔M〕，濟南：山東教育出版社，2005年版，第164頁。

〔註16〕傅偉勳、韋政通主編：《孔子》〔M〕，臺北：東大圖書股份有限公司，1985年，第214頁。

培養崇高的品德，是中國倫理學說的一個重要問題」〔註17〕韋政通先生在《孔子》一書中談到，時至今日，孔子的學問仍然受到重視，主要在於它不是一套簡單的道德理論，而是對人類道德問題獨特的認知和關懷，這種關懷是，他深信人經由一定的程序，可以改正缺失，可以使道德提升，可以使人格更真實，更完美。這一定的程序，就是修身的工夫〔註18〕。

　　修身從何做起？孔子曰：「志於道，據於德，依於仁，游於藝。」〔註19〕（《論語‧述而》）修身以道，修身與道不可分離。君子的理想是追求「道」。「君子謀道不謀食」（《論語‧衛靈公》）。道是君子一生理想的追求。何為「道」？子曰：「君子道者三，我無能焉；仁者不憂，知者不惑，勇者不懼。」（《論語‧憲問》）道的內容包括仁、知（智）、勇，其中「仁」是基本，子曰：「君子去仁，惡乎成名。」（《論語‧里仁》）從最低標準而言，「仁」與「知」「勇」相對，從高標準而言，「仁」包含「知」和「勇」，但「仁」是根本，離開了「仁」，君子就失其為君子，君子與「仁」不可分。「道」雖然包括仁、知（智）、勇，但「道」與仁、知（智）、勇是種屬的關係，如果借用朱熹的「理一分殊」來界定二者關係，「道」屬於「理一」，仁、知（智）、勇屬於分殊。道是總德，仁、知（智）、勇屬於分殊之德。分殊之德除了仁、知（智）、勇之外，還有很多，比如孝、悌、忠、信、禮、義、儉等，修身工夫複雜而多面，須與不可離道的同時要落實在各個分殊之德上。韋政通先生認為：「孔子的成德之學中，所有的分殊之德，在工夫上不論其如何複雜與多面，都只是為了完成一個目標。」〔註20〕這個目標就是將一個個普通的生命脫胎換骨為道德的生命。修身就是脫胎換骨的工夫，「本末兼該（賅），內外交養。」〔註21〕修身除了「志於道、據於德，依於仁」之外，還要「游於藝」。修身之道：六藝之教。六藝指的是禮、樂、射、藝、書、數六種技能和教養。如果說「道」

〔註17〕張岱年：《中國倫理思想研究》〔M〕，南京：江蘇教育出版社，2005 年，第 12 頁。

〔註18〕傅偉勳、韋政通：《孔子》〔M〕，臺北：東大圖書股份有限公司，1996 年，第 171 頁。

〔註19〕楊伯峻：《論語譯注》〔M〕，北京：中華書局，2009 年，第 66 頁。

〔註20〕韋政通：《韋政通自選集》〔M〕，濟南：山東教育出版社，2005 年，第 166 頁。

〔註21〕參見韋政通：《韋政通自選集》〔M〕，濟南：山東教育出版社，2005 年，第 167 頁。

「德」「仁」是注重「內心」，即人的主體意識的自覺，那麼「藝」是注重「外在」，是培養人的外在技能，達到陶冶性情，提高文化教養之效。孔子時代的「六藝」主要指貴族子弟、家臣、邑宰（縣令）的一種生活方式和教養，「通禮樂以相贊諸侯貴族，精射御以爭戰防禦，習書數以營理貴族之家或莊園。」〔註22〕孔子為了讓所教弟子有更多的謀生入仕機會，將「六藝」從技能和教養的層次提升到「輔仁」修德的層次。東漢末年傑出文學家徐幹認為：「禮以考敬，樂以敦愛，射以平志，御以和心，書以綴事，數以理煩。」（《中論·藝紀》）民國學者劉伯驥先生認為「禮樂是養仁，射御是養勇，書是養智」，六藝與修身目標一致。從而達到「本末兼該（賅），內外交養」之效。

韋政通先生認為修身是成德的工夫，他把孔子的修身歸結為六點：（1）安貧。修身要不役於物，真正做到「謀道不謀食」。（2）專心向善，持之以恆。子曰：「苟志於仁矣，無惡也。」（《論語·里仁第四》）有志於仁，惡就會自消，但人心是在不斷變化活動的，惡消失後也會隨時再出現，此時修養工夫就顯得尤為重要。（3）改過。子曰：「君子之過也，如日月之食（蝕）焉。過也，人皆見之；更也，人皆仰之。」（《論語·子張篇　第十九》）君子若犯錯誤，如同日食月食，他人很容易發現，如果及時改正，人人都仰望他們。（4）慎言。「故言，心聲也」（漢·揚雄《法言·問神》）。「有德者必有言，有言者不必有德」（《論語·憲問篇》）。因此，這裡的慎言，不單單是指言語的節制，而是一種修養的工夫，「仁者其言也訒」（《論語·顏淵》第三），「君子欲訥於言而敏於行」（《論語·里仁》）。要想成為仁者，成為君子，必須慎言。慎言為何如此重要呢？因為「古者言之不出，恥躬之不逮也」（《論語·里仁》）。如何做到慎言，一要「遠佞人」，二要時刻檢省自己的言行。（5）謙恭。一個人的言行最能彰顯一個人的德性，因此，如果在語言上講求慎言，那麼在行為上要講求謙恭。（6）內省。內省就是要時刻「反求諸己」。此處的「己」主要是指道德自我或者道德主體，韋政通先生認為，修身有時候就是自己對自己的一場「天人交戰」的戰爭。這充分揭示了修身內在的善惡衝突和主體精神，人的修養過程就是不斷地用自己的善念戰勝自己的惡念、用理性戰勝欲望的過程，這種分析觀點是很有啟發意義的。

〔註22〕杜正勝：《周代城邦·自序》〔M〕，臺北：聯經出版事業公司，1977年，第10頁。

2.2.2　成德的理想：君子人格

儒家道德理想主義基本精神的落實途徑是道德理想人格的培養和實踐，韋政通先生認為，如果沒有道德理想人格的培養與實踐，儒家的精神將不能落實。儒家的代表人物孔子一生最關懷的就是如何成就道德人格，孔子在人格方面自我實現式的創造成為中國文化上不朽的典範。

古文獻中指代理想人格的有君子、大人、仁者、善人、成人、聖人、賢者、有恆者、士等，其中，君子最具有代表性，通讀《論語》，「君子」一詞的出現次數多達 107 次，《孔子言論貫通集》一書的作者陳大齊先生認為，理想人格的內涵，絕大多數是針對君子而言〔註23〕。「君子」一詞最早出現於先秦時期，主要代指有身份有地位的貴族或者政治人物。最初「君子」一詞主要是「位」意，在儒家文化發展過程中，逐步使其具有了「德」意，側重於「君子」的道德內涵，後來君子一般指稱與「小人」相對的有德之人，是完善道德人格的指稱。

如何才能成為君子？君子應具備什麼修養、素質和準則？《論語》中有完整的表達：「君子義以為質，禮以行之，孫以出之，信以成之。君子哉！」（《論語・衛靈公・十五》）要想成為君子必須做到以下幾點：在言行方面，要合乎義、禮、孫（謙遜）。其中義是最基本的前提和首要的準則，即在合乎義的前提下，行為方面要符合禮的規範，語言表達要彰顯謙遜，最為重要的還要做到誠信。義、禮、孫、信兼具才能成為君子。特別是「義」，在君子成德理想中居於最高的位置，君子不但要以「義」為質，還要以「義」為上。韋政通先生在其著作《孔子》一書中針對君子的理想、修養、才能、言與行、處事為人做了詳細的論述。（一）君子修養有三：君子應有的態度是「君子不憂不懼」（《論語・顏淵》）；君子應有的氣質是「質勝文則野，文勝質則史。文質彬彬，然後君子」（《論語・雍也》）；君子的修養工夫在於「君子無終食之間違仁，造次必於是，顛沛必於是」（《論語・里仁》）。其中，修養工夫是本，態度和氣質依賴工夫修養的深淺，一個人只有在態度、氣質、工夫上做到這三點，才能配稱之為君子。（二）君子言行三準則。準則一：少說多做。子曰：「君子欲訥於言而敏於行。」（《論語・里仁》）準則二：謹言慎行。子曰：「君子恥其言

〔註23〕轉引自傅偉勳、韋政通：《孔子》〔M〕，臺北：東大圖書股份有限公司，1996年，第 209 頁。也可參考陳大齊：《孔子言論貫通集》，卷頭語，第 5 頁。

而過其行。」(《論語·憲問》) 準則三：言行一致。子曰：「故君子名之必可言也，言之必可行也，君子於其言，無所苟而已矣。」(《論語·子路》) 當然，君子言行三準則是隨著修養的工夫不斷提升要求的，雖然要求君子要「納於言敏於行」，當等到修養工夫日臻完備到「人能弘道」之時，君子的言行準則則有「納於言」變為「有德者必有言」(《論語·憲問》)。另外，要求君子言行一致，但也並不意味著「凡言必行」，因為「言必信，行必果，硜硜然小人哉」《論語·子路第十三》。對於別人言行的取捨，一要遵從「義」，「大人者，言不必信，行不必果，唯義所在。」(《孟子·離婁下》) 二要運用「智」去辨別言行，是否「言行一致」，要因時、因地、因境況與處境的不同而做出抉擇。(三) 君子為人處事之則。心態上，君子要「坦蕩」並「泰而不驕」，即君子要心胸坦蕩而無驕態；原則上，君子要不拘小德小信，堅守大原則，子曰：「君子貞而不諒。」(《論語·衛靈公》) 採納意見上，「君子不以言舉人，不以人廢言。」(《論語·衛靈公》) 君子不因為別人說話好聽就提拔他，也不因為別人的品德不好就不採納他正確的意見。群體相處上，君子還要「矜而不爭，群而不黨」，君子要自重不與人相爭，與人和諧相處且不能拉幫結派。總之，君子在做人方面，要「心胸坦蕩，自信自重，堅守原則，與人相處和諧不爭，不輕信但對人有同情的瞭解，對真正偉大的要有敬畏之心」〔註24〕。

2.2.3　成德的實現：成德之教

　　成德之學除了要注重成德的工夫和成德的理想之外，就是成德之教，孔子成德之學完整地呈現有賴於成德的工夫、成德的理想與成德之教三者的緊密結合〔註25〕。什麼是成德之教？韋政通先生對此進行了詮釋，他認為成德之教必須經由一定的教育程序並接受系統的教育，尤其要注重道德自我的不斷提升，「使一己成為頂天立地的人物」〔註26〕。然後，以身作則，使個體的成德經驗向群體擴展，達到「立己立人」，即通過個體道德的完善影響並促進群體道德生命的進步以及道德人格的完善。如何進行成德之教？韋政通先生

〔註24〕傅偉勳、韋政通主編：《孔子》〔M〕，臺北：東大圖書股份有限公司，1996 年，第 214 頁。

〔註25〕傅偉勳、韋政通主編：《孔子》〔M〕，臺北：東大圖書股份有限公司，1996 年，第 262 頁。

〔註26〕傅偉勳、韋政通主編：《孔子》〔M〕，臺北：東大圖書股份有限公司，1996 年，第 254 頁。

認為孔子的成德之教涵蓋教育的各個方面，具體包括教育的理想、特色、目標、內容、方法、態度以及師生關係，我們可以將其分為四個方面。

孔子的教育理想是「有教無類」。教育對象不分善惡智愚、貧富貴賤；孔子教育的特色體現在重德重質重後天學習；教育的目標通過「有教無類」培養三種人才：（1）管（治）理者。該類人才修己入仕，制定並推行政策，能夠建立起一套人倫秩序〔註27〕；（2）修己成功者。培養像顏淵、閔子騫、冉耕、仲弓等德行較高的人；（3）學有所成，又有餘力出仕的家臣和邑宰。像子路、冉求等一樣。孔子教育的目標是有層次性地培養三種人才，但在教育的內容上沒有等級和層次的差別，「子以四教：文、行、忠、信」（《論語·述而》）。文包含詩、書、禮、樂，司馬遷說：「孔子以詩、書、禮、樂教，弟子蓋三千焉，身通六藝者七十有二人。」（《史記·孔子世家》）韋政通先生認為孔子的教育目標最終是想培養一批以崇德為主，以修身為本，富有新士人精神的知識分子和「博學於文，約之與禮」的君子。另外，孔子主張「學與思相結合」的教育方法和態度，反對權威主義，倡導以「開放的心靈」去教學，同時教育者要以身作則。關於「以身作則」，韋政通先生如此評價：「孔子講的許多道理，這道理本身當然也有價值，但所以能傳之久遠，至今仍能受到世人尊崇，與他能在教育上能真正做到以身作則，有絕對的關係。」〔註28〕

由此可見，孔子成德之學從一開始就不是侷限於個人理想人格的培養，其成德之學、理想人格的培養是一個向外擴充的過程，通過「修己」「復禮」（禮代表了人倫道德的秩序），進而做到「修己以安人、安百姓」「己欲立而立人，己欲達而達人」，最終達到「立己」「達人」「立人」「安百姓」及整個社會人倫秩序的和諧。

孔子這種成德之學及理想人格自我實現式的創造，給中國立下不朽的典範，韋政通先生在其著作《中國哲學詞典》的自序中曾對中國哲學有如此評價：「中國哲學在理論方面所給予人的訓練並不多，但由歷代哲學家們的心血所成就的人格，這個目標，永遠值得嚮往。精神分析學家佛洛姆曾說過：『人類心血最大的成就，乃是他自己的人格。』中國哲學史所塑造的人格，也許

〔註27〕傅偉勳、韋政通主編：《孔子》〔M〕，臺北：東大圖書股份有限公司，1996年，第 223 頁。

〔註28〕傅偉勳、韋政通主編：《孔子》〔M〕，臺北：東大圖書有限公司，1996年，第 233 頁。

並不完美，但的確是走的這條路子。」〔註29〕今日的「君子」是知識分子的精英，內涵不同，但基本格調未變，高希均先生在其《先做君子再做大人物》一文中，認為現代社會的君子人格應有如下特徵：「做事上，專注、出色、有原則；做人上，敦厚、謙和、有誠信；態度上，不爭、不貪、不獻媚；品德上，有格、有節、有分寸；見解上，有創意、有包容、有執著。」〔註30〕與孔子所言君子應心胸坦蕩、自信自重、堅守原則等基本上吻合。君子之道仍是當今社會中堅力量、社會良心的追求和自我期許。

韋政通先生認為儒家這種以成德之學、培養人格為實現路徑的道德理想主義是我們今天社會進步和文化更新最大的財富和可借鑒資源，因為理想主義者本身所具備的「濃厚的時代使命感、對生活對人類的熱愛、專注於工作孜孜不倦的精神、單純的心靈和不矯揉造作的生活，追求自由和追求真理的熱情、偉大的同情心與強烈的人文精神，以及在危難中能做到臨危不亂、臨難不苟」〔註31〕的精神是任何時代都應宣揚的。

2.3　人文關懷：儒家倫理之擴展

人文關懷和人文精神是儒家精神的特質，人文思想貫穿儒家文化和倫理的始終。錢穆先生認為中國傳統文化是典型、徹頭徹尾的『人道』精神、『德性』精神〔註32〕。韋政通先生認為儒家倫理表徵之下蘊含著深切的人文關懷。韋先生始終帶著問題思考儒家倫理與人文精神。儒家語境中的人文與西方的人文思想是否相同？仁與人文的關係是什麼？如何理解儒家的人文精神和人文關懷？儒家的人文精神的現代價值何在？如何對儒家的人文精神進行現代的培育？韋政通先生從儒家人文思想的來源、發展、儒家人文思想與西方人文主義的異同，儒家人文思想的價值以及現代培育諸方面對儒家人文思想進行了研究。韋政通先生的人文教育觀，不僅是現實的關切和傳統儒家倫理的

〔註29〕傅偉勳、韋政通主編：《孔子》〔M〕，臺北：東大圖書股份公司，1996年，第214頁。

〔註30〕高希均：《何時才有燦爛的日出？——先做君子再做大人物》〔J〕，臺灣聯合報，1995年，第11頁。

〔註31〕韋政通：《異端的勇氣——韋政通的一生》，臺北：水牛文化事業有限公司，2018年，第207頁。

〔註32〕錢穆：《民族與文化》，《錢賓四先生全集》（37），臺北：臺灣聯經出版事業股份有限公司，1998年版，第50頁。

深入探討和反思，是其人生體驗的結晶。而且體現了先生對現實的思慮和社會的關切，其人文思想鮮活，給我們深刻的人生啟示。

2.3.1　儒家人文思想的特質及功能

人文是合成詞，是由「人」與「文」構成，《說文解字》對人的解釋：人，象形字，曰：「天地之性最貴者也。此籀文，象臂脛之形。凡人之屬，皆從人。」〔註33〕「文」：「錯畫也。象交文。凡文之屬，皆從文。」〔註34〕在中國，「人文」一詞最早與天文對應出現，「觀乎天文，以察時變；觀乎人文，以化成天下。」（《易經·賁卦》）宋儒伊川先生對此進行了解析，他認為，「關乎人文」中的「人文」對應「天文」，「人文」代表了人區別於動物、自然界。強調人文的目的是為了「化成天下」，最終通過禮樂教化構建一個人倫秩序井然的理想社會。學者沈順福認為「人文化成」是儒家人文主義之確界〔註35〕。我們今天所言的「人文」是與科學相對應，是由英文翻譯而來，由羅馬人創造和提出，根據英文 Humanism 翻譯而來，最早代指接受了古希臘文化的人，人文有「教養教化」之意，這在中西方語境具有某種相通性，文藝復興運動時期反神權，以人為中心，頌揚人性，人文被賦予了新的內涵：「人文主義」，目的是為了與宗教神學相抗衡。現代的人文主義強調「人為自己立法」，凸顯的人的價值。「儒家人文主義」是基於西學對儒家精神做出現代定位的組合詞，學者任劍濤認為：「『儒家人文主義』是一種為了尋找中國或者是人類的現實出路動用傳統儒家資源的現代產物。」〔註36〕自清朝末期以來，不少學者將西方的文藝復興時期的人文運動與中國的一系列運動相比附，梁啟超先生將文藝復興時期的人文運動與清代時期的學術運動相比較；胡適先生將中國的五四運動比為西方的文藝復興；鄭學稼將中國的文學革命與文藝復興相提並論；唐君毅先生則認為宋代的理學運動堪比文藝復興。韋政通先生認為這些畢竟是比附，絕不能完全相當，如若撇開這些歷史階段的對比，先秦儒家的人文運動與西方的文藝復興運動相似點是最多的，兩個運動除了經濟和社會條件

〔註33〕許慎：《說文解字》，天津：天津市古籍書店，1991 年版，第 161 頁。
〔註34〕許慎：《說文解字》，天津：天津市古籍書店，1991 年版，第 185 頁。
〔註35〕沈順福：《從人文主義儒家到人道主義儒家》，《孔子研究》〔J〕，2018 年第 5 期。
〔註36〕任劍濤：《「儒家人文主義」的知識檢證》，《江淮論壇》〔J〕，2019 年第 2 期，第 7 頁。

極為相似之外，還有以下相似點：第一，受古典精神的啟迪，開創思想新局面；第二，抬高人的地位，強調人的尊嚴；第三，追求人的價值與道德；第四，代表一種新的態度和新的生活方式。毋庸置疑，儒家的人文精神與西方的人文精神有很大的不同，韋政通先生認為二者最大的不同在於，儒家人文主義者因受「內聖外王」古典訓練，比西方人文主義者更富有歷史使命和責任感；另外就是儒家人文主義者把人的尊嚴寄託在道德的修養和德性的發揮上；再者，由於二者所處的社會背景不同，西方人文主義者帶來了價值觀的轉變，從出世到入世，儒家的人文主義者並沒有轉變原來的價值，而是擴充了原有價值的內涵、提升了其地位，擴大其效用，強調人要有世間人的身份認同，要有社會政治責任的擔當，鑄造君子典型，代表了一種新態度和新生活方式之形成。

　　韋政通先生認為人文主義雖然不具有影響生活的普遍力量，但從古至今，人文主義從未間斷，在哲學上它也一直發揮著溝通、整合、統攝的作用。「在哲學上它不但最具有發展潛力，且是不同學派間獲得溝通的主要基點，在這個基點上，不同學派在今後的發展中，將因綜攝作用而達到一個新的整合。」〔註37〕人文主義這種在不同派別之間的溝通、整合、統攝的能力和作用在現代中國表現得尤為明顯，西化派和傳統派五六十年以來一直處於對峙狀態，但兩個派別談及人文主義時絕無歧見，胡適先生是反傳統主義的西化義士，面對傳統人文主義，他卻感慨說到：「我深信，那個『人文主義與理智主義的中國』的傳統主義沒有毀滅，而且無論如何沒有人能夠毀滅。」〔註38〕胡適先生對傳統人文主義的深信不疑更能印證人文主義的力量。現代人文思想家、傳統主義的代表牟宗三先生認為儒家的人文精神是世界上最理想的人文主義，牟先生認為儒家人文主義可以與其他的文化體系相通相融合併起著主流和引導的作用〔註39〕。言外之意，牟宗三先生認為西方的人文主義不是主流且有缺陷，而儒家的人文主義是對西方人文主義的超越。唐君毅先生則認為儒家人文主義沒有西方人文主義因對治或反抗某種文化上的偏蔽而興起的負

〔註37〕韋政通著，何卓恩、王立新編，《人文主義的力量》〔C〕，北京：中華書局，2011 年，第 109 頁。

〔註38〕轉引自韋政通著，何卓恩、王立新編，《人文主義的力量》〔C〕，北京：中華書局，2011 年，第 172 頁。

〔註39〕任劍濤：《「儒家人文主義」的知識檢證》，《江淮論壇》〔J〕，2019 年第 2 期，第 8 頁。

擔，因此西方人應當謙恭地理解和接受儒家人文主義〔註40〕。唐君毅先生的
觀點表明儒家人文主義和西方人文主義面對的境遇和任務不同，西方人文主
義應該謙恭地接受儒家人文主義暗含了西方人文主義的弊端和儒家人文主義
的優勢，韋政通先生對此深為認同，西方人文主義試圖擺脫神性控制，發現
人性，提高人的尊嚴和價值，也使人文主義努力的理想諸如人之覺醒和個人
主義得到充分的發展，實現了價值觀的轉變，但西方人文主義忽視對人精神
的關注，而儒家的人文主義彌補了這個缺陷。

　　人文主義的力量的確強韌，歷史上的人文主義每次都能從威脅和毀滅中
重振。透視當今社會之現狀及危機，人文主義的影響正在消滅，在世界範圍
內，人文主義受到了前所未有的威脅和挑戰，韋政通先生認為這種威脅來自
於各個方面，最重要的一方面是科學的宇宙觀和生物觀的建立。精神分析學
家鍾士（E・Johnes）對此展開了分析：「人類自尊與自愛所受的三個嚴重打擊
操於科學之手，第一是哥白尼的宇宙觀，第二是達爾文的生物觀，第三是佛
洛伊德的心理學。」〔註41〕哥白尼宇宙觀的提出直接撼動了「人為萬物之權
衡」的觀念；達爾文的進化論和生物觀推翻了「人為萬物之靈」的學說；佛洛
伊德的心理學推翻了「人為意識所控制」的學說，除此之外，施金納的行為
科學給人文主義帶來重創，他認為，自我不再能為自己的行為負責。

　　繼二重文化危機之後，人類面臨新的現代文明的危機，人正在被自己所
創作的文明腐蝕，技術的專政導致自我失落，生活單調、空虛、不安全，造就
了很多「假現代人」〔註42〕。如何應對這些問題，力量來自於人文主義的復
活。韋政通先生一方面認肯了人文思想在整個人類發展文化史上的重要性和
價值，另一方面，他也高度肯定了儒家人文精神在當今社會中至關重要的作
用，韋政通先生在《存在主義的進路──略論西方文化的危機及其重建之新
路向》一文中寫到：「而人類文化史中，人本思想形態發展到最高明成熟階段
的，只有中國的儒家，所以真要想救治西方文化之病，非進到東方人文精神
的智慧中不可。除非人類甘心自毀，否則這一步跨進，有文化精神發展之必

〔註40〕唐君毅：中國人文精神之發展（第一部）〔M〕，桂林：廣西師範大學出版社，
　　　　2005 年第 1～71 頁。
〔註41〕轉引自施金納、文榮光譯：《行為主義的「烏托邦」》〔M〕，臺北：志文出版
　　　　社，1975 年，《譯序》。
〔註42〕楊格著，黃齊銘譯，《追求靈魂的現代人》〔M〕，臺北：志文出版社，1965 年，
　　　　第 232 頁。

然性。」〔註43〕「面對當前人類的精神危機，必須再進一步探討它的價值與
功能。」〔註44〕因此，發掘並彰顯儒家人文精神尤為迫切。

2.3.2　儒家倫理對人文價值的彰顯

　　唐君毅先生認為，「儒家的倫理發展史就是一部人文精神發展史。孔子之
重『人德』，孟子之重『人性』，荀子之重『以人文世界主宰自然世界』……宋
明人之重『立人極，於人心見天心，於理性見天理』，這些精神，皆可互相和融，
互為根據。」〔註45〕儒家對人文價值的彰顯主要體現儒家一直強調、注重人在
宇宙萬物中的作用和人的主體性地位，同時將其作為努力並為之奮鬥的重要目
標。古人最早在《尚書》中就把人與動物和其他物種區分開來並彰顯了人的特
殊地位：「惟人萬物之靈。」（《尚書·周書·泰誓上》）孔子的仁學進一步發現
了人的意義和價值，孔子受傳統天命觀的影響相信天對人的主宰權，但「敬鬼
神而遠之」（《論語·雍也》），更為重視人和人事並認為人事重於鬼神之事：「未
能事人，焉能事鬼？」（《論語·先進》）孟子改造了天命、天意，否認上天對人
類事務的決定性，提出「天時不如地利，地利不如人和」（《孟子·公孫丑下》）。
同時提出了性善論，從理論到踐行，先不斷超越自己，盡心、知性、知天，然
後親親、仁民、愛物，由近及遠，在社會中實現自己的價值。荀子認為人事與
自然界之間沒有必然的關係，明確地提出了「天人之分」（《荀子·天論》）。荀
子認為人事比天更重要：「大天而思之，孰與物畜而制之！從天而頌之，孰與制
天命而用之！」（《荀子·天論》）漢代的董仲舒尊天但更崇人，他明確提出：「人
副天數。」（《春秋繁露》）孔子到荀子，經歷了一系列的人文運動，儒家的人文
運動最大的貢獻就是斷送了天啟之路，把人從人格神中解放出來，讓人認識到
自身價值，認知到自己的社會責任，認識到社會和文化的危機是人自身所造成
並需要自己去面對憂患。人有解決一切憂患和危機的力量，愛因斯坦也很認同
人類的這種價值，他提出這樣的主張：「在維護倫理價值的奮鬥中，宗教的教師
們必須要有棄置人格神之教義的雅量，也就是說，必須放棄過去的時代中曾為
祭司掌握的巨大力量——恐懼和希望的來源。他們必須要在其辛勞工作之中，

〔註43〕韋政通：《存在主義的進路——略論西方文化的危機及其重建之新路向》，
　　　　1956 年手稿，未發表。
〔註44〕韋政通：《巨變與傳統》〔M〕，臺北：桂冠圖書公司出版，1978 年，第 119 頁。
〔註45〕唐君毅：《中國人文精神之發展》〔M〕，桂林：廣西師範大學出版社，2005 年
　　　　版，第 21 頁。

運用那些足以開拓人本身中真、善、美的力量去幫助他們自己。」〔註46〕韋政通先生在談及先秦儒家對人文思想的發展時指出，人文運動最顯著的特點是人文倫理性格的確定，解救了人自身，使人注重自身價值和對社會的責任。

　　儒家倫理的核心「仁」是人文思想最基本的觀念，這種以仁為核心的精神對中國人文教育的發展產生了深遠的影響，韋政通先生通過解析仁與周文之間的雙向關係揭示了儒家人文思想的初衷，韋先生認為，「仁」來自於對周文（禮制典憲）的反省和體悟，孔子由文（周文罷弊、禮壞樂崩）而反思人及仁，人之仁使周文獲得了現實效用，周文反過來又成就了人。「由人之仁進而成就文，這一主客體之間的往復，奠定了儒家人文思想的基本規格」〔註47〕。按照韋先生的觀點，儒家人文精神主要圍繞主體與客體（人與文）之間貫通和諧的可能性展開，而主體與客體能否貫通和諧主要取決於人之「仁」。由此可見，儒家人文思想的建立緣於原始諧和的破裂——以禮為主的周文與個體對立不相容，孔子基於這種原始諧和的破裂開始反思如何尋求主客體之間的重新和諧，正是在孔子自覺的尋求和反省之中，產生了真正的人文思想。所以，不難得出，「孔子由周文悟得的仁，不僅是要成就生活的合理，且是要為個體的生命與客觀的法度之間，提供一貫通諧和之基礎，這是孔子自覺地建立人文思想的初衷。」〔註48〕孔子的人文思想，始於以仁為切入對周文之弊的解析，重「文」但更重人，在發展方向上自然以內聖為本，孟子承繼了孔子建立人文思想的初衷，韋先生認為孟子內偏一面只是承繼了孔子人文思想意義的一半，荀子向外開，轉向外王的同時重客觀的「禮儀之統」，荀子隆禮之精神實是對孔子人文思想應有的推動和進展。

2.3.3　儒家倫理對人文素養的注重

　　儒家倫理注重人倫道德，對主體的人文素養也尤為關切。儒家的相關典籍中雖沒有集中明確地論述人文思想，但人文精神體現在儒家倫理的整個思想體系之中。儒家傳統教育的目的主要是陶冶主體的人文素養。儒家對人文

〔註46〕韋政通：《巨變與傳統》〔M〕，臺北：桂冠圖書公司出版，1978 年版，第 121 頁。

〔註47〕參見韋政通：《韋政通自選集》〔C〕，濟南：山東教育出版社，2005 年，第 182 頁。

〔註48〕參見韋政通：《韋政通自選集》〔C〕，濟南：山東教育出版社，2005 年，第 184 頁。

素養的要求有著透徹的闡釋，以「愛人」為要義的「仁」是人文素養的根本，禮敬是人文素養的主要內容。齊家、治國、平天下是儒家針對個人理想的設定，而這種理想的實現必須以修身為前提和根本，而修身的本質就是提高人文素養，一個人的人文素養高低直接決定了他是否具有治國平天下的資格和能力。儒家認為，穩定諧和充滿活力的理想社會的實現，需要制定相應的倫理規範，但更為重要的是要有具備較高人文素養的主體去化成天下。中國自古以來的傳統教育就非常注重人文教育，明人倫倡人文是夏商周之學的主旨。「司徒以三物教萬民：一曰六德──知仁義聖忠和；二曰六行──孝友睦婣任恤；三曰六藝──禮樂射御書數」（《禮記‧周官》）。傳統教育的六德、六行、六藝，其核心都是提高主體的人文素養。孔子提出以「愛人」為第一要義的「仁」表達了儒家對人文素養的內在要求。孟子承繼孔子提出「老吾老以及人之老，幼吾幼以及人之幼」（《孟子‧梁惠王上》），表達了孟子對人文素養的外向需求。荀子主張隆禮，「人道莫不有辨，辨莫大於分，分莫大於禮」（《荀子‧非相》）的提出也是對人文素養的基本要求。儒家所構建的人倫秩序中處處彰顯對人文素養的注重。

「人文化成天下」，人文素養的提升重在教化。儒家十分重視學習與教化在人類生存中的地位和作用，對人實施教育並進行人文陶冶是儒家學問的第一要義，重禮樂教化、人文修養是孔子學說的主要內容。孔子曰：「質勝文則野，文勝質則史。文質彬彬，然後君子。」（《論語‧雍也》）此處的「文」指的是通過教化提高修養。當子路問如何成人？孔子認為要具備智仁勇和禮儀修養的人才是完人。禮樂教化是主體人文素養提升的關鍵。孟子從性善論出發，認為合乎本性的禮樂是人所需要，荀子認為人生而有缺陷，必須經由禮樂教化，化性起偽，才能性偽合，「性偽合而天下治」（《荀子‧禮論》）。董仲舒認為天、地、禮樂（人文）是生存的三要素，而人文教化是根本；宋儒也很注重通過教化對人文素養的提升；新儒家的代表人物牟宗三先生以人文主義定義儒家。

韋政通先生認為儒家實施人文教育的過程中有著顯著的特點，那就是尤為重視個人和家庭教育。儒家認為家庭教育是人文教育的搖籃，也是人文教育的基礎環節和重要環節，擔負的責任遠比學校重大。家庭教育不但構建了穩定的基本人倫關係：「父慈子孝，兄愛弟敬，夫和妻柔，姑慈而從⋯⋯。」

（《左傳》‧昭公二十六年）而且這種以家庭為主、不停留於空論的人文教育保持了一個人親密、和諧、友愛、良善、節制的生活，培養了中國人獨特的人文性格，羅素對中國人生活中表露的自制、含蓄、人情味、天性的樂觀，以及親切的友誼等民族性，留下了深刻的印象也頗為欣賞。當然，這種人文性格的影響，主要是儒家，但道家、佛教的影響也功不可沒。韋政通先生也敏銳地察覺到，在工業文明的發展下，不要說西方，古老的中國發展到至今，這種人文精神也喪失了很多。工業化高度發展，人被嚴重物化並疏離，生命潛力被剝奪，精神癱瘓，自我喪失，人在這不平均發展的肉體裏，再也找不到自己，也再也不認識自己了。如何對儒家人文精神進行現代的培育值得我們深思。

2.3.4　儒家人文精神的現代培育

中國一直有人文教育的傳統，但隨著社會的發展，「人文精神」也開始在中國出現失落的現象。韋政通先生總結了人文精神失落的主要表現，諸如生活品質的下降、官場的腐敗、教育上重理輕文、人際交往倫理喪失、新生代的墮落〔註49〕等，涵蓋生活、職場、教育、人際諸方面。這些問題歸根結底是「人的問題」，「人的問題」的解決，有待於重整並轉型傳統儒家的人文教育。

第一，自覺追尋人生意義

韋政通先生認為，人文教育以人為主體，在教育過程中注重人個性的凸顯、潛力的發揮、自我的創造；其基本理念是理想主義而不是實證主義，遵循的是價值理性而不是工具理性。〔註50〕這種教育歷程實現知識教授的同時重在啟發，啟發人尤其是青年尋求有意義的人生。如何啟發？首要的是要認識到每一個個體的獨特性，這種獨特性體現在個體生命的獨特性、人生意義與人生道路的獨特性，這種獨特性要求個體必須受到應有的尊重，這是凸顯個性的重要條件，而個性又是人成才的關鍵；其次是發揮潛力。潛力的發揮大小與一個人的成就成正比，潛力發揮越大，成就也就越大。如何發揮潛力，韋政通先生認為至少要做到兩點：自我主宰和人生的前瞻性。自我主宰是指

〔註49〕韋政通：《韋政通自選集》〔C〕，濟南：山東教育出版社，2005 年，第 418～
422 頁。

〔註50〕韋政通著，何卓恩、王立新編，《人文主義的力量》〔C〕，北京：中華書局，
2011 年，第 221 頁。

自己能做到主宰自我的命運，即成聖成賢的工夫。人生的前瞻性指人要有願景，有長遠的目標，時刻用目標來考量和督促自己。

第二，體驗重於思辨的方法

何為體驗？德國哲學家狄爾泰認為體驗是精神世界的基本細胞〔註51〕。中國倫理一直重體驗輕智性。「知之者，不如好知者；好之者，不如樂之者」（《論語‧雍也》）。「知」主要靠思辨，由「知」進入「好」就需要「體驗」，這個階段也是逾越思辨，躍入實踐工夫的階段；由「好」到「樂」，便實現了道德主體與道德實體合二為一的最高境界，由「知」到「好」再到「樂」，由知識的追求到道德乃至藝術的追求，是人生追求的三個階段和境界，在境界提升的過程中，體驗是關鍵，如果缺乏體驗，根本無法理解也無法進入中國哲學的人文世界和人格世界。只有真正去體驗才能真正瞭解體驗。體驗是活生生的具體經驗，其感受是真實的。中國有著重視人文體驗的傳統，但隨著西學的引進，職業化、專門化的教育隨之興起，人文教育也趨向於思辨的訓練和知識的灌輸，忽略了其本質意義，臺灣著名教授李亦園也認為，人文教育與專業教育不同，人文教育是一種通識教育，旨在提高受教育者的文化涵養，提高人對自身意義和價值的認知，開發人的內在潛力。

第三，復興民間講學的可能

人文教育是一個系統工程，除了深刻認識到教育的目的、意義、教育方法之外，還要豐富更新教育的內容，倘若使其發展成為一種新風氣或者新運動，需要兩方面的努力：「一是提高人文研究的水準，一是復興民間社會自由講學的風氣。」〔註52〕如何提高人文研究的水準？韋政通先生認為要想提高人文教育的水準，一方面要設置專門的研究機構，另一方面要實踐人文教育的典範人物。韋政通先生認為，大學的研究環境不如研究院，傅佩榮教授在《臺灣哲學教育的三大危機》一文所說的哲學教育的三大危機：（1）在教材上西化；（2）在學術上孤立；（3）在社會上無用。從一個側面也反映了大學人文教育的現狀。研究院也存在很多問題，比如缺乏「孕育深思、涵泳熟慮的氣息」，研究機構「本末倒置，感染行政機關的流弊」。因此，創辦經濟上完全獨立的人文學院，聘請在人文教育上頗有成就者，培養一批新的人才是人文教育的努力方向和發展重點。只有這樣，人文教育才能徹底扎根，因為人文

〔註51〕張旺山：《狄爾泰》〔M〕，臺北：東大圖書公司，1986年版，第278頁。
〔註52〕韋政通：《韋政通自選集》〔C〕，濟南：山東教育出版社，2005年，第431頁。

教育的淵源和基礎是人文研究。

　　創辦經濟獨立的人文學院有利於人文教育的扎根，在扎根的基礎上如何使人文教育普及？韋政通先生認為，發揚體制外的書院教育、復興民間社會自由講學的風氣是普及人文教育的可行之方。縱觀歷史上人文教育充滿活力的時期都是民間講學比較盛行的時期，先秦時期，孔子不但提供了人文教育的內容，而且創立了私人講學的方式，在孔子的影響下，諸子百家相繼實踐，秦統一六國之前，私人講學盛行，特別是到了宋代，理學家朱熹繼承孔子民間講學之風，創辦書院，先後創辦寒泉精舍、武夷精舍、竹林精舍、重建白鹿洞、嶽麓書院，弟子遍天下。對當時人文精神的發展，社會教化產生了不可估量的影響。而且設立書院遠比建立人文研究院簡單，書院規模不必要大，也並非一定要有固定場所，比如學校的一間教室、企業的小型會議室、文化廣場的一角、咖啡廳等都可以成為民間自由講學的場所，重要是要有人推動、策劃並提供資金支持。

　　從人文主義所受威脅到省思儒家人文主義的價值，從「人的品質問題」的思索到思想理論的形成，從人文教育理論的提出到切身實踐，韋政通先生關於人文教育的重點是要凸顯個性、發揮潛力和創造自我的闡述，是他對自己人生經驗的總結。韋政通先生意志堅定，自我主宰、創造自我的命運是對人文教育最好的詮釋。他的每一句話和每一個結論都是他個人體驗的總結，是建立在他真實生活經驗之上，人文教育不是光說給人聽還是做給人看，不是要看我說了什麼，還要看我做了什麼，韋政通先生是在用生命做學問，真正做到了人文教育的知行合一。

第 3 章　兩面攝取與雙向批判：
儒家倫理之批判

　　「倫理批判與倫理建設，構成倫理轉換的一體兩面。……批判就是建構，建構必須批判。」[註1]這一章主要分析韋政通先生對儒家倫理的批判。韋政通先生認為，要創造性轉換並重建傳統儒家倫理，必須對傳統主義和反傳統主義等思潮進行批判與再反思，韋政通先生在深入傳統，直達心魂，尋求儒家永恆價值之後，跳出傳統，對儒家思想進行批判。韋政通先生採取的是用現代化批判傳統和用傳統批判現代化──「兩面攝取、雙向批判」，韋政通先生自言：「不僅要用傳統的眼光瞭解傳統，還要用現代的眼光批評傳統，不僅要用現代的眼光瞭解現代，還要用傳統的眼光批判現代。」[註2]學者唐凱麟，王澤應教授在合著的《20世紀中國倫理思潮》中明確指出，韋政通先生的倫理思想起步於對傳統儒家倫理文化的批判，這種批判不同於自由主義情緒化極濃且僅限於政治層面和消極現象，他立足於工業文明發展中的倫理價值系統進行比較剖析，最後揭示儒家倫理思想的特質及其根本缺陷[註3]。韋政通先生獨特的批判路徑是用現代化批判傳統，用傳統批判現代化，最後批判儒家倫理自身的缺陷。

〔註1〕樊浩：《中國倫理精神的現代建構》〔M〕，南京：江蘇人民出版社，1997年，第192頁。

〔註2〕尹文漢：《儒家倫理的創造性轉化──韋政通倫理思想研究》〔M〕，合肥：安徽人民出版社，2008年，第22頁。

〔註3〕唐凱麟，王澤應著，《20世紀中國倫理思潮》〔M〕·北京：高等教育出版社，2003年版，第104～105頁。

3.1 雙向批判之一：以現代化批判傳統

韋政通先生所謂的以現代化批判傳統，至少包含以下三重含義，第一，必須深入傳統，深諳傳統的複雜性和傳統的深度。第二，用現代化的眼光來看傳統，傳統的確有很多需要反省和檢討之處。第三，必須澄清反傳統主義者和 20 世紀初西方學者對儒家傳統倫理的誤解。再者，關於倫理與文化的關係，韋政通先生認為文化反映了一個民族和社會活動的全貌，倫理是整個文化活動中的一套價值系統，倫理又稱之為文化精神，代表價值系統和文化精神的倫理有不同的層次，倫理的最高層次可能與文化整體相整合〔註4〕。

3.1.1 現代化：批判傳統儒家文化的根據

韋政通先生是我們這個時代為數不多的能從世界和時代的背景及其變動上考慮中國文化發展的思想家之一，他敏銳察覺到，十九世紀之後，世界上國與國的關係比任何時代都密切，特別是當今科技的發展使得這種關係進一步加深，任何一個國家想脫離世界關係另謀發展是行不通的，同樣，知識分子在為國家文化發展尋求出路時，也必須先認清世界文化的趨向。

1. 現代化的含義、特徵

現代一詞並非產生於現代社會，最早可以追溯到六世紀時期，拉丁語中的「現代」意為「同時代特質」，十七世紀之後，「現代」一詞被進一步使用，但其意義與我們現在定義的「現代」寓意有很大的差別，莎士比亞將「現代」當做腐化、平庸、退化之意運用，英國的作家在文章中稱當時法國的革命領導人為「現代化者」，語氣中帶有輕蔑藐視之意。

「現代化」一詞從時間上可以回溯到 1500 年左右，第二次世界大戰之後，「現代化」成為眾多學者研究並使用的對象，關於現代化，史學家布拉克（C.E.Black）如此定義：「所謂現代化，是指幾世紀以來，由於知識的劇增而造成的創新過程的一種動力形式。……我們可以說，現代化是歷史上發展已久的舊制度，適應科學革命以後，由於人類知識以及控制環境能力的增加，所產生的一些具有急速改變的新功能的過程。」〔註5〕中國最早關於「現代化

〔註4〕韋政通：《倫理思想的突破》〔M〕，成都：四川人民出版社，1981 年版，第 53
頁。

〔註5〕C. E. Black 著，郭正昭等譯：《現代化的動力》〔M〕，臺北：環宇出版社，1971
年版，第 7 頁。

問題的爭論」可追溯至 1933 年，上海《申報月刊》舉行了關於「現代化問題的討論」。參與者達 260 人，據胡適先生《建國問題引論》一文透露，討論會爭論的焦點是中國走資本主義道路還是走社會主義道路，討論會對「現代化」的定義很模糊。新文化運動之後，現代化一詞先後經歷了「歐化」「美國化」「西化」「現代化」的遞傳，這種遞傳與轉變反映一次世界大戰之後歐洲的衰落與美國的崛起，同時也代表了民族自尊心自信心的增強，也表現了知識分子的覺悟，當我們用歐化、美化、和西化的觀點來瞭解我們的近代史時，我們很自然地就會得出這樣的結論：我們的社會正在以全盤接受歐美的生活方式及價值體系為最終鵠的。顯然地，就作為一個中國人來說，這個目標是極其荒謬的。

　　學者們認為為現代下定義並界定其起止時間是很困難的事情，因為社會具有綿延性，最現代的生活也包括傳統成分，在談到「現代」一詞時，韋政通先生申明了兩點：（1）「現代」與「傳統」這些名詞都是相對的，它可以隨學者們研究上的需要，做不同的界定；（2）當學者們討論到「現代社會」和「傳統社會」，或「現代生活」和「傳統生活」時，我們只能當作是心理結構創造出來的簡化模型看，這些模型是用來解釋現代社會或現代生活中複雜事象的主要因素，所以它多少是一種「理想類型」（ideal types）〔註 6〕。韋政通先生認為「現代化」一詞之所以比較恰當是因為它表明了現代與傳統的關係，強調了從傳統出發去參與現代世界的發展，只有在這個意義上追求現代化，中國才有自己的前途。現代化應是社會整體性的變遷，是經濟政治社會全方位的現代化，這種現代化只是一種理想狀態，極少數先進國家能接近這種狀態，大多數國家處於不均衡的發展狀態，只是經濟的現代化，且是只能滿足部分人利益忽視多數國民利益的經濟現代化。

　　關於現代化的基本特徵，中西方不同學科不同學者有不同的看法，總體上，世俗化、都市化、科學化、工業化、變遷性、公眾參與等特質是學者談到最多的也是最能達成共識的。韋政通先生認為現代生活的特徵主要體現為以下幾點：（1）變遷。現代化最基本的特性就是變遷，變遷在整個人類社會發展過程中一直存在，只是現代化的變遷尤為驟猛。布拉克曾言：「現今人類遭

〔註 6〕韋政通：《現代化與中國的適應》〔M〕，臺北：盧山出版社，1974 年，第 18頁。

遇的劇變，其重要性絕不亞於人類的出現，與由原始跨入文明的兩大轉變。
它是人類文化史上各種劇變中最驚心動魄的一次。」〔註7〕（2）世俗化。世
俗化又叫俗世化，是聖化社會到一個俗世化社會的過渡和變遷。什麼是聖化
社會？在聖化社會裏，「社會的結構、行為倫範甚至為學致知，都以遠古時代
傳襲下來的聖典聖則為張本。即令這聖典聖則已因實際情況不同而不適用，
還得奉為標準，不許改變。改變就是有違聖教。」〔註8〕世俗化就是要消除這
種「聖人」「聖典」「聖行」「聖言」。近代中國的世俗化運動與西方的背景不同
但目標相似，都主張以「人的王國」代替「上帝的王國」，韋政通先生如此描
述「人的王國」：「在這個王國裏，人相信人類自己可以主宰他的命運，控制
自然；相信美德可以從科學的心智中滋長出來；相信信仰和倫範可以建立在
理性和經驗的基礎上。因此中國世俗化運動的細目，是要從傳統的神秘主義
〔註9〕、先驗主義、聖化的倫理、祖先教，自然現象的有靈觀，以及宿命論的
人生觀中解放出來。」〔註10〕（3）專門化和分歧化。近代科學的發展，導致
多個科目從哲學母體中分離並形成眾多獨特的知識領域，現代生活的專門化
分歧化加強，這種分歧化與專門化是傳統制度和傳統價值崩潰的主要原因。
十八世紀的生產分工和十九世紀的知識分化直接引起了專門化，專門化可以
用「相對最少的時間和勞力」把事情做好，在現代社會裏，各行各業包括知
識分子、行政人員都專門化，「萬事通」的知識分子逐漸消失，知識分子要想
取得學術地位，必須是某一行業或知識領域的專家；行政人員的選拔也由原
來的靠家世、財富、聲望逐漸轉變成靠某門專業化的知識。（4）人的現代化。
現代化不僅僅是經濟政治文化上的現代化，現代化達成的關鍵是這個國家的
人民能不能做一個現代人。一個國家若要現代化，它的人民，尤其是推動現

〔註7〕C. E. Black 著，郭正昭等譯：《現代化的動力》〔M〕，臺北：環宇出版社，1971
　　　年版，第4頁。

〔註8〕殷海光：《中國文化的展望》〔M〕，北京：中國和平出版社，1988年，第459
　　　頁。

〔註9〕韋政通先生認為神秘主義是原始心靈的一種表現，它代表先邏輯（pre-logic）
　　　的心理狀態，在古文化中扮演極為重要的角色，無論是道德、宗教，或是文
　　　學、藝術，甚至政治、法律，無不籠罩在神秘主義的煙霧之中。神秘主義長
　　　期吸引著人的心靈。也妨礙著古文化的進化。可參見韋政通：《現代化與中國
　　　的適應》〔M〕，臺北：盧山出版社，1974年，第21頁。

〔註10〕韋政通：《現代化與中國的適應》〔M〕，臺北：盧山出版社，1974年，第21
　　　頁。

代化的知識分子，必須在生活方式和生活態度上都有所調整。因此，中國要想實現現代化，除了經濟發展，行政改革，最重要的是培養國民成為現代化的人。什麼是現代化的人？現代化的人較之傳統社會的人有哪些特徵？成為現代人需要具備哪些條件？關於人的現代化，雖已引起部分學者的重視但談到的不多，有些國家已經出現了少數優秀的現代人，但群體人現代化的國家很少，尤其是發展中的或後發展的國家，若人的現代化能引起足夠的重視，將有助於一個國家現代化的發展。韋政通先生關於人的現代化有自己獨特的想法，他認為，現代化的人應具備以下特質：

第一，重視知識。這裡的「知識」主要是指有經驗的且可證實性的知識。重視知識是西方文化的優良傳統，蘇格拉底認為「知識就是道德」，由於無知所以不德，人的行為必須受知識的領導和支配。人生最重要的問題是求得真知以避免行為的過惡，近代的培根更是注重並強化知識的效用和功能，提出「知識即權力」。西方近代的文化正是在此引領下不斷取得進步和發展，這也是為何現代化的成就主要出現在西方而不是東方，因為現代化是一種以科學為主導的文化，科學的功用主要是提供正確的知識，我們用自然科學的知識征服自然，用社會科學的知識改造社會，用人文科學的知識引導我們過理智的生活。

中國的現代化之所以沒有達到理想，主要是由於我們缺乏一個重視經驗知識的傳統。中國傳統文化是德性文化，但這種德性文化與蘇格拉底把道德的基礎建立在知識之上不同，中國的古人認為道德建立在知覺之上，從孟子的「四端」到王陽明的致良知，人為善與否直接取決於直覺的一念，道德修養在於恢復並守護這一念的靈明。人判斷事物的正確與否取決於「清明之心」「一念的靈明」。但這只適用於靜態的傳統社會，面對複雜多變的現代化動態生活，必須借助各種正確的知識作為判斷事物的主要依據。

第二，開放的心靈。開放的胸懷就是服從與事實相符合的真理。韋政通先生認為，要擁有開放的心靈和胸懷，就應該做到：「當我們面對著事實經驗，而我們的主張又不符合事實經驗時，就有勇氣放棄一己的主張，這便是服從真理的態度。」〔註11〕偏見和執著於偏見是很多問題與罪惡的緣起。孔子云：「知之為知，不知為不知。」（《論語·為政》）代表了一種開放的胸懷，

〔註11〕韋政通：《知識分子的責任》〔M〕，臺北：弘毅出版社，1970 年版，第 16 頁。

能夠消除成見服從真理，荀子的「以仁心說，以學心聽，以公心辯」與此有同一意義，個人學習態度、文化傳統、地區性的習俗、我族中心主義等固執的基因，使得這種開放的心靈很難培養。韋政通先生引用梁啟超先生民國八年所做《歐遊心影錄》中論「思想解放」的一段話來論證新時代、新文化創造過程中開放心靈的重要性，梁任公談到：「當運用思想時，決不允許有絲毫先入為主的意見束縛自己，空洞如明月照物。」〔註12〕開放的心靈是社會進步的動力和創造性思想的源泉。而思想的解放是達到「創造性思想」的必要步驟。什麼是「思想的解放」？韋政通先生認為：「所謂思想的解放，簡言之，就是要從種種的束縛或種種的『蔽』中解放出來。」〔註13〕這種「蔽」或「束縛」主要有四種：傳統、人與人之間的爭辯、師徒式的師生關係、心蔽。

第三，民主的素養。民主的素養就是尊重自己的同時尊重別人。如何尊重自己？一方面要自愛，另一方面要自信。如何尊重別人？尊人是對人人格平等原則的肯定。在中國的古文化裏，孔子的「己所不欲勿施於人」雖是一種消極的表示方法，但已經有了對人人格平等原則肯定的意蘊，近代西方的民主運動，在兩個方面卓有成效，一方面是法治的確立，另一方面是個人主義的推動，在推動的過程中，個人主義也得到了發展，韋政通先生認為個人主義「即非自我主義，亦非自大主義，他只是一個能做到自尊尊人，獨立自信的個人。所以個人主義就是一種民主的素養。」〔註14〕韋政通先生指出法治和個人主義對民主素養培育的重要性，同時也澄清了我們對個人主義的誤解和錯誤認識，韋先生對個人主義的界定以及民主素養和個人主義關係的分析值得我們深思。

第四，追求幸福。在傳統農業社會裏，科技不發達，物資匱乏，同時由於道教佛教出世觀念的影響，人們很少論及幸福及追求幸福，士大夫若研究生活享受將被視為生活不檢，當然這種現象存在於任何的一個傳統社會，傳統社會所追求的幸福稱之為「道福」，有別於世俗的幸福，其目標是追求並實

〔註12〕轉引自韋政通：《傳統的透視》〔M〕，臺北：自由太平洋文化事業公司，1965年版，第59頁。

〔註13〕韋政通：《傳統的透視》〔M〕，臺北：自由太平洋文化事業公司，1965年版，第61頁。

〔註14〕韋政通：《知識分子的責任》〔M〕，臺北：弘毅出版社，1970年版，第17頁。

現至高的善，傳統社會輕視以欲望滿足為主的幸福，像荀子的「養人之欲，給人之求」；李覯的「欲者人之情」；戴東原的「遂欲達情」，認為對現實欲望的追求有損較高人生價值的實現，進入近代，有了大的改變，追求幸福是人生的主要目的，「現代化的目標，最後就是要使全人類，逐漸都通過一種自由幸福的生活，否則我們想不出人類必須追求現代化的充分理由。」〔註 15〕但需要注意的是，現代的幸福傾向於過分以金錢和物質的滿足來衡量幸福，從而導致對「幸福生活就是善良生活」標準的破壞。

殷海光先生在給韋政通先生《傳統與現代化》一書的寫的書評中，通過與傳統進行比較的方式，從經濟、政治、社會、教育諸方面對現代化的基本特徵進行了描述。他認為現代化的推進是一個漸進的過程，速度或快或慢，人的衣食住用行都會發生變化，最為顯著的是倫理規範和人與人之間的關係也會發生變化。

社會結構	傳統社會	現代社會
經濟方面	家庭工業、小手工業、農業	大工業、大生產組織、農業工業化
政治方面	君權神授、世襲制度	群眾時代、民主政治、極權統制
社會方面	唯情主義、道義主義 地域觀念、血緣觀念、宗族觀念 賦予地位強	道義隱退、財產職能形成新的社會地位、世俗化、技術專政、倫範不能維持人際關係，契約關係增加
教育方面	人本主義 學府教育 尊師重道	技術教育 訓練機構 師道尊嚴喪失、人人平等
家庭方面	父權主義大家庭	父權墜失、夫不為妻綱　核子小家庭

現代精神是現代文明成就的主要來源，由於各種因素的影響和主客觀認識的侷限，人們對近代精神的認識存在很大的誤解甚至種種甚至相反的解釋，甚至，特別是一部分傳統守舊主義者，謳歌傳統的同時詛咒近代的無力、無體、無理。但近代精神是無法抹煞的，抹煞近代回歸傳統，是鴕鳥主義。面對現代化，面對科學帶來的挑戰，我們只有虛心學習現代精神，學習近代的各種價值，別無他途。韋政通先生認肯現代精神並對其特質進行了分析：（一）重現世不重天國。現實與天國代表了不同的世界觀與價值觀。中世紀

〔註 15〕韋政通：《知識分子的責任》〔M〕，臺北：弘毅出版社，1970 年版，第 17 頁。

的人歸宿、希望與嚮往不在現實而在天國，現世是人生的過渡，天國才是人生的終極目標。這種世界觀壓抑人的現世欲望，勸導人們勇於捨棄，人生活在教條和神話的支配之下，人是神的奴隸。而現代精神恰恰相反，不重天國而重現世，現世是屬於人的世界，人的一切希望、嚮往及歸宿只有在現世中才能落實，現世是人的創造，近代代表了人的再生。韋政通先生認為：「近代中所表現的人的概念，和以前任何時代都不相同。以前任何時代的人，都沒有像近代人具有這樣的自信，具有這樣的創造行動；尤其不同的一點是，絕對不會像近代人，全幅的精神都貫注於現世。」〔註 16〕（二）重知識不重神啟。近代精神的另一個特質是不輕易相信一切傳統的標準，他們認為一切都要經過知識的考驗哪怕是傳統的形而上系統和宗教中的天國都需要取得知識的證實。中世紀的世界，天授神啟是真理的來源。真理與權威不分。近代人反抗權威、神啟天授，不承認天授的真理，而是認為真理是必須通過知識的證實而且可以通過一定的程序獲得。（三）重經驗不重先驗。這恰恰與我們傳統社會相反，中國的傳統倫理重先驗理性，不重經驗知識。儒家的道德理性是先驗的，孟子的「四端說」證明了道德的先驗性，而近代精神是不注重先驗的，認為「事」屬於經驗層，必須用科學用知識去證實其可靠性，不能靠直覺而是要靠理智。（四）重個人不重權威。近代人的偉大成就之一，就是嘗試力圖從一切權威與束縛中解脫出來。韋政通先生認為：「這裡所表現的個人，不是古代哲人所重視的理性的個人，近代史中要完成的個人，是從種種禁錮中解放出來的，赤裸裸的個人。因此他不諱言情慾，甚至敢大膽地追求情慾的滿足，他的生命因不受教條的約束，所以充盈著天真的喜樂，這是人類自有高度文明以來，第一度真正出現了人的本色。他不僅沒有教條和禁忌，甚至連理性的律則，也暫時拋開了；他生活在活生生的感覺世界裏，他能有真正發於自我的愛憎，他絕對信賴自己的力量，也可以毫無顧忌地表現自己的才能；這是健康的生命，也是近代一切偉大創造的淵源。」〔註 17〕

　　韋政通先生在闡述傳統社會時列舉並認肯了傳統倫理的五大特點，這五

〔註 16〕韋政通：《傳統的透視》〔M〕，臺北：自由太平洋文化事業公司，1965 年版，第 85 頁。

〔註 17〕韋政通：《傳統的透視》〔M〕，臺北：自由太平洋文化事業公司，1965 年版，第 87 頁。

項特點也概括了傳統社會的全貌，傳統社會的五大特點如下：（1）家族中心的；（2）重情的；（3）特殊主義的；（4）傳統主義的；（5）神聖化的。我們也可以用韋政通先生對傳統倫理的特點進行的五項界定與現代社會及其具有的現代精神進行對比：

家族中心	→	社會中心
重情	→	重理
特殊主義	→	普遍主義
傳統主義	→	反傳統主義
神聖化	→	世俗化

可見，現代社會與傳統農業社會有著本質的不同，傳統農業社會是以解決家族內部關係為主要對象的，而家庭生活已不是現代社會的核心，特殊主義的、以家族為中心的，重情的倫理已不能適應現代生活；隨著現代科技的發展，觀念的更新，神聖化和傳統主義也無法合乎現代的主流思想。傳統的倫理精神勢必會受到現代精神的巨大衝擊。

3.1.2　傳統在現代化過程中的「涵化」問題之檢討

十九世紀以來，西方近代文明挾著工業革命的巨大威力引起了社會、政治、文化、生活的強烈動盪與巨變，使擁有幾千年傳統的中國面臨「三千年來一大變局」。在衝突與變遷的過程中，產生了長期的適應問題。韋政通先生認為百年來中國主要經歷了三個方面的適應：生態適應、制度適應和文化適應。他將這種適應稱之為涵化。涵化（Acculturation）是指文化變遷的過程，一種文化遭受另一種文化的侵入，也是一種文化對另一種文化的適應，於是發生文化涵化的現象。「在文化涵化的過程中，往往在兩種可能之間做選擇：『逆退的適應』或『進化的適應』。」〔註18〕縱觀中國近百年的歷史發展，中國對西方的適應至少經歷了器物層面、制度層面和文化層面，即「器物——制度——文化」三期說，進化的適應方式主要體現在器用和政治制度上，逆退的適應方式主要體現在文化及倫理價值上。文化涵化過程是否順利，以及由涵化所及激起的回應究採取怎樣的反應模態，取決於涵化基線（base line of

---

〔註18〕韋政通：《現代化與中國的適應》〔M〕，臺北：盧山出版社，1974 年，第 138 頁。

acculturation）〔註 19〕。在中國，涵化基線大體上就是傳統本身。中國適應西方文明的過程，歷時百年，但西方文明中的主要成分像科學、民主、自由不但沒有在中國大地上順利成長還導致了很多的矛盾、衝突與悲劇，較之其他國家，我們的適應為何如此地漫長與困難？為何會出現如此多的問題？中央研究院院士張灝認為，一方面我們要承認傳統的深度和複雜性；同時我們必須承認：「從近代化的觀點出發，傳統有許多地方值得檢討和反省。」〔註 20〕

1. 傳統倫理與科學的衝突

傳統中國在西潮的衝擊下，引起一系列的大問題，這些問題映像了傳統與現代的距離與衝突，在諸多大問題中，倫理與科學的衝突是最劇烈最持久的，韋政通先生認為中國傳統的倫理道德與西洋科學之間的衝突和問題是中國傳統文化與近代西洋之間最根源性的問題。

西方科學衝擊下中國思想界的反應。在西方科學的衝擊之下，中國的思想界產生了三次大的反應，這三次反應也可以稱為思想界對科學衝擊之反應的三個不同階段，通過這三個不同的階段，我們能夠得出當時的思想界對科學與倫理的關係認識如何。（1）第一階段：隔裂「治身心」與「應世事」，把科學侷限於「應世事」。這主要表現在張之洞等人的「中學為體，西學為用」說，他們認為：「中學為內學，西學為外學；中學治身心，西學應世事。」〔註 21〕認為科學只能運用於自然領域和軍事領域，無法運用於人文領域。（2）第二階段：嚴格區分科學與人生觀之異，認為科學對人生問題無效。這導源於梁啟超先生的「科學破產說」，民國八年己未，第一次世界大戰剛剛結束，梁啟超歐洲遊歷途中寫下了《歐遊心影錄》，在《歐遊之一般觀察一般感想》一章中，梁啟超對科學進行了反思，我們從洋務運動到戊戌變法、清末新政再到五四運動，對科學是否經過反思？遊記中有一段話影響很大：「一百年物質的進步，比從前三千年所得還加幾倍，我們人類不惟沒有得著幸福，反倒帶來許多災難。……歐洲人做了一場科學萬能的大夢，到如今卻叫起科學破產來。」〔註 22〕梁啟超先生一方

〔註 19〕韋政通：《現代化與中國的適應》〔M〕，臺北：盧山出版社，1974 年，第 117 ～121 頁。

〔註 20〕張灝：《幽暗意識與民主傳統》〔M〕，北京：新星出版社，2010 年，第 122 頁。

〔註 21〕轉引自韋政通：《儒家與現代中國》〔M〕，上海：上海人民出版社，1990 年，第 184 頁。

〔註 22〕轉引自韋政通：《現代化與中國的適應》〔M〕，臺北：盧山出版社，1974 年，第 35 頁。

面承認科學促進了社會的進步，但同時也指陳了科學給社會帶來的弊端，科學不但衝擊了世界宗教觀也衝擊了道德標準。梁啟超是啟蒙運動最有影響的權威人物之一，他的呼聲在當時很有影響力，1923 年 2 月開始的科學與人生觀的論戰（科玄論戰）就受此影響，以張君勱、梁啟超為首的傳統派認為科學與人生觀根本不同，科學無論怎樣發達，對人生觀問題也無能為力，人生問題的解決，只能反求諸己靠人類自己。以丁文江、胡適、吳稚暉為首西化派提出了科學的人生觀，認為科學對人生問題的解決是很有效的，應該把科學方法運用到人生問題上去。（3）第三階段：中國文化本位論的提出強化了科學與人生觀的殊途。十大教授題名聯合發表的《中國本位的文化建設宣言》（1935 年 1 月 10 日）主張以中國傳統文化為本位建設自己的國家，強調「中國的就是中國的」，對過去幾十年以來科學對傳統文化的衝擊完全不予以重視，使人們更加堅持了科學對人生觀指導無效的思想。

　　韋政通先生在其《社會風氣與道德理性》一文中曾如此評價五四之後的科學和西化主義者：「回顧五四以來，學術方面以科學為第一號召，究其實對西方科學智慧源泉的希臘精神，及近代初期那些從事純智的科學哲學家的超實用精神、均無所知。被接受進來的，只是西方近代以科學一層主宰諸人文的錯誤觀念。數十年來的西化論者，即根據此錯誤觀念，摧殘中國固有文化，於是中國文化被糟蹋了，維繫中國社會人心幾千年的標準，也被衝垮了。」〔註23〕可見，西化主義者對科學的認識是不精確的，這種認識的不正確性也影響了對科學與倫理文化關係認識的不科學。

　　科學與倫理道德衝突之原因分析。通過以上科學衝擊之後思想界的反應可以得知，在傳統知識分子的眼裏。科學與中國的倫理道德思想是存在衝突的，二者不具有互相指導的作用。傳統的知識分子為何不相信科學對倫理和人生的效用？為何會產生科學與倫理道德的衝突？韋政通先生認為主要有以下幾方面原因：第一，科學與倫理道德的思考方式和價值判斷方式不同。科學知識的獲得靠外向的探取，重經驗、重知識；傳統倫理道德靠反求諸己的內省、重先驗，輕知識。孔子主張「多見而識之，知之次也」。孔子認為經驗的知識是次一等的，內省而得的知識是高一等的；孟子主張「仁義內在」，後世儒者更是將其推到極端。在價值判斷方式方面，中國傳統的價值判斷方式是訴諸直覺而非理智。從孟子的「四端」「四心」到王陽明的「良知良能」，價

〔註23〕韋政通：《社會風氣與道德理性》，一九五七年九月於碧山，未刊。

值判斷一直依賴直覺。而科學的價值判斷方式是理性理智而非直覺。第二，
對科學缺乏真切的瞭解，誤以為科學方法就是自然科學方法，科學只適應於
自然科學領域。一提起科學尤其是科學方法，人們想到的就是自然科學的方
法，自然科學方法怎麼能運用於以情感為原動力的倫理生活中呢？梁啟超先
生就認為，人的情感表達出來的美和愛具有一定的神秘性，科學對此無效。
其實，科學方法可以運用於各個層面和各個學科，比如道德的科學，宗教的
科學。第三，「種族中心的困局」。我們也可稱之為由於自衛心理產生的民族
偏見。一個有著悠久歷史的文化大國，素來自認為是天朝大國，在受到外來
文化衝擊時會產生一種自衛心理，固執於自己的傳統，抗拒新文明和新事物，
這也被社會學家稱之為「種族中心的困局」。「自衛心理」和「民族偏見」使得
人們不能進行深層次的思考，科學源於西方，但也是世界性的，科學本身沒
有優劣之分。韋政通先生對此有深刻的認識，他認為「要不要科學」這個兩
難式的問題只是虛設。現代科學發展的趨勢，已不允許任何一個國家做這樣
的選擇，現代化是全球趨勢，任何一個國家除了跟著奔跑別無選擇，否則就
要被淘汰出局，因此要不要科學不是我們要面臨的問題，如何在科學中保持
社會與文化的平衡才是我們面臨的最大問題〔註24〕。

　　科學與倫理的衝突實質是西化派與傳統派衝突。傳統主義堅持「中體西
用」的思想模式，這種思想模式的內涵，韋政通先生表述為：「在器用方面，
中西優劣之勢，極為明顯，中國不能不學習西方；在倫理道德或價值系統方
面，絕對找不到證據說中不如西，何況倫理道德乃中國幾千年的優良傳統，
立國之基，不但不應該揚棄，且宜發揚光大。」〔註25〕蔣廷黻在《中國近代
史》一書中對傳統主義者進行了客觀的評價，大多數傳統主義者沒有科學知
識但深知科學對機械的作用，他們佩服、尊重並努力接受西方的技術，但他
們認為中國的制度和文化是完美無缺，根本不用向西方學習〔註26〕。可見，
西化派與傳統派最大的衝突在於文化倫理層面。

　　以科學為先驅的西化派認為科學是解決一切問題的關鍵，科學可以主宰
其他價值領域。科學可以普遍運用於文化、道德等各個領域。甚至形成一種

〔註24〕可參見韋政通：《現代化與中國的適應》〔M〕，臺北：盧山出版社，1974年，
　　　　第46～47頁。
〔註25〕韋政通：《現代化與中國的適應》〔M〕，臺北：盧山出版社，1974年，第4頁。
〔註26〕韋政通：《中國思想傳統的現代反思》，原書名《巨變與傳統》〔M〕，臺北：
　　　　桂冠圖書公司出版，1990年，第27頁。

科學主義，嚴格地說，「科學主義應界定為把自然的常則視為其他社會科學的常則，社會科學的知識，唯有經由科學方法而後得知。」〔註 27〕由此可見，科學主義者要越位延伸科學的價值，韋政通先生認為，「新青年」所提倡的科學就是一種科學主義，它代表一種新的宗教，企圖以新的宗教代替孔教，以科學作為新教育的精神基礎，主要的作用在於破壞傳統。在傳統主義與西化主義乃至科學主義激戰的過程中，從表面上看是科學主義佔了上風，但讓科學主義始料未及的是科學主義不但沒有打倒道德主義，反而助長了道德主義精神，成為科學在中國發展的嚴重障礙，主要原因是科學主義的代表人物是一群科學的辯護者，很少是科學家〔註 28〕，他們是科學的信徒，中國的科學主義的精神實質是反科學的，因此，真傳統主義者與假西化之爭，真傳統主義者獲勝，傳統主義者獲勝，對中國傳統文化的發展有害而無利，因為傳統主義者，無法適應由西方文化所帶來的變遷，勝利使他們更堅持「中體」。

　　韋政通先生指出，對於傳統主義者，我們應提出勸告，固有的倫理在過去的兩千多年，從來就不是一成不變的，為了適應外來的衝擊，也會不斷地調整自己，一個古老的倫理傳統，必須使它在急遽變遷的社會中，發揮其良好的適應力，才能繼續保持它的活力，否則它必因與現代社會的差距越來越大，因與現代生活的脫節而日趨萎縮、僵化，這一代對傳統倫理的冷漠和疏離，已說明這一現象業已存在；對於西化主義，我們也要提出忠告，在文化涵化過程中，我們的適應不夠順利但卻一直在變，民國之後，文化方面的主要工作是如何改變文化精神以契合器用制度方面的進化適應，這就需要運用理智、批判的精神，吸取古文化精華的同時用現代的標準賦予舊觀念以新意並促使其再生，這樣不但有助於「中體」與「西用」衝突的化解，也有助於文化的發展進入整體創新的過程。

　　韋政通先生認為科學如同自由、民主一樣是我們現代中國所必須，但在接受科學的過程中，我們需要注意以下三點：第一，學習西方的科學，必須瞭解它是源於希臘的重智精神，這種重智精神，最初只是純粹本於理智的好奇，毫無實用性目的；第二，科學並非萬能，要慎重認識西方近代以來科學一層論主

〔註 27〕D. W. Y. Kwok, Scientism in Chinese thought 1900～1950, New Haven and London, Yale University Press 1965, P. 21.

〔註 28〕科學主義的代表人物中，除了丁文江為地質學家外，吳稚暉、胡適、陳獨秀均為非科學家。

宰人文世界所產生的嚴重流弊；第三，限制科學運用的範圍，科學領域的真理以外，還有文學藝術，道德宗教等領域之真理，學習科學應站在中國人的立場，學習科學的目的是補過去文化之不足，科學與固有文化並不衝突。

2. 傳統開不出民主之花

傳統民主的萌芽、停滯與發展。在中國古代，的確存在民主思想的萌芽，且綿延兩千多年，比如《尚書》中的「民意代天意」「重視民意」「重人的精神」「安民貴民」；《左傳》中的「貴民愛民」「民貴君輕」「重視民意」「革命思想」；《孟子》中的「重視民意」「革命思想」「君臣對待」「民貴君輕」等。但中國的民主卻出現了奇特的停滯現象。韋政通先生從民主提出的思想本身的限制和歷史演化的極限兩方面考察了民主在中國停滯的原因。針對中國民主思想本身的限制而言，主要有以下幾點：第一，中國傳統社會雖知重民意，但不知道如何實現，沒有建立一套制度和秩序保證民意的實現；第二，沒有認識到民本不同於民生，韋政通先生認為民本和民主的權力根源是不同的，君是民本的權力根源，而民是民主的權力根源〔註29〕。第三，不懂得自由的實質。不懂得自由就是權利，也不懂得自由是需要制度保證的。針對民主的歷史演化的極限而言，古代關於民主思想的論述哪怕是被公認為傳統文化中最具有民主思想的文獻較之前人只是內容的詳略的差異，原則上沒有多大的轉進。

民主思想一直停滯到清末，在西方的衝擊下才開始有新的發展，從戊戌變法到清末民初的立憲運動再到國民黨的憲政運動，從康有為、梁啟超到孫中山再到胡適之，距離今天已經一百多年了，民主運動大體上經歷了三期。雖不能說完全失敗，但距離民主的理想還相當遙遠。當然原因是多方面的，有傳統自身方面的，也有觀念和現實環境等出現的新阻力，諸如時代的長期動亂、對民主的信念不堅定、個人主義教育不健全、封建專制統治下的國民性格缺陷、社會政治經濟條件的不具備。

「民主是否可以從中國傳統中開出」？20世紀40年代，新儒家憑藉新的思考工具和新知識，使得傳統主義進入成熟時期，他們認肯民主的價值，提出所謂「中國之民主精神」，中國本身就有民主，民主可以從中國傳統中開出，這是否符合事實？關於這個問題我們首先從新儒家代表的言論分析。

〔註29〕韋政通：《儒家與現代中國》〔M〕，上海：上海人民出版社，1990年，第117頁。

新儒家人物	關於民主的言論	出　處
唐君毅	「儒家思想有最高的民主精神。」「而政治或民主政治，以及政治上的一切主義，都是『次級概念』」，「從中國歷史文化之重要道德主體之樹立，即必當發展為政治上之民主制度。」	《人文精神之重建》
梁漱溟	「新中國之建設，必自其政治上有辦法始。」「中國不是尚未進於德謨克拉西，而是不能近於德謨克拉西。」	《中國文化要義》
張君勱	「自孔孟以至宋明儒者之所提倡者，皆偏於道德論，言乎今日之政治，以民主為精神，非可求之於古代典籍中也。……與其今後徘徊於古人之墓前，反不如坦白承認今後文化之應出於新創。」	轉引自韋政通《當代新儒家的心態》一文
牟宗三	民主乃中國文化的內在要求，民主就是要在內聖基礎上開出新外王。	《政道與治道》
徐復觀	儒家精神可以與民主自由相通，但民主需要現實奮鬥。	轉引自韋政通《儒家與現代中國》

　　通過新儒家關於民主的言論，一方面我們可以得出，新儒家是認肯民主的，而且認為中國文化本身就蘊涵民主的種子。另一方面，他們在論述民主時，認為民主是中國傳統文化道德發展的內在要求。這就把民主引向了歧途，即認為民主是道德精神發展的自然結果，道德成了本，民主成了末。韋政通在早期的著作《傳統的透視》中《孔子思想與自由民主》一文中曾對新儒家進行了檢討，他說：「新儒家所謂『中國之民主精神』，這完全是處於爭勝鬥富的心理。民主有一定的意義，一定的標準，在一定的意義和標準下，中國何來民主精神？你能舉出什麼事實？至於說孔子精神可作為西方自由權利等理論的最後保證，這只是新儒家的玄想。」〔註30〕當然，新儒家中也有跳出這種思想模式的，如梁漱溟和張君勱，認為與其念念不忘傳統中那些未發芽的民主種子，不如面對現實，實現傳統的創新。韋政通先生坦白承認，民主無法從傳統開出。在民主科學兩個標準之下，中國的文化價值的確不如西方。正如張東蓀先生在其《理性與民主》一書中所言，民主在中國發展並非容易之事，因為在中國的歷史上沒有可靠的根基。民主和中國的傳統是完全相反的，中國要想走上民主之路，必須從歷史的舊軌道轉向新軌道。

　　新儒家認為發展中國的民主科學，首要的是重構儒家的道德主體，民主

〔註30〕韋政通：《傳統的透視》〔M〕，臺北：自由太平洋文化事業公司，1965 年，第45 頁。

科學必須在道德主體之下才能發展，民主科學的真正價值只是發揚道德精神的工具，韋政通先生認為新儒家的這種言論仍是一種泛道德主義，他對新儒家如此評價：「他們堅信，道德是一切文化的核心、主宰，道德精神必須貫穿一切的文化領域之中。……尤為嚴重的是，它曾妨礙了中國認知精神的發展。」〔註 31〕而客觀認知精神，又是儒家文化應對西方文化衝擊的關鍵。余英時先生認為，要想抵擋西方文化的侵襲，儒家必須建立起來客觀認知的精神〔註 32〕。要實現儒家倫理的現代轉換與發展，一方面要認真學習西方的科學民主精神，另一方面要對傳統的道德心與道德主義進行批判，不再使知識從屬於價值並實現其獨立發展，傳統主義顯然不能實現儒家的新生。

3. 傳統未能出現現代式的自由

傳統道德中是否有自由？傳統道德與現代的自由是否相容？與其他學者的不同之處在於，韋政通先生首先反省了中國自由主義和新儒家（新傳統主義）對自由的認識。韋政通先生認為中國的自由主義者和新儒家（新傳統主義）對於自由的認識代表兩種極端的看法，都是對自由的迷惑。「自由主義者，因趨新汰舊的意識太重，又不能保有理智上的冷靜，所以對傳統文化裏涵有的『內在自由』的意義，完全不予理會，一筆抹煞。新傳統主義者，對『內在自由』的意義有充量的發揮，對傳統內在自由不能開展而造成的萎縮情景，則故意予以掩飾。」〔註 33〕現代新倫理的構建必須建立在對這兩種自由正確認識的基礎之上，在理性分析二者對自由認識的基礎上進行批判吸收並整合，提出了現代倫理所應需要的自由。

傳統中不能實化的消極的內在自由。傳統道德中有自由，但是一種「內在自由」，內在自由與外在自由是相對而言的，二者的區別在於內在自由主張對外在的捨棄，幸福生活與物慾與內在自由成反比，外在捨棄越多，獲得的內在自由就越大，這種內在自由的實質是道德意志的自由，向內收斂、沉潛並成就自我人格是其主要功能〔註 34〕。韋政通先生把儒家這種自由稱之為開花不結果的沒有實化的自由。這種道德意志自由在傳統文化中的重要性不言而喻，道德意志自由的提出和發現提升了人的尊嚴，使人發現真實的自我。

〔註 31〕 韋政通：《中國思想傳統的現代反思》原書名《巨變與傳統》〔M〕，臺北：桂冠圖書公司出版，1990 年，第 73 頁。

〔註 32〕 余英時：《歷史與思想》〔M〕，臺北：聯經出版事業公司，1965 年，第 162 頁。

〔註 33〕 韋政通：《儒家與現代化》〔M〕，臺北：水牛圖書公司，1987 年，第 64 頁。

〔註 34〕 韋政通：《儒家與現代中國》〔M〕，上海：上海人民出版社，1990 年，第 82 頁。

「先秦儒家道德意志自由的自覺，使人的生命由混沌導入清明，有了一個大
轉機。立人極和成聖成賢的諸般工夫，就都奠基與此。這一發現，表示中國
文化曾有過理性的自覺。」〔註35〕然而，由於當時社會文化等各方面條件的
限制，儒家這種道德意志的自由一直停留在消極的狀態，一定程度上還趨於
萎縮僵化。比如關於人的尊嚴問題，僅是停留在抽象和原則性的肯定，被架
構在五倫三綱關係之中的儒者們深知自我主宰和道德意志自由的重要，但落
實在現實的綱常禮教中就沒有了自由，因為君君臣臣父父子子，是一種上下
的不平等關係。所以，這種內在的自由一直停留在消極的狀態，主要表現為
自我內在的修養，成就人格。另外，內在自由除了道德意志的自由之外就是
創造思想的自由，創造思想的自由的外顯是成就學術，創造思想的自由由於
社會環境（權威和偶像對知識分子的制裁）在秦漢之後事實上並不具備。因
此，中國傳統中沒有自由，傳統道德與自由思想根本無法相容也成為五四時
期反傳統主義者的主要觀點。陳獨秀先生就認為孔子之教是反自由的，他在
《新青年》上撰有《中國國民性及其弱點》一文，文中如此論證：「德治主義
與自由思想不相容：『與法治主義相對者，則有德治主義。……蓋道德者，至
高美而至無標準，孰規定是，孰操制是，徒為強者所持以治服弱者之具，故
德治實與力治為緣者也。昔孟子以德力別王霸，其實德者力之外衣，力者德
之內襯。……故德治與自由思想決不相容也。』」〔註36〕新傳統主義者（主要
是指新儒家）對經驗派的中國自由主義者進行了回擊，他們認為傳統的儒家
倫理中不但有自由且孔子的自由中囊括西方各種類型的自由，這種內在的自
由是各種自由能夠實現的根本。韋政通先生對此進行了自己的評價：「說孔子
的自由思想中，可涵有西方各種類型的自由思想，這種想法，除了強要維護
孔子的尊嚴之外，並無任何意義；因孔子的自由思想，是屬於先驗的道德意
志的自由，和西方近代民主政治中的自由不同類。……肯定道德意志的自由，
也並不能使我具有生活上各種自由的保障。……啟蒙運動中所追求的自由，
是純粹近代式的自由，與孔孟傳統根本拉不上關係。」〔註37〕

〔註35〕韋政通：《儒家與現代中國》〔M〕，上海：上海人民出版社，1990 年，第 83
　　　　頁。

〔註36〕韋政通：《傳統的透視》〔M〕，臺北：自由太平洋文化事業公司，1965 年，第
　　　　42 頁。

〔註37〕韋政通：《傳統的透視》〔M〕，臺北：自由太平洋文化事業公司，1965 年，第
　　　　44～45 頁。

儒家思想中不具備西方的外在自由。韋政通先生認為，如果說傳統儒家的自由屬於「內在自由」，那麼現代化所要求的自由屬於「外在自由」，這種自由主要追求外在層面實化的自由，諸如生活的幸福、安全，言論的自由。外在自由的這種實惠之感對人形成了很大的誘惑性。外在的四種基本自由是言論自由、出版自由、集會自由、宗教自由。這四種自由是生活中最基礎的自由，倘若沒有這四種自由，生活也由此沒有了意義。如何保障這四種自由並使其成為一種生活方式？韋政通先生認為必須有保障自由的制度，即「自由的器用化」，有保障制度的自由（自由的器用化）才是健全完善的自由，「自由的器用化」與過去的傳統相比，具有一套複雜的全新的政治和文化的內容，主要包括：（1）成文憲法一部。（2）成立人民代表組成的各級議會。（3）有一個對人民負責且執行憲法的政府。（4）法院與行政系統獨立。（5）法律的執行不受黨派影響。（6）有社團且能以促進自由為職志。（7）輿論自由。（8）允許存在反對黨。（9）實行代表民意且有更換政司權力的普選制度。（10）教育環境不違背自由民主的原則。〔註38〕韋政通先生認為一個國家只有具備這十條才能稱其為自由民主的國家。儒家的「內在自由」之所以萎縮，就是因為這些條件不具備。自由主義思想家張佛泉認為，中國傳統沒有「外在自由」主要是因為傳統的中國人重視的是父慈、子孝、兄良、弟悌、夫義、婦聽、長惠、幼順、君仁、臣忠（《禮記·禮運篇》）等道德上的責任和義務，根本沒有嚴格意義上的權利意識；另外就是中國不像西方有特別嚴重的階級壓迫。韋政通先生認為「遁世哲學」的影響也是原因之一。因為西方人士在壓制或階級壓迫之下奮起反抗爭人權，而中國的知識分子受到政治迫害和壓制後消極遁世，反而把消極的自由當成精神發展的至高狀態。

自由的歧路：「沖決網羅的自由」。中國百年來內憂外患的社會環境，傳統社會文化的特性，使得自由主義者所倡導的自由在中國走上了歧路：沖決網羅。何謂「沖決網羅」？沖決網羅，主要出自譚嗣同的《仁學》自敘。他說：「網羅重重與虛空而無極，初當沖決利祿之網羅，次沖決俗學若考據若詞章之網羅，次沖決全球群學之網羅，次沖決君主之網羅，次沖決倫常之網羅，

〔註38〕請參見韋政通：《儒家與現代中國》〔M〕，上海：上海人民出版社，1990年，第86頁。

次沖決天之網羅，終將沖決佛法之網羅。」〔註39〕韋政通先生認為，這種自由的主要對手是傳統，他們只看到傳統種種的罪惡面，想方設法要從傳統的束縛中解脫出來，但衝出來之後究竟是什麼樣子，他們根本沒有想到。

這種「沖決網羅的自由」對西方的自由或者說自由主義有很大的錯用和誤解，誤解一方面由於中國的特殊境況，另一方面是由於自由主義與中國版的個人主義（這種個人主義有強烈的為我主義的傾向）混同莫辨，使人們曲解了自由主義的真正要義。當然，通過研究我們也可以瞭解到，自由主義傳入中國，主要是為了激發、誘導國民去維護國家利益，喚起國民士氣重建並鞏固社會，西方自由主義之核心：個人是目的不是手段；個人的獨立和自主取決於對個人本身價值的認識遭到曲解和歪曲勢在必然。中國的自由主義者最大的優勢是「政治上能以較為理性客觀的態度處理民族、國家的諸多問題，從而與大部分持以『本能的愛國主義』這種狹隘的民族主義相區分」〔註40〕。

韋政通先生認為自由主義的意識形態從消極方面而言是批判傳統，其積極意義也很明顯，要建立一個自由民主的中國。他結合五四型自由主義的實質以及當時的客觀國內國際發展形勢，對「沖決網羅」的自由主進行了檢討。也指出了在傳統的中國，為何自由未能發展。

第一，先天發展條件欠缺

韋政通先生認為，自由主義要想充分發展，必須具備並滿足以下幾個條件：（1）上軌道的民主政治；（2）產業發達；（3）有力的中產階級；（4）獨立的學團；（5）安定的社會。〔註41〕試把以上五個條件和五四時期自由主義產生的時代背景和國內發展狀況進行匹配，不要說五四時期，即便是隨後的十年發展之內，這些條件也是完全不具備的，在這樣極為不利的條件之下，不到半個世紀，自由主義者就能使一個外來思想成為新文化運動的三大形態之一併成為中國新文化中的重要要素，且為大家嚮往，這是中國的自由主義者最大的貢獻。與西方自由主義相比，自由主義在中國經歷了從理智的自由主義到浪漫的自由主義。自由主義隨著新文化運動的興起日漸顯露其作用。五

〔註39〕轉引自韋政通：《現代化與中國的適應》〔M〕，臺北：盧山出版社，1974年，第69～70頁。

〔註40〕殷海光、林毓生：《殷海光.林毓生書信錄》，長春：吉林出版集團，2008年，第39頁。

〔註41〕韋政通：《現代化與中國的適應》〔M〕，臺北：盧山出版社，1974年，第66頁。

四運動期間，最早倡導自由主義的陳獨秀和胡適，他們在理念上是追求理智的自由主義，胡適創辦《新青年》，主張培養青年的獨立的人格，希望新的一代不斷實踐個人主義、自由主義並在踐行的過程中蘇醒，然而袁世凱復辟帝制的運動改變了《新青年》的整個發展方向，由原來的追求獨立自主、倡導自尊自信轉變為反孔教反傳統，自由主義和傳統主義也隨之對立，自由主義要求從傳統的束縛中解放出來，理智的自由主義也變成了浪漫的自由主義。

第二，與傳統完全對立

韋政通先生認為「沖決網羅」的自由主義的最大缺陷是與傳統完全對立。其「最大特色是毀壞傳統，以為有傳統就沒有自由，要自由就必須消滅傳統。因此，自由的成果未見，卻激起了保守主義者的全面反抗，助長了動亂社會的紛擾。」〔註 42〕韋政通先生從五個方面闡釋了「五四型」自由主義與傳統的對立。第一，科學對儒學，自由主義說中國的儒學不科學；第二，民主對專制；第三，個人主義對家族主義；第四，法制對禮教；第五，自由主義強調多元的價值，來反對傳統儒家的定於一尊。〔註 43〕二者的對立導致文化認同的完全破裂，也使自由主義從傳統的基礎上完全疏離，試問，這種要自由就沒有傳統要傳統就沒有自由的思想要把自由花朵的根種植何處？美國學者列文森（Joseph R. levenson）如此解釋當時中國的自由主義，認為自由主義是一種「無根的世界主義」，亦是一種「自由的世界主義」，這種自由主義不認同傳統的同時又討厭現實的政治，精神上無所依靠，無處掛搭地飄著。易卜生對自由主義原則的闡述理應引起我們的思考：「自由主義的原則要求，每個人享有的自由所受到的限制愈少愈好，並且要盡可能予以平等化。但是，我們怎樣把這種先驗原則應用到實際的生活中去？這類問題只有在實際的傳統和風俗、法律、習慣等裏去求解答。」〔註 44〕自由主義的生長土壤，不是要剷除傳統，而是要改變人們的生活態度和一些傳統的性格，進而通過接受自由思想的洗禮改掉一些不良的社會風俗和行為習慣，只有具備這些前提條件，自由的原則才有機會深入到實際生活中去，否則自由會流於空談。比如，五四型的自由主義者的性格就並非自由主義的，他們口口聲聲說重視自由主義，

〔註 42〕韋政通：《中國的智慧》〔M〕，長沙：嶽麓書社，2003 年，第 60 頁。
〔註 43〕韋政通：《思想的貧困》〔M〕，臺北：東大圖書股份有限公司，1985 年，第 78 頁。
〔註 44〕Karl R. Poppey Conjectures and Refutation, New York, 1962.

但自己的態度卻很獨斷，思想上慣用具有權威性格特徵的二元論法，執迷於自己的信仰權威，對保守主義者、新傳統主義者不能夠寬容，這是自由主義者的致命傷。停留在口頭上談自由主義不是自由主義的充分條件，自由主義還體現在生活態度上和實際行動上，自由主義的對手不是傳統，而是橫暴的權力。

　　韋政通先生認為自由主義的顯著特色是反抗暴力、不畏權勢、說真話、為正義，為人的尊嚴奮鬥不懈。自由主義與傳統不衝突。早在 20 世紀 60 年代，韋政通對傳統與自由的關係就有很深的認識，他對殷海光如此說道，我們應該跳出傳統主義與西化主義對峙的窠臼。這種失策的事情耽誤自己貽誤青年。〔註45〕程滄波先生在其文《記傅孟真》中遺憾地說：「在一百年變動的中國，自由主義沒有占著重要的地位是近代中國極大的悲哀。」因此，我們可以批判反思傳統，但全盤否定，完全推翻傳統不但不可能也是最不明智的，然而，二十世紀中國思潮的主流是要求民主、自由、法治、理性發展的同時激烈地反傳統，林毓生先生認為這與自由主義基本原則是完全相悖的。

第三，脫離政治制度和倫理道德

　　其實，近代中國發展過程中不乏自由主義的運動，但沒有抓住自由主義精髓，民主政治是自由主義的最大保障，但中國沒有認清政治自由的特殊重要性，沒有覺悟到只有民主的政治才能保障人民的自由，從而使得自由主義在中國對民主政治的貢獻很小，反而使得自由的「解縛」能力發揮了巨大的力量，從而妨礙了自由主義在中國的發展，將自由停留在「解縛」「沖決網羅」。韋政通先生認為這是一種很天真的想法，因為如果自由不能夠制度化，從一種束縛中解放出來的同時會跌入另一種束縛。所謂自由的制度化，是說自由必須與民主相互為用，同時成長，沒有民主政制保護的自由，很容易流於自由的英雄主義，等到自由流於英雄主義的時候，會造成只有少數幾個人享有自由的特權，這樣也就脫離了自由的本義。韋政通先生曾如此深刻地評價五四型的自由主義：「不幸自由主義在中國，對民主政治的實際貢獻很小，由於民初的特殊情況，使自由主義的『解縛』這一意義，倒發生了巨大的作用。自由主義是必然有所對抗的，它主要的對手應該是鎮制性的暴力，可是在中國它的主要對手卻是傳統，結果成為『沖決網羅的自由』，和個人主義

〔註45〕賀照田編：《殷海光學記》，北京：生活・讀書・新知三聯書店，2004 年，第110 頁。

的潮流匯合在一起。對傳統種種形成一股強大的破壞力量。因此在此後的數十年中，使自由主義與傳統主義形成長期對峙，影響思想進一步的開展。」〔註46〕而且，「沖決網羅」與「全盤西化」思想匯合，試圖把自由建立在完全沒有傳統的土壤之上，最終只能成為「自由主義的烏托邦」。

「五四型」的自由主義是脫離倫理道德的自由。「五四型」的自由主義產生於反專制、反家族主義激蕩之中，從舊的傳統的家庭裏解放出來的男女青年，學著易卜生筆下娜拉的模樣，舊的倫理思想在他們心裏蕩然無存，他們變得憤世嫉俗，脫離了倫理道德的自由風氣，淪為政治鬥爭的工具，極易導致社會的動亂。韋政通認為不建立在尊重生命的人道倫理基礎上的自由主義，就不能稱之為真正的自由主義，自由主義不能為反傳統而反傳統，不能為反專制而反專制，之所以要反，應基於人道主義和人文主義的理由。正如英國工黨蘭卓（H. Langshaw）所言：「自由主義的名義充分重要，是要緩和與消除社會生活獸的、低劣的和專制的要素，使人道文明發達而成為人文主義的勢力。」〔註47〕這表明，人道和人文是自由主義努力的方向。自由主義在中國的發展過程中，不但缺乏人道文明和人文主義的基礎，更缺乏韋政通先生所言的尊重生命的人道倫理基礎。林毓生先生也認為，真正的自由主義者一定認肯人類具有理知與道德的能力，他進一步解釋到，理知區別於笛卡爾所說的理性，理知乃是認定人基本上有思辨學習的能力，道德主要是指諸如愛心、同情、守信、誠懇等個人的道德（personal morality）。

縱觀自由主義在中國的整體發展和三代自由主義者對自由理念的認識和實踐，有的學者貫之雙向脫離，脫離中國現實的同時也脫離傳統文化〔註48〕。可謂「先天不足，後天失調」。殷海光說：「像西方自由主義者那樣的自由主義者，在中國真是少之又少。……在近十幾年的中國社會文化裏，恐怕要打燈籠去找了。」〔註49〕另外就是，中國第一代第二代的自由主義者雖有很強的愛國情懷和變革之心，但多數受民族主義情緒的影響和民族主

〔註46〕韋政通：《思想的貧困》〔M〕，臺北：東大圖書股份有限公司，2005年，第27頁。

〔註47〕韋政通：《現代化與中國的適應》〔M〕，臺北：盧山出版社，1974年，第68頁。

〔註48〕黃玉順：《「自由」的歧路——「五四」自由主義的兩大脫離》，《學術界》〔J〕，2001年第3期。

〔註49〕周陽山、楊肅獻編《近代中國思想人物論——自由主義》，時報文化出版事業有限公司，1980年，第21～22頁。

義激情的鼓蕩，忽略自由主義理念與中國實際的結合，更是忽視了自己在自由主義學理上的完善。林毓生先生曾直言不諱地說第一代第二代自由主義者連「自由不是放縱」「自由與責任密不可分」的基本常識都不具備。以殷海光為代表的第三自由主義者，主要是帶著極大的道德熱情和勇氣去給人們普及何為自由、何為民主，至於如何實現自由民主無暇顧及，更不要說進一步闡釋自由、民主與法治的關係了。因為中國的自由主義者對自由的關注源於現實需要而不是源於學理的需要。因此對自由主義的實質內涵缺乏真正的瞭解〔註 50〕。再加上中國不具備自由主義實現的客觀條件，因此注定要走向失敗。

3.1.3　現代化過程中儒家倫理適應問題的新考量

　　如何對待傳統儒家倫理？對傳統儒家倫理應抱何種態度？如何看待傳統與現代的關係？有助於完成巨變的正確態度是什麼？這些問題是實現儒家倫理現代轉型的基礎性問題。

1.「中體西用」式的危機及其反思

　　羅素於 1920 年 10 月來中國訪問，回國後寫了一本《中國之問題》，預測中國可能遭遇兩種不同的文化危機：（1）中國完全西化。固有的文化特性毀滅無遺。（2）為了抵抗外國侵略，趨使中國走向盲目排外的保守主義，除了採取西洋方法建軍之外，其餘概在排斥之列。〔註 51〕這兩種危機在中國都出現過，但都未形成支配性的力量，為何全盤西化不能實現？原因在於沒有一種文化能完全割裂與舊文化的關係獲得新生，為何未形成保守主義？原因是保守主義是非西方國家在近代文明的強力影響下產生的普遍現象，它只能延緩社會變遷的速度，但不能防止它不變。

　　尚變是近代文化的基本特性，拒變無疑於文化自戕，但最終會變成什麼樣子，一方面受傳統自身特性的制約，另一方面取決於新興階層政治思想領袖的智慧與抉擇。中國雖未走上全盤西化與盲目排外的道路，但思想界卻圍繞此長期爭辯，兩方各執一詞，甚至形成了兩級分化的狀態，完全忽略了文

〔註50〕章清：《「胡適派學人群」與現代中國自由主義》〔M〕，上海：上海古籍出版社，2004 年，第 204～205 頁。

〔註51〕羅素：《中國之問題》〔M〕，宋詞平譯，臺北：有志圖書出版公司。1962 年 3 月，第 5 頁。

化在變遷過程中的適應問題，誠然，在適應過程中，西化主義者應該基於對西方瞭解的基礎上反觀中國文化在適應的基線上會產生哪些問題？如何處理克服這問題，而不是僅僅攻擊傳統。傳統主義者也應明白，挽救舊傳統最好的方式莫過於要它適應新思潮，而不是盲目地頌揚和謳歌。二者長期對壘，不但使知識分子的精力誤用、迷失方向也無助於文化新生目標的達成，進而失去了文化主導的作用。最為不幸的是製作出新的危機：「中體西用」式的危機。韋政通先生在其著作《現代化與中國的適應》一書中詳細論述了這種危機，「這種危機是由兩極化的趨向形成：在文化的器用方面，儘量西化，連它是否能與傳統的特性取得協調，也不加思考；在倫理價值方面，儘量拒絕改變，甚至罔顧它與現代特性之間引起的種種衝突。這種兩極化的趨向，不僅反映在文化政策和教育政策上，而且已內化到年輕一代的性格中，使他們在現代化的過程中缺乏良好的適應力。於是使他們對傳統的冷漠，器用式的西化又使他們超於功利。」〔註52〕

韋政通先生將傳統與反傳統之爭稱之為「情緒的反應」，他們忘了倫理文化是一個持續發展體，傳統與現代化並不能截然分開，因為即便是最發達的現代化程度最高的國家也會在文化方面保留若干傳統的成分；他將全盤西化與反全盤西化稱之為「觀念的糾結」，他們忘了倫理文化的形成與發展，永遠是一個選擇性的過程。在這一選擇性的過程之中，對我們自己的傳統而言是重建的過程，對於外來的新文化，是先求適應然後逐漸走向創新。但我們今天的問題遠不在爭論上，無論是從心理上還是從行動上，我們早已努力去實現並加速現代化。殷海光先生認為在各種主義長期的論證中，大多都是主張多分析少，情感強而理智弱，前提還未弄清就搶先下結論，事理還沒弄明白就做價值判斷。

面對巨變與傳統，我們應如何？經濟學家肯尼斯·包定（Kenneth E. Boulding）認為：「既然世界已在巨變（過渡）中，我們除了勇往直前外，更無他途。我們必須學習如何把巨大的潛能用於善良而非邪惡的方面，我們必須學習如何減少，最後並消除巨變（大過渡）本身所蘊含的危險。如果我們必須把人類（目前的）處境用一個句子概括，我將說：「『人類今日的成就，乃是過去人類將各種試驗現實的方法用於我們對自然的意象上造成的。因此，

〔註52〕韋政通：《現代化與中國的適應》〔M〕，臺北：廬山出版社，1974年，第3頁。

如果我們想完成這次巨變（大過渡），我們也必須將類似的試驗現實的方法用到我們對人類的意象上。』」〔註53〕由此可知，謹慎、批評地接受的關鍵在於要運用科學的客觀認知的方法，不管現代的亦或是傳統的，東方的亦或是西方的，都需要運用科學的客觀認識的方法去審視，不曲解不偏袒。然而，面對來勢洶洶的西方文明，我們在逆退中適應，戀舊之心和我族中心主義使我們保留了最後一道防線：「固有的道德」「傳統倫理」，但從古至今，沒有一個社會的道德和倫理是靜態的、固定不變的。針對此，韋政通先生指出：「既然生存於現代社會，就必須培養感受變化的能力，有了具有彈性的心靈結構，才能學習如包定所要求現代人的：『從新的角度和以更審慎的態度觀察或甚至處理舊的事物。』道德的內涵和表達方式會變，道德的需要則永遠不會變，但新的需要，要有新的角度才能瞭解，新的規範，要有新的經驗、知識才能建立。」〔註54〕面對巨變與傳統，態度和處理問題的方法尤為重要。正如徐復觀先生所言，對待中西方文化態度應該一樣，接受的標準是它對我們是否有意義和價值。〔註55〕殷海光先生認為我們應該從「內情」和「外情」看中國倫理文化所面臨的現代處境，不能避害而棄利也不能取利而吞害，我們不接受外力的干擾但不等於不接受現代化，因為中國不進行現代化，只有死路一條。我們不要西方人的警棒，但並不是不要現代技術、科學及思想理念。

　　韋政通先生認為各種主義之爭，不但沒有在思想上起到廓清引導的作用，反而成了現代化的障礙，究其原因是由於情緒的反應和觀念的糾結。傳統與反傳統之爭，根本上忘了文化是一個持續發展體，傳統與現代根本不能截然分開，即便是現代化程度比較高的美國，也仍然保留著若干的傳統成分；全盤西化與反全盤西化之爭，根本上忘了文化的形成和發展永遠是一個選擇性的過程，在這個過程當中，對自己的傳統來說是重建，對外來的新文化，是先要求適應然後走向創造。〔註56〕

2. 從「文化同化」的新視角審視文化適應

同化（Assimilation）是柯尼格博士在其著作《社會學》一書中提出的概

〔註53〕韋政通：《中國思想傳統的現代反思》〔M〕，臺北：桂冠圖書公司出版，1990年，第81頁。

〔註54〕韋政通：《中國思想傳統的現代反思》〔M〕，臺北：桂冠圖書公司出版，1990年，第82頁。

〔註55〕徐復觀：《記所思》〔M〕，臺北：時報出版公司，1980年版，第97頁。

〔註56〕韋政通：《知識分子的責任》〔M〕，臺北：弘毅出版社，1970年，第45頁。

念，意指兩種及其以上文化互相接觸時，所產生的「吸收」和「合併」的過程，同化的過程本身就是文化發展的過程，同化的主要作用有二：吸收與合併。吸收作用主要表現在個體上，個體對文化的吸收主要基於兩個標準：一是有價值，二是能促進生活的幸福。合併是指文化在社會變革和改革過程中所表現的新舊並存，採用新的同時保留舊的，合併是一個客觀的、自然的且迫不得已的過程，這代表一個文化的進程和過渡，也是一個合併……吸收……合併……永久不停息的過程，不以人的意志為轉移，但同化的過程也並非是直線型的，其公式雖然是吸收──合併，但因受主客觀因素的影響，會出現「吸收錯誤」「無能力吸收」等，從而出現同化過程中的僵化、誤入歧途的情況，使同化過程形成膠著狀態。例如，在文化同化的過程中，張之洞所提出的「中學為體，西學為用」，這種觀點嚴格說是行不通的，我們很清楚，中國文化中的「體」，未必能發展出現代化科學之「用」，現代科學倘若有「體」，也應該有自己的「體」。民國以來圍繞此問題的一次次爭論和論戰，都沒有觸及到中西文化的真正問題，對傳統的固執是根本的糾結。

韋政通先生認為：「中國傳統文化有若干優點可以承認，但一定堅持它才是『體』，西方文化只是『用』；以及由這一思想衍申而出的：體是精神的文化，用只是物質的文明，都是十分錯誤的。這些謬誤的觀念不掃除，無目標，無收穫的混戰仍將延下去。」〔註57〕諸如傳統主義與西化主義之爭，持兩種立場的雙方只是基於表面的因素而沒有考慮到或者忽略掉了中西文化碰撞後文化所經歷的實際同化和演化的歷程，同化的過程也是文化創造的過程。傳統主義者或者說保守主義者因對傳統存在過分奇妙的幻想，影響了一些新信念的建立，他們沒有認識到文化的同化過程從未停止，我們的社會結構、生活方式、教育內容一直在蛻變。同化有助於我們理解一種文化的形成，也有助於我們正確看待各種關於文化的爭論。同化過程也是一個創造的過程，要客觀認識文化的同化。

因此，一方面，在文化同化過程中，我們要防止對傳統的迷執，避免形成對文化同化的悖逆。如果悖逆文化的同化，就會形成同化過程中的膠著，「返本」並非能「開新」，傳統文化能否保存，其理由不能從過去的歷史去尋找，對過去歷史發生效應的，於今日未必有價值，因為古今問題不同，考驗

〔註57〕 韋政通：《傳統的透視》〔M〕，臺北：自由太平洋文化事業公司，1965年版，第69頁。

的標準是「價值」與「幸福」；另一方面，要防止對異質文化的過分熱情而導致「吸收錯誤」，當人們厭棄批判舊的文化又急於吸收新的文化時，若缺乏正確思想的引導，就會誤入歧途。

　　任何文化或者倫理都處於一種變遷之中，只是變遷幅度有大小速度有快慢之分，中國十九世紀以來由於西方文化所引起的變遷與其他任何時期相比，有著顯著的不同，除了變遷之大速度之快以外，最為重要的是以往的變遷是在「傳統之中變」，即社會的基礎保持著穩定，價值觀念和價值系統也未受到全面的挑戰，而由西方文化所引起的變遷是「超越傳統藩籬的變」「未有之世變」「天地之一大變」。這種變遷也激起了當時社會政治經濟文化諸方面很大的回應，各地建立工廠、政治上實行變法、民主運動高潮迭起、教育上科舉制廢除、清朝專制被推翻、新文化運動發起。特別是新文化運動，使得各種回應達到了高潮，然而我們需要思考的是，從民國初期就提出的民主科學自由為何到今天仍然發展緩慢？究竟是什麼阻礙著我們的前進？傳統的精神與價值經過將近百年的洗禮與震盪理應從根上動搖，為何調整起來如何困難？韋政通先生認為原因很複雜。一方面是由精神文化價值的自身特質決定：「所謂精神和基本價值，表現在具體生活中，通常包括態度、習慣及信仰系統等，這方面之不易轉化，形成非西方國家走向現代化的過程中最基本的難題。非西方國家引進西方技術通常比較容易，一旦要提高技術的層次到基本科學的研究與發展，就要碰上這基本的難題。如要實行民主自由，則與精神和基本價值之能否轉化就有密切的關係。」〔註 58〕另一方面是因為反傳統的自由主義或西化派者雖是趨新汰舊的意識很濃，但不是真正地瞭解西方，同時也對傳統研究不深入，革新的觀念和學術創新不足。「我們的新文化運動只是表面的新，支持新文化運動者，他們的精神、思想模態和價值觀念，並沒有脫胎換骨的更新。新文化運動必須有新的學術工作才能使它在新時代生根，新學術成果的累積和擴大的應用，才能使舊社會起根本的變化。由於這方面努力不足，才使新文化運動很容易被壓制或摧殘。」〔註 59〕再者是保守主義的抵制和頑抗所致。中國的保守主義有著自己的顯著特點，保守主義者位居國家的領導層和決策層，所以他們的影響波及社會、教育和學術諸層面。他們「慣於運用政府的力量來阻止

〔註 58〕韋政通：《思想的貧困》〔M〕，臺北：東大圖書有限公司，1985 年，第 97 頁。
〔註 59〕韋政通：《思想的貧困》〔M〕，臺北：東大圖書有限公司，1985 年，第 98 頁。

變動，或限制變動的速度」〔註60〕。但由於中國二十世紀變遷速度如此之快，保守主義者自身的調整技能和應變能力不足，又對社會自身調整力缺乏信心，雖是擁有巨大的傳統資源，但不能創造性地利用，更為重要的是因為保守主義對創造性的壓制。使得傳統不能很好地向現代轉化，反而使傳統成為沉重的包袱。因為促進傳統的再生與引進西方文化一樣都需要創造性。現代社會有一套新生的結構，想把傳統的資源引入新生活的結構中發揮作用，不見得比學習先進國家的經驗容易，二者同樣需要冒進的勇氣和抉擇的智慧，因二者皆非現成，且永遠有適與不適的問題存在。無論是利用傳統資源或是吸取先進國經驗，都有賴於創新的觀念，尤其要靠創新性人才。很不幸任何社會的保守主義，都不同程度地壓抑著創造性的心靈。

3. 對產生「逆退適應」的傳統因素分析

韋政通先生認為在文化涵化過程中，有兩種可能的選擇，「逆退的適應」或「進化的適應」，根據人類進化的常態，一般會選擇「進化的適應」。佛洛姆很形象地論述了人類的特點及人類進化的選擇方式：「人類的生活絕不能重演他同類的過去的生活形態，他必須過著自己的生活。人類是一會感到厭倦、感到不滿足的動物，也是唯一會感到自己被天堂排棄的動物。人類是唯一會覺得他的生存是一個問題——他必須解決，而無從逃避的問題——的動物。他無法退返『人類存在以前』的狀態，而與自然界重新和諧，他必須繼續發展他的理智，直到他成為自然界及他自己的主人時為止。」〔註61〕這一段話多少能夠反映並代表人類進化的常態，然而，縱觀中國傳統文化在近代發展的基本走向，似乎逾越了這一常規，中國文化試圖逆退到「人類存在以前的狀態」，「人類的生活絕不能重演他同類的過去的生活形態」，但中國文化卻以「重演他同類的過去生活形態」為榮，並認為這是中國文化的最高理想。「它的主要工作並不是『繼續發展他的理智，直到他成為自然界及他自己的主人』，而是向裏收縮，『心思轉向裏用』，把心靈體會的世界，誤認為即足以代表外在廣大而複雜的天地，因此只要能主宰自我，就等於做個整個宇宙的主宰。」〔註62〕這一種奇妙的文化動向決定了中國傳統文化在面對衝突和問題時選擇

〔註60〕 韋政通：《思想的貧困》〔M〕，臺北：東大圖書有限公司，1985年，第98頁。

〔註61〕 佛洛姆：《人類之路》（man of Himself），蔡仲章譯，〔M〕，臺北：協志工業叢書出版社公司，1959年，第38～39頁。

〔註62〕 韋政通：《現代化與中國的適應》〔M〕，臺北：廬山出版社，1974年，第122頁。

「逆退性」適應方式。當然，這受中國文化特性的影響，中國文化的哪些特性導致我們在適應過程中出現「逆退性」的適應？韋政通先生對原因進行了解析，他認為，一方面是由於傳統自身的深度和複雜性，另一方面是由於中國文化自身的特性所致。韋政通先生認為中國文化以下四點的特性導致我們在適應過程中選擇了「逆退的適應」。

第一，退化史觀因素

退化的歷史觀是相對於進化的歷史觀而言，這種歷史觀非常注重歷史的過去，認為過去的歷史都是好的，是文化的黃金時代，並以此作為歷代文化發展的藍本，比較典型的是中國歷史上的「三代」——堯舜禹，先秦時期就開始頌揚並成為歷代效法和學習的典範，儒家的常道、道統均由這種歷史觀而生，在這種歷史觀影響下，歷代儒者認為堅守道統，倡導復古是堅守崇高文化價值理想的表現，而且這種價值、理想被儒家認為是早已實現的事實，其性質是亙古不變的，這種歷史觀對人的人格和性格產生了很大的影響。「退化的歷史觀、道統、常道，這一系列的信念，經由教育內射入人格的裏層，凝結成性格的一部分，遂影響到適應問題的方式。歷代的儒者們，每遭到重大的問題，很少注意到對未來的展望，也不大重視眼前的經驗，總是很習慣地採取法古的一路。」〔註63〕諸如遇到經濟問題，儒者們總是訴諸堯舜禹時代的井田制，他們並不懷疑此種主張的有效性與否，因為歷史的根源感和文化的原始感充盈在他們的心裏和整個意識之中，他們認為「開新」必須經由「返本」，道統常道彌古欲新，中國解決問題已經習慣於用這種「逆退適應」的方式，再加上地理環境的孤立極容易使這種習慣形成，久而久之，問題不但不能被察覺，相反卻有一種自我文化成熟之感，傳統主義者中的「我族中心主義」就是這種歷史觀的現代反應。

第二，天人合一因素

天人合一思想根源於初民對「非人格」的信仰與崇拜，這種信仰在人之初的社會具有普遍性。天人合一的基礎是有情的宇宙觀，有情的宇宙觀認為人間萬物有情、相感、相和諧，這種天人合一的思想，滲透到哲學、藝術甚至人們的生活中，朱介凡說：「我們諺語中所顯示的天人合一、天人交互感應的義理，乃是戰國古代民間思想一直傳襲下來的觀念。例如，（1）天為一

〔註63〕韋政通：《現代化與中國的適應》〔M〕，臺北：盧山出版社，1974 年，第 122 ～123 頁。

大天，人為一小天。（2）天地父母心。（3）國正天心順。（4）人有好心，天有感應。（5）天不虧人。（6）天從人願。（7）吉人自有天相。（8）人心厭亂，天道好遠。（9）下民易虐，上天難欺。」〔註64〕這種有情的宇宙觀重心靈的體驗，不假外求，輕視知識和經驗，對衝突的忍受域小，代表哲學的原初狀態，天人合一思想是中國傳統社會神秘主義、先驗主義、聖化倫理、自然有靈觀、以及宿命論的理論根據。古代社會的經濟、道德、宗教、文學、藝術、甚至律法都籠罩在天人合一下的神秘主義當中。韋政通先生認為：「先秦儒家的人文思想運動，在秦漢以後所以沒有多大進展，政治形態和社會結構方面的條件未能成熟，固然是一部分原因，而天人合一的哲學傳統，顯然形成一大阻力。」〔註65〕

第三，祖先崇拜因素

人類學家張光直認為：「中國的祖先崇拜在原始社會（指龍山期以村落為單位的社會）已具備下列的功能：1. 親屬繁殖；2. 祈求福祉；3. 加強同一親團的團結性」〔註66〕。心理分析學家與人類學家對此有不同的觀點，按照佛洛姆的分析，「人是自然的一部分。人和其他動物的不同，是在他既是自然的一部分，又企圖超脫自然。但當人一旦超脫了自然，人的自我又使他察知到，他已變成自然界的陌生客，並與自然疏離，陷入孤獨擔驚受怕的境遇。」〔註67〕人類害怕處於這樣的境況，盡力逃避並擺脫疏離、孤獨，希冀回歸與自然的一體感，韋政通先生認為有兩種克服的方法，他概括為進化的解決方法和退化的解決方法，進化的方法是充分發揮人的主觀能動性，人的理智和創造力，成為自然界的主人。關於退化的解決辦法，即回歸，回到原來的地方，佛洛姆針對退化進行了解析：「對超脫疏離並達到合一的需求，第一種解決方法是我稱之為退化性的解決法。如果人想找到合一，如果他想脫離孤獨與不安所帶給他的警怕，他可以試圖返回他所來的地方──自然、動物性生活或他的祖先。他可以試圖驅除使他成為人卻仍舊折磨他的東西：這即是他的理性

〔註64〕韋政通：《現代化與中國的適應》〔M〕，臺北：廬山出版社，1974年，第141～142頁。

〔註65〕韋政通：《現代化與中國的適應》〔M〕，臺北：廬山出版社，1974年，第22頁。

〔註66〕張光直：《中國遠古時代儀式生活的若干資料》，中央研究院，民族學研究所集刊，第九期。

〔註67〕佛洛姆：《人的心》〔M〕，臺北：志文出版社，1960年，第140頁。

和他的自我認識。數千萬年，人所做的似乎都是如此。原始宗教的歷史，是對這種企圖的一個見證。」〔註 68〕這段話闡明了祖先崇拜的心理基礎，祖先崇拜是一種退化的解決方法。

　　第四，自我—環境調適因素

　　「改變自己，適應環境」也是「逆退適應」的一種形式，韋政通先生認為，人與世界有兩種互動適應方式，一種是改變自己，適應環境；另一種是改變環境，滿足自己。心理學分析家研究表明，改變自己，適應環境一般是動物式的適應方式，研究表明：「一般動物適應變動環境的方式，是改變他自己——自體性的（autoplastically）；而非改變外在的環境——對抗性的（alloplastically）。」〔註 69〕動物適應於這種方式是受其本能的限制和約束，人類則不然，人類一直用動物所沒有的理智和創造力試圖去改變外在的環境以求生存，即改變環境，以滿足自己的需要。但這種方式在科技比較進步的現代社會比較容易成功，在傳統社會，由於經濟匱乏，科技不發達，人們的能力不足以改變傳統的處境，要想維持生存，只能通過改變自己以適應環境的方式，中國人有一套改變自己的價值觀念，像寡欲、知足、修己、安分等，使得中國人在匱乏經濟的傳統社會做了很成功的適應，而且這種適應方式根深蒂固，形成了思維定式和習慣，以至於十九世紀中葉，科技與經濟發達，仍不能擺脫這種改變自己，適應環境的方式，成了發展新適應方式的最大障礙。

3.2　雙向批判之二：以傳統反思現代化

　　現代化為我們解決了很多舊問題，但由科技和現代化帶來的新問題也接踵而至，例如現代社會的疏離感以及由此產生的孤獨苦悶和心靈的空虛，乃至於成為「假現代人」、人被物化和貨化，尤其是梁啟超先生歐遊寫下《歐遊心影錄——新大陸遊記》之後，很多學者開始意識到現代化所引起的一系列問題，韋政通先生早年在其《克服人類物化的危機》《西方文化的缺陷及其應有的升躍》《西洋近代文學精神的反省》《存在主義的進路——略論西方文化

〔註 68〕佛洛姆：《人的心》〔M〕，臺北：志文出版社，1960 年，第 141 頁。
〔註 69〕佛洛姆：《人類之路》（man of Himself），蔡仲章譯，〔M〕，臺北：協志工業叢書出版社公司，1959 年，第 37 頁。

危機及其重建之新路向》（未發表）等文中就對西方危機進行了陳述。而且，與其他學者視角不同，韋政通先生基於現實，對現代化過程中的文化衝突與生活協調進行了剖析，同時詳細論述了現代化過程中的二重文化危機與新危機。向我們明確指出，我們需要肯定現代化，但也不能一味歌頌並無條件地接受它的價值，需要給現代化定性定位，批判並予以檢討。韋政通先生以傳統為借鏡批判現代化，從傳統的視角來反思現代化，為我們提供了新的思考角度和方向。

3.2.1　文化衝突與生活失調

1. 現代化過程中的文明衝突問題

中西文化遭遇後的教案、禮儀衝突。教案問題自明清天主教在中國傳教以來就一直存在，主要是由於傳教士與中國的官紳，鄉民之間的衝突與隔膜引起，特別是各種不平等條約〔註70〕先後簽訂使得教禁大開，教案問題成為19世中葉前後中國文化衝突中最為頻繁也是波及地區最為廣泛的衝突。教案頻仍的原因很多，韋政通先生認為教案問題層出不窮的基本原因是由於中西文化風土民情禮俗不同，中國人依據自己的文化傳統去判斷西方宗教的種種行事。自然產生矛盾、猜疑和誤解甚至產生仇鬥。以宗教人士在中國設立育嬰堂為例，宗教人士的初衷是「見有遺棄嬰孩，不忍聽其死亡於犬豕之口，必收養堂內，稍長各授以業，及時婚嫁，而後遣之」〔註71〕。中國人認為這些宗教人士並非出於人道精神，產生了誤解和猜疑，認為創辦育嬰堂是為了「誆騙嬰兒，挖目剖腹，吸食腦髓，挖眼割心，以製藥餌」〔註72〕。另外，西方宗教的禮儀與中國的禮教禮儀也有很大的衝突，在教堂裏一般是男女教徒混雜相坐，畫十字扶額互道平安和祈禱，但中國禮教中自古有男女授受不

〔註70〕1844 年簽訂了中美《望廈條約》、中法《黃埔條約》，規定可在中國五個通商口岸設立教堂，道光帝承諾准許中國人宗教信仰自由；1858 年簽訂了《天津條約》，1860 年簽訂了《北京條約》，規定教士可到內地傳教並受官方保護；1876 年簽訂《煙臺條約》，領事裁判權上規定了會審制度。

〔註71〕教務檔江西教務，同治元年八月二十二日總署收法國照會。轉引自呂實強：《中國官紳反教的原因》（1860～1874），臺北：中國學術著作獎助委員會，1966 年，第 142 頁。

〔註72〕教務檔江西教務，同治元年八月二十二日總署收法國照會。轉引自呂實強：《中國官紳反教的原因》（1860～1874），臺北：中國學術著作獎助委員會，1966 年，第 142～143 頁。

親之規定，因此，教堂中的男女混雜及見面問候祈禱之禮被當時的中國人認為有悖倫常，甚至產生「洋教士善以術御婦女、受以媚藥，神父習房術係色情魔」等嚴重的猜疑和誤解，訴訟、仇鬥、殺戮教士、教民之事在民間多有發生。這種影響也波及士大夫和知識分子階層，士大夫們認為宗教嚴重妨礙了人們對「孔孟聖教」的信仰，以「夷夏之辨」「人禽之辨」為武器起身衛道。認為西方在中國傳教的動機是「惑世誣民、隱蓄異志」，其目的是「禍害中國、動搖國本，以夷變夏」。西方宗教觀念中的人人在上帝面前平等，信徒之間不論長幼尊卑（父可以稱為兄，母可以稱為老姊），且禁止教民祭祀祖先，這種「無父無君無母」「滅子孫愛敬之心，敗孝治之化」的行為禽獸不如。

　　文化變革中的「維新」與「守舊」衝突。與教案衝突不同之處是，維新變法運動之間的衝突是變法圖強的維新志士與保守人物之間的交戰。領導人物是科第新貴康有為，康有為意以日本的明治維新為藍本，利用「託古改制」之說，援引公羊家進化思想，以期對中國的政治制度進行首度的革新，進而拉開中國民主運動的序幕，實現君主立憲。由於新舊政治思想的衝突等諸多原因，維新變法失敗。

　　文化革新中的「西化」與「中體」之衝突。除了教案衝突，批儒反儒運動也是中西文化衝突中規模比較大，影響比較深遠的衝突，導火索是袁世凱復辟帝制，袁世凱復辟的鬧劇使得反儒家之流錯誤地認為儒家與專制關係密切，儒家思想就是歷史上反覆出現復辟的歷史依據，因此，批孔運動驟而代替了反帝制，批孔浪潮此起彼伏，經久不衰。批孔運動借用西方泊來的民主與科學得以順利進展，新文化運動的主要代表人物陳獨秀是批孔運動的主要倡導者，陳獨秀對西方文化頂禮膜拜，態度狂熱，對其思想和理論無條件接受，提出「孔子之道與現代生活」如同「水火之不相容、南北之不相併」。「歐美輸入之文化，與吾華固有之文化，其根本性質極端相反。」[註73]「吾人倘以新輸入之歐化為是，則不得以舊有孔教為非；倘以舊有之孔教為是，則不得以新輸入之歐化為非，新舊之間，絕無調和兩存之餘地。」[註74]這種「全盤西化」的心理對傳統文化尤其是儒家文化產生的破壞力極其強大。

　　包林（Kenneth E. Boulding）認為，一般而言，非西方國家面對西方文明給人類帶來的巨變，可能會產生三種不同的態度：(1)狂熱地無批評地接受，

〔註73〕陳獨秀：《吾人最後之覺悟》，載《新青年》，一卷六號。
〔註74〕陳獨秀：《答佩劍青年》，載《新青年》，三卷一號。

比如東南亞的菲律賓、新加坡；（2）小心謹慎、批評地接受，這是一種理想明智的態度，但很少國家能做到；（3）懷恨地接受，中國屬於此種類型。韋政通先生對包林的分析表示認同並對國民這種對待外來文化的態度進行了深入的分析。因為西方是通過堅船利炮、不平等條約強行打開了中國的大門，並在經濟上和文化上進行侵略，「前者加深了中國的貧窮與不安，後者製造出無數教民衝突的事件，中國又不得不順應此一巨變，於是被迫採取了第三種態度。」〔註75〕如果瞭解 19 世紀真實歷史的人都知道中國除了這種態度其他別無可能，但「這種懷恨地接受的態度，是最要不得的，最有可能招致重大的災禍」〔註76〕。韋政通先生認為，中國近現代史的發展完全印證了這句話的正確性，這種西化過程中充滿懷恨的不情願的態度使得我們只是表面地接受文化成果而從來不考慮成果的源泉和實質來源，諸如我們只是借鑒西方現成的科學技術成果，而不去深究西方的義理方法、智慧與純知性研究。

2. 現代化過程中的文明衝突之原因解析

中西文化之衝突，原因是多方面的，內容也很複雜，但基本原因在於中西文化之間存在很大的差異，客觀原因在於西方侵略的行徑和實質，主觀原因是中國人「天朝型模的世界觀」。

第一，中西文化的根本差異

中西文化有著截然不同的精神來源。依據羅素的觀點，西歐和北美的精神來源有三，第一，希臘文化，希臘文化孕育了西方的文學、哲學、數學推理與藝術；第二，猶太人的宗教精神和倫理精神。西方人有著狂熱的宗教信仰，對道德充滿熱忱，強烈的民族主義，這些深受猶太人的影響，第三，科學精神，科學精神在西方世界產生了巨大的力量。羅素說：「這三種元素，無一曾在中國的發展上占過一席之位。」〔註77〕西方文化的這三種元素，是促進西方不斷強盛發展的根本，尤其是其中的第一元素，那種哲學的思辨和數學中的純知與理性，對西方近代的文明的發展起到了根基性的作用，我們缺失並需要學習的也恰恰在於此，西化派雖然主張全盤西化，但未能抓住向西方學

〔註75〕韋政通：《中國文化與現代生活》〔M〕，北京：中國人民大學出版社，2005 年版，第 5 頁。

〔註76〕包林（Kenneth E. Boulding）著，陳少廷譯，《20 世紀的意義》〔M〕，臺北：野人出版社，1968 年版，第 64 頁。

〔註77〕羅素著，宋訶平譯，《中國問題》〔M〕，臺灣：有志圖書出版公司，1973 年。

習的根本。韋政通先生認為：「中國文化中這三種元素的缺乏，遂使近代中西交會時，缺乏相知的『知識基線』；因缺乏相知的『知識基線』，於是誤解和曲解叢生，誤解和曲解的累積，必然導致衝突。」〔註78〕

其實，當時中國的知識分子並非完全沒有意識到西方精神與中國精神的差異，從器物到政治制度再到文化，我們一直在學習西方，也認識到了西方精神本身所具有的優勢，但很多因素導致我們不能很好地向西方學習，其中「離隔」是最要的因素，什麼是「離隔」？離隔，顧名思義就是隔離，離隔一般有兩種形式，一種是由於地理因素，比如在航海、航空與電訊事業發達之前，中國與其他國家的隔離狀態；另一種是人為因素所導致的文化、社會結構、政治制度等人理方面的離隔，人理離隔的形成有諸多條件，比如政治、民族情感、貿易壁壘、觀念分歧等。由於自我的偏見對於異族的東西不肯吸收和學習的情感造成了臨近離隔（vicinal isolation）。近在咫尺，也拒絕交往並予以學習。這種人為的離隔產生極為嚴重的後果，離隔中的知識分子常年不能受到異質的刺激而導致反應定型化，反應定型化又導致心性的凝滯，心性的凝滯使得其行動方式和思想路線不願或者不能輕易改變，進而形成固定的反應習慣，固定的反應習慣產生抵抗改變的傾向。文化的固定性也因之增強，世界觀和道德觀也會被固執堅守。

第二，西方侵略的真實行徑和實質

最早從 15 世紀，歐洲的基督教國家開始向中國擴散其文化，19 世紀到 20 世紀初，西方文化擴張更為強烈，齊柏玲（Rudyard Kipling）揚言這是「白人的責任」，他們有責任教導有色人如何學習西方的制度、生活方式和技術。再加上工業革命在英國等西方國家迅猛發展，科技進步導致艦船炮利，資本主義制度興起需要尋求海外市場和殖民地，一系列戰爭在中西之間頻繁發生，從 1840 年的中英鴉片戰爭、1860 年英法聯軍火燒圓明園、中日甲午戰爭到八國聯軍侵華，1840 年以來的中國史，是一部充滿戰爭、割地、賠款、簽條約的血淚史，西方列強憑藉其堅船利炮同中國簽訂了一系列不平等條約：1842 年南京條約，賠款洋銀，開放五口通商，議定進出口稅，中國關稅自主喪失；1858 年天津條約，長江流域開放，外國公使可以駐京，國度讓「夷酋留駐」，天朝喪失巨大尊嚴；1860 年北京條約，割讓九龍，開放天津為商埠，華北門

〔註78〕韋政通：《儒家與現代中國》〔M〕，上海：上海人民出版社，1990 年版年版，第 11 頁。

戶被打開；1879 年日本吞併琉球、1881 年償還俄國九百萬盧布；1895 年中日簽訂馬關條約，割臺灣給日本，四個通商口岸被開放，中朝關係被拆散，賠償日本軍費二萬萬兩白銀；1897 年德國強佔並租借膠州灣，日、英、俄、法傚仿並增加自己的勢力和利益；1900 年八國聯軍侵華，簽訂辛丑條約，各國在天津和山海關有駐兵權，削平大沽炮臺，賠款白銀四萬五千萬兩。通過以上條約可知，西方國家和新興的日本經濟方面要求在中國享受鐵路的建造與管理、開採礦藏、在通商口岸設廠，從事工業製造；文化上要求在通商口岸以及沿海各地進行傳教，從經濟到領土再到傳教，最後震撼到中國的核心價值文化，這種「三千年之大變局」的經濟和文化侵略普遍引起了中國人對西方人的仇恨。

第三，中西完全不同的世界觀

殷海光先生認為世界觀（Weltanschauungen）是一個以全體已知或可知的東西為對象的價值體系和文化公設（cultural axioms of groups）〔註 79〕。世界觀不受科學理論的影響，不需也不用證明，人們一般把它當做現成的東西來接受，不同文明有自己不同特色的世界觀，傳統的中國與西方世界有著完全不同的世界觀。西方經過 300 多年的漸進，世界觀發生了很大的變化，他們認為包括自然界與社會生活在內的世界是以人為主體和中心的，世界與人之間存在一套可以被控制，被度量的因果關係，人不是這個世界的一部分和世界的產物，人是能憑自己的力量征服世界，轉化世界的獨立存在的主體〔註 80〕。更甚至，他們自認為他們身上肩負著所謂「白種人的負擔」（Whiteman's burden），他們有義務有責任將他們的文化傳播到他們認為的「沒有法律的次等民族」中去，這樣才能使這些「次等民族」擺脫野蠻並進入文明社會〔註 81〕。

中國是天朝型模的世界觀。何為「天朝型模的世界觀」？「天朝型模的世界觀」語出殷海光先生，是對近現代部分中國人世界觀的一種形象的稱謂，他在其著作《中國文化的展望》中詳細論述了這種世界觀的形成原因、特性。這種世界觀深受中國傳統文化觀念的影響，認為中國的社會結構、政治制度、倫理、法律等一切人理結構優於一切。「中國文化在一切方面優於別的一切文

〔註 79〕 殷海光：《中國文化的展望》〔M〕，北京：中國和平出版社，1988 年，第 1 頁。
〔註 80〕 此種新世界觀的觀點，主要參考杭之一書，《依賴的現代化發展的反省》，節選自《一葦集》，臺北：允晨文化出版公司，1987 年版，序論第 11～16 頁。
〔註 81〕 參見伊士頓著，李邁先譯：《西洋近代史》，臺北：三民書局股份有限公司，1974 年，第 291 頁。

化——無論在儀節上和道德上，無論在國家和社會組織上，無論在技術和文學上，無論在人民性格的陶冶以及智識的啟發上，都優於其他一切文化。」〔註82〕而且一切的物質生活不假外求，因此沒有對外交往的必要。

殷海光先生認為天朝型模的世界觀有以下幾大特性：（1）以自我為中心。持有天朝型模世界觀的人的最大特徵是把中國看作世界的中心，認為中國位居天下之中，中國在地理上是文明生活的中心。視皇帝為天下的「共主」「元后」〔註83〕，天下應定於一尊。（2）對外交往的「不平等性」。這種世界觀的特性是唯我獨尊，認為非我族類乃是「外化之民」，自然要低一等。在對外交往上要求一種萬邦來朝的虛榮。因此觀見問題成了中西文化衝突的主要問題之一，我們以觀見為例來窺探一下這種世界觀的特點。1793 年，已稱霸西方的英國國王喬治三世委派使者馬戛爾尼帶來一封敕書，要求兩國通商，敕書的內容很長，開頭的內容如下：

> 諮爾國王，遠在重洋，傾心嚮化，特遣使恭齎表章，航海來庭，叩祝萬壽，並備進方物，用將忱悃。朕披閱表文，詞意肫懇，具見爾國王恭順之誠，深為嘉許。所有齎到表貢之正副使臣，念其奉使遠涉，推恩加禮。已令大臣帶領瞻覲，賜予筵宴，疊加賞賚，用示懷柔。其已回珠山（舟山）之管船官役人等六百餘名，雖未來京，朕亦優加賞賜，俾得普沾恩惠，一視同仁。至爾國王表內懇請派一爾國之人，住居天朝，照管爾國買賣一節，此則與天朝體制不合，斷不可行。〔註84〕

馬戛爾尼同時還帶了很多禮物，這些禮物包括軍用器械、鐘錶樂器、車輪樣圖、造船模型，是對英國科技文明的一種展現，乾隆帝寫了一道「敕諭」回絕了英國國王的通商請求，內容如下：

> 天朝撫有四海，惟勵精圖治，辦理政務，奇珍異寶，並不貴重。爾國王此次齎進各物，念其誠心遠獻，特諭該管衙門收納。其實天朝德威遠被，萬國來王，種種貴重之物，梯航畢集，無所不有。爾

〔註82〕轉引自殷海光：《中國文化的展望》〔M〕，北京：中國和平出版社，1988 年，第 9 頁。
〔註83〕「元后」最早出自《尚書》，「元后」其位在「群后」之上，它是天下的「共主」。
〔註84〕敕書全文請參見蕭一山《清代通史》（二），臺北：臺灣商務印書館，1985 年，第 815～820 頁。

之正使等所親見。然從不貴奇巧，並無更需爾國製辦對象……爾國
王惟當善體朕意，益勵款誠。永矢恭順，以保義爾有邦，共享太平
之福。

從雙方的敕諭可以看出，英國認為和中國交往，是一種很平常的平等外
交，而在中國皇帝乃至中國人眼裏，英國只不過是天朝的藩屬和朝貢國，觀
見問題成了中外交往中的大問題，而且並沒有隨著鴉片戰爭的失敗而告終，
隨後的幾任皇帝依然存在這種觀見問題及衝突，為何會出現這種現象或者會
有這種衝突？著名的史學思想家蔣廷黻如此分析：「因為君臣是中國五倫之
一，觀見的禮節就成了倫常問題、人生哲學問題。同時我們的儒教，至少自
宋朝起，認真地，在思想上，把中國的皇帝當做天下的共主看待，所以，觀見
的禮節又成了政治哲學問題。總起來，我們可以說這個觀見問題就是中西文
化的衝突問題。表面上看起來，這個問題似乎無關外交實際，其實這個及其
他所謂體制問題阻礙了我們外交的進行。」〔註85〕蔣先生所言的自宋朝起把
皇帝當成共主來看待是最保守的估計，其實最早可以追溯到兩千年前的周朝，
《詩經·小雅·北山》中已經如此形容封建的周王朝：「普天之下，莫非王土，
率土之濱，莫非王臣。」孟子在《孟子·萬章篇》中加以稱引，成為後世天朝
型世界觀的基本信條。

韋政通先生對殷海光先生的「天朝型世界觀」的說法極為認同，他進一
步指出，持有天朝型模世界觀的中國人有強烈的「我族中心主義」的文化偏
見，什麼是我族中心主義？我族中心主義是文化人類學研究的主要對象，意
指「一般民族或文化單位對於自己的風俗、習慣、制度、文物、傳統、生活方
式、價值觀念和文化理想，當其繼續發揮功能時，總是有意無意持愛護的態
度」〔註86〕。也就是說一個國家的國民理所當然地更愛自己國家的文化。殷
海光先生認為我族中心主義有良性和惡性兩種發展情境，特別是惡性的我族
中心主義，認為自己的文化永遠優於他國的文化且具有絕對的價值，對其他
的文化採取一種鄙視和排斥的態度。強烈的「我族中心主義」使得對他人的
文化不甚瞭解，對自己的文化評價不能客觀公允，這種世界觀最大的問題是
阻礙了自身文化的發展。

〔註85〕參見蔣廷黻：《中國近代史研究》〔M〕，臺灣：里仁書局，1982年，第211頁。
〔註86〕參見殷海光：《中國文化的展望》〔M〕，北京：中國和平出版社，1988年，第
120～121頁。

　　前美國駐日大使賴旭和在他撰寫的《19 世紀中國與日本的現代化》一文中，認為這種天朝型模的世界觀是導致中國現代化延緩的一個重要原因，他說：「當考察這種比較無形的領域時，有一不同點是極其明顯的，這就是兩國在傳統上對外觀念的不同。中國國民因有廣大的國土和悠久的歷史，同時，以前又有過東亞惟一高度文明國的經驗，且遠離了其他文明圈，因此，他們當然會認為自己才是建立高度文明的獨特存在，『文明』和中國是同義語，於是中國人有一極深的觀念，認為外面的世界沒有什麼可學的。」〔註87〕美國著名的現代化學者布萊克（C. E. Black）在其《現代化動力》一書中指陳：「傳統文化的向心力與認同性，使得本類的國家在現代化外力壓迫下保持團結，但傳統文化也以各種方式延緩現代化的腳步。最特殊的例子是中國，它是最古老、最圓融、成型的舊社會，但卻最難接受現代化。最可能的原因是，國內政治及學術界領導人物，都認為傳統的真理是對的，因此不能丟棄，直到 1905 年才廢除科舉，以新式知識作為進身之階。甚至在今天，多數中國領導這還保留了中國是世界重心的一種本位式的世界觀。」〔註88〕

　　中國經歷了數次巨大的變動，很多舊的事物都消失殆盡，但這種天朝型模的世界觀依然存在中國文化當中，當時的中國為何會形成這樣的世界觀，中外學者結合當時中國的經濟文化政治和外交進行了分析，萊特（Arthur F. Wright）認為這種天朝型模的世界觀是 19 世紀中國文明之自我影像，是由中國文士所塑造而成。中國處於一種相對孤立的狀態，受過教育的知識分子不知世界上足以與自己文明相抗衡的其他文明，於是在技術、制度、語言和觀念上均發展出一種高度的自我滿足感；殷海光先生認為從 14C～20C，中國一直在傳統之中生活，文化變遷慢，逐漸形成一個不容易改變的「自定體系」。

3.2.2　文化危機與社會病症

　　文化危機，是指西方文明衝擊之後，中國所面臨的社會文化現狀。胡秋原先生提出二重文化危機，胡先生在其著作《一百三十年來中國思想史綱》中對文化危機的二重性有詳細的分析和論述：「當中國文化被西方文化擊敗

〔註87〕李永熾：《日本的近代化與知識分子》附錄，〔M〕，臺灣：水牛出版社，1970年。

〔註88〕見 C. E. Black：著，郭正昭等譯：《現代化的動力》〔M〕，臺北：環宇出版社，1971 年，第 4 頁。

時，不僅是中國民族的危機，也是中國文化的危機。中國固有文化一步一步被否定。新文化運動正是中國文化危機之頂點，當時中國人對西方文化崇拜達到高潮。八十年來，中國自知文化不足，求出路於西化。一路西化，至是西化走到盡頭，忽然報導西方的科學與民主也成問題了，社會主義才是新東西，俄國牌的社會主義是最新東西！於是中國人遇到一個中國文化與西方文化的『二重危機』。」〔註89〕二重文化危機反映了知識分子對傳統文化的認同問題與西方文化的不足。一方面，經歷中西較量，我們認識到，我們不但器物上不如人，文化制度上也不如人，有志人士徹底覺悟發起自救之道，學習西方的先進文化，然而另一方面的現實是兩次世界大戰之後的西方文化此時也陷入了危機，悲觀主義、虛無主義，反對理性，不信民主，人類甚至被稱為「食肉的野獸」，自身的無力感、焦躁感被著力表現，兩次世界大戰帶給人心靈的創傷和無助以及精神的危機通過存在主義鮮明地表現出來，中國人看到的是自我割裂、存在的偶然性、自我精神的喪失、空無、憂懼、不安的真實文化寫照。西方文化氣氛的混亂性和悲觀主義攪亂了中國革命者的西化夢，他們的思想開始產生分裂，力量開始出現分散，當時的中國，出現了三大思潮：傳統主義，認為西方文明破產，主張回到東方，尋求自我傳統；馬克思主義，宣揚用馬克思列寧主義代替西化的民主與科學；西化主義，仍然堅持新文化運動，宣揚向西方學習，主張引進西方的自由主義、個人主義，韋政通先生認為，由於對文化危機認識不夠深刻，產生一系列的社會病症。

1. 意義迷失

現代化最明顯的特徵是工業化和都市化，整個社會如同一部高速運轉的機器，置身其中的人們身不由己，終日奔波繁忙，按時上下班，大機器的運用使得人成為附屬品，生活單調，工作枯燥。人口向都市集中，造成激烈的工作競爭，增強了情緒的緊張不安，西化的工作競爭晉升機制，刺激人「心理微菌」的滋長與繁衍，心理學家研究表明，「心理微菌」是一種極為罕見的思維方式，也是人動力的源泉，它能激發人或社會特別奮發地行動，社會學家將這種「心理微菌」稱之為「成就的需欲」，社會的發展速度與「成就需欲」成正比，但如果任其滋長，勢必造成職業、生活的惡性競爭以及人慾望無窮貪得無厭的心理，在競爭的過程中，形成兩個極端，勝者欲勝，雄心愈強，心

〔註89〕轉引自韋政通：《中國思想傳統的現代反思》〔M〕，臺北：桂冠圖書公司出版，1990年，第101頁。

理壓力愈大。敗者可能通過三種途徑尋求庇護：（1）用麻醉的方法使自己忘卻痛苦，躲避現實的殘酷；（2）用幻象的方法，將自己帶入飄渺的境地，滿足自己在現實社會中無法獲得的一切；（3）採取有害的方法，追求身心一時短暫的逸樂和幸福，而不計較戕害身心的嚴重後果。從而導致了一系列社會案件的發生。「現代社會的生活，絕不是完美的，成就需欲，推動了社會的進步，另一方面也製造了許多新的社會問題，現代醫藥的進步，增加了人類衛生和保健的能力，但都市生活製造出來的情緒緊張和心靈不安，卻不是藥物所能奏效。」〔註90〕這種緊張與不安也波及到老年人，傳統社會是長老社會，人的自我重要感和被需要感隨著年齡和資質不斷強化，心理也愈加穩健和成熟，與此相反，在現代社會，變遷與衝突不斷，知識更新，如果不持續地學習，年歲的增長未必和資質閱歷能力成正比，這些導致老年人重要性與尊嚴感降低，心理受挫極易導致緊張與不安。

安全需要是人的基本需要之一。現代社會帶來了物質的極大豐富，人類的物質安全需要得到明顯地滿足，但心理安全需要則隨著科學與社會的變遷、人際關係的疏離而大為降低，傳統社會的互愛互信的道德信念和準則被碾壓。「不安全的心理和隔離感，很容易使人變成非理性的偶像崇拜者。」〔註91〕現代人的通病是精神的萎縮、心靈空虛麻痹，感到生活無意義，這種症狀在各個時代的個人身上都有可能出現，與現代不同的是，「以往人一旦把握到機會踏上成功之路時，病象就會消失，現代年輕一代趨勢，欲根本對自己的事兒前途漠不關心。」〔註92〕美國查理瑞克教授，在他的著作《美國的新生》中談到：「美國正在散佈著死亡，不但對其他國家的人民如此，對它本國的人民也是一樣。……我們一直認為是一個非常富有的國家，但是現在我們終於開始認清自己也是一個極度匱乏的國家——縱觀人類歷史，凡人類當作寶貝來珍愛的事物我們都付之闕如。」從查理瑞克教授書中的文字可以得出，他所說的「極度匱乏」指的是人的創造力和精神的自主性。一方面是自動化的潮流勢不可擋，另一方面是人類精神的萎縮，人類將面臨浩劫。

〔註90〕韋政通：《現代化與中國的適應》〔M〕，臺北：盧山出版社，1974 年，第 29 頁。

〔註91〕佛洛姆：《基督教義的心理分析》〔M〕，臺北：晨鐘出版社，1960 年，第 8 頁。

〔註92〕美國《幸福雜誌》調查顯示，大約有五分之二的大學生，拒絕接受一般實用主義的觀念，不再認為大學是一條達到事業、地位、財富的康莊大道，他們鄙視「找飯碗」的想法，對自己事業前途也漠不關心。

2. 假現代人

「假現代人」是著名的精神分析大師楊格在其著作《追求靈魂的現代人》一書中提出的，顧名思義與「真現代人」相對應，假現代人有兩個明顯的特徵：第一，忽略自身應該履行的許多人生責任和義務，在人生生存進展的階段上，試圖跳躍式地發展，表面上儘量表現並裝出現代的模樣；第二，追求新奇事物，想盡一切辦法吸取現代化的各種成果，不想付出代價但又想彌補並尋求自身不足的東西，求取現代化的好處卻不願為現代化的發展貢獻自己的力量。韋政通先生認為這種「假現代人」在發展中國家裏最為明顯，主要是政策性地製造出來，經濟上只是給人一種表面繁榮的景象，借助現代的一點裝飾，就自以為躋身現代化國家，商品廉價，商人窮奢極侈地用低廉的工資壓榨工人的血汗，然後去過假現代人的生活，在教育方面，沒有原則沒有願景地擴招，在培養過程中不注重學生的自主性和創造性，培養「型模化」的人，缺乏修養，沒有個性。

什麼是「真現代人」？真現代人也有兩個明顯的特徵：（1）具有自主性和創造性。這也是文藝復興想要創造的文明人的顯著特點。（2）熱愛真理但又很能容忍異見和偏見，在學術上注重理性和經驗，在做事上注重計劃性，在心智上講究科學性。楊格認為，真現代人不模仿他人、自願安貧且拒絕歷史加給他聖賢的榮耀。〔註93〕韋政通先生認為，現代社會的發展要實現人的現代化，需要現代化的人，需要真現代人。

3. 心靈癱瘓

技術專政與法西斯專政、納粹專政相比，我們較為陌生，但它卻悄無聲息地在威脅著現代社會的每一個人，查理瑞克教授在其《美國的新生》一書中對技術專政進行了解析：「技術和生產可能成為人們的恩人，但它們畢竟只是不會思考的工具，若我們不去指揮它們，它們就會依其本力不斷發展下去。在我們國家（指美國），它們已粉碎一切阻擋它們的事物，如風景、自然環境、美、歷史和傳統、快樂和謙讓、私生活的神秘和寬裕，以及使我們聯繫在一起的脆弱而成長緩慢的社會結構。」〔註94〕查理瑞克教授至少表達了兩層意

〔註93〕楊格著，黃奇銘譯，《追求靈魂的現代人》〔M〕，臺北：志文出版社，1960年，第232頁。

〔註94〕轉引自韋政通：《中國思想傳統的現代反思》〔M〕，臺北：桂冠圖書公司出版，1990年，第108頁。

思：第一，技術促進了人類社會的發展與進步，但若運用或指揮不當，技術
不受控制地發展，將給人類帶來嚴重的身心危害；第二，技術改善了人類環
境但技術專政破壞了人類環境，人與自然的和諧，人的生活甚至社會結構。
最為嚴重的是，韋政通先生認為，技術專政很少能像其他專政一樣預先防範，
當你發覺它的危害時，為時已晚。當今一些後開發的發展中國家，生產發展
是第一要務，根本不會顧及技術專政所帶來的危害。其實早在第一次世界大
戰之前，機器文明忽視人的個性、無視人性的弊端已被一些人士提出，但並
未引起國家決策者的重視，如果說其他專政是傷害或毀滅人的身體，技術專
政卻導致人心靈的癱瘓。

　　技術的高度發展，戕害了人性，甚至成為精神病學上的重要問題，美爾
樂（Joost A. M. Meerloo）如此描述技術專政下的人性：

　　　　我們是否意識到現代技術於人不經意間塑造人的心靈？技術
　　影響我們對人生的哲學態度。現代技術教我們，最短和最容易走的
　　路是最好走的路。現代技術要求「效力」，並且要使用魔術似的機
　　械。這是違反心理規律的。這條心理規律是說，勞動、抵抗、挑戰，
　　以及困難諸因素，形成我們的性格。因此，我們需要勞動、抵抗、
　　挑戰和面對困難。心理健康和強健的自我之建立，不能靠事事被動
　　和事事方便，不靠奢侈和貪閒。人的性格之成長是靠接受種種刺激
　　的。現代技術不知不覺侵入家庭，侵入親子關係，我們可以借用一
　　種叫做「電視冷漠症（TV-A Pathy）」的精神病來說明，這種病症的
　　病象，就是除了守住迷人的電視以外，不願跟人發生關係。〔註95〕

　　技術導致機械的無限度使用，人的吃穿住用行都預先被機械所型模化，
人們受控於機械技術，美國文明成了典型的機械文明，現代的工廠成了一個
嚴密的組織體系，工廠裏只有刺激和反應及工作的律動，奧都斯‧赫胥黎
（Aldous Huxley）如此形容現代的工廠：「時至今日，每個有效的辦公室，每
個新式工廠，是一個由中央管理系統所單一控制的監獄。在這一監獄中工人
們意識到他在一個機器裏面。」〔註96〕

〔註95〕轉引自殷海光：《中國文化的展望》〔M〕，北京：中國和平出版社，1988 年，
　　　　第 385 頁。
〔註96〕轉引自殷海光：《中國文化的展望》〔M〕，北京：中國和平出版社，1988 年，
　　　　第 388 頁。

4. 自我失落

緊張不安下的寂寞與疏離與自我失落是現代生活的又一特徵。工業化都市化導致人從鄉土社會變成市民社會，人口大量集中，擁擠的人群，陌生的面孔，雖住同一屋簷，彼此卻形同陌路，更妄言心靈的聯繫，白天忙碌工作，晚上寂寞空虛，為了逃避寂寞，聊以慰藉，人們只好湧向中心鬧市人潮，借籍人群表皮摩擦，吸取溫暖，構成「寂寞的人群」(The Lonely Crowd)〔註97〕。

「自我」在二十世紀被廣為使用，它是存在主義和心理分析的中心概念，查理瑞克教授認為自我簡而言之為「想像力、創造力、天性、夢想、個別獨特性以及愛的能力」。這是人之為人的最基本也是最珍貴的品質，一旦這些能使人之為人的品質被壓抑、剝奪，個人失去最真實的存在，人也將失去生機與活力，謂之「自我的失落」。韋政通先生認為「自我問題」在西方文化裏一直存在，比如哲學工作者長期從事思辨等抽象工作，智力的發展與情感的發展不同步，出現理智與理性偏至的現象。然而這種偏至在科技發展的今天尤為突出，「現在已不是單純地智力壓縮感情的問題，而是人的智力已發展到能控制環境、探索太空，情感卻依舊停在本能的反應，二者的成熟度，簡直是天壤之別。」〔註98〕工作單調、生活乏味、空間狹小、沒有夢想、知識碎片化，人與人之間互愛與被愛的能力被損壞。

佛洛姆用「有」和「是」來比喻和探討人在現代社會的「自我失落」。他認為現代人很重視「有」，諸如豪車、房屋、家室、聲名、權位；「是」主要是指人性經驗，諸如勇敢、愛、同情、責任、興趣、信念等，與「有」不同，「是」無法被具體佔有，現代人「有」一切但卻什麼也不「是」，「是」即「物」，「物」能夠被佔有但也能夠被剝奪，以「物」為「是」者，一旦被剝奪，極易感到不安、恐懼、煩躁。韋政先生認為佛洛姆的「有」「是」之說類似於孟子的「人爵」「天爵」(良貴)，人們不是不能追求「有」，但不能為了追求「有」而失去了「是」，「現代人問題不在追求『有』，是在追求『有』的同時，蔑視、拋棄、或否定了屬於『是』的範疇——那些足以代表人類最珍貴的情操和品質。」〔註99〕

〔註97〕該詞彙借用李斯曼（D. Riesman）等人所著的書名，這本書是專門研究美國人性格的名著。
〔註98〕韋政通：《中國思想傳統的現代反思》〔M〕，臺北：桂冠圖書公司出版，1990年，第110頁。
〔註99〕韋政通：《中國思想傳統的現代反思》〔M〕，臺北：桂冠圖書公司出版，1990年，第111頁。

5. 文明衝突

人類生活的一個基本特徵就是變遷，但較之傳統社會，導致現代社會變遷的因素多，動力強。工業化、城鎮化、人口暴增、交通運輸迅猛發展、通訊媒體發達，這是導致社會變遷的顯因，根本因素是文藝復興之後人類掌握自然瞭解自然的能力不斷提高和增強。美國現代學者布萊克（C.E.Black）說：「所謂現代，可見諸十二世紀西歐希臘科學復興之後的知識擴展，開始的時候，其擴展速率緩慢，十五世紀之後，其速率加快，人類對於自然的奧秘，漸能瞭解，又能將這種知識運用於人世方面。在二十世紀之中，這種擴展率特別迅速，專門領域的學理知識，往往在一代之間，即遭推翻。這種知識的成長過程正與日劇增，未來的人類生活改變，必較過去為大。」〔註100〕這種變遷在中國更為明顯，涉及經濟、政體、生活、文化、家庭、教育乃至個人生活。韋政通先生針對變遷對中國帶來的影響進行了深入分析：「百年來的中國可謂歷經巨變，政治體制由君主專制變為民主；家族主義衰落、個人主義抬頭；幸福的追求取代了精神的理想；家庭工業逐漸被大工業及大生產組織所吞沒；友道淪喪，利害考慮成為人際生活的主導原則；婦女地位提高，夫不復為妻綱；血緣關係疏淡，業緣關係增強；教書不再是神聖職務，教師變成教員，成為受薪階級的一份子；專業化的趨勢，使通才變為專才。」〔註101〕變遷的急驟性、迅猛性和全面性再加上對傳統意理的固守，導致一系列不均衡和適應的不良現象，諸如政體雖變，但卻沒有培養出人們的民主生活態度；家族主義日衰，但傳統中的不合適宜的孝道仍盛行，使得作為民主基石的個人主義受到曲解和排斥。延緩了現代化的進程。這種變遷不應僅是器物制度層面的，還應包含思想、精神、感情和行動諸方面的改變，文化的變遷一定程度上要求群體行為隨之改變。這方面我們並沒有相應的改變，這也是變遷過程中的問題。

衝突和變遷一樣，也是現代社會的一個明顯特徵。衝突從某種意義上而言有利於社會和文化的發展。「人類的文化和社會，如果沒有衝突，就不能有重大的進展，更不能趨於成熟」〔註102〕。傳統的中國社會是士紳鄉土社會，

〔註100〕轉引自韋政通：《現代化與中國的適應》〔M〕，臺北：盧山出版社，1974 年，第 18～19 頁。

〔註101〕韋政通：《現代化與中國的適應》〔M〕，臺北：盧山出版社，1974 年，第 19 頁。

〔註102〕柯尼格著，朱岑樓譯，《社會學》〔M〕，臺北：協志工業出版社，1951 年，第 258 頁。

人與人之間、人與自然的關係上重和諧，造成衝突的因素很少。傳統社會與現代社會，無論從經濟結構、政治制度、價值取向、生活方式都極為相左，二者一旦遭遇，巨大的衝突在所難免，作為擁有幾千年文明史的泱泱大國，從民族心理上從未遭遇過如此大的挫折與衝突，也無法適應如此新異的情況，中西文明相遇，如同形同陌路的兩個人，先是禮讓如賓，後來就實行武鬥，獲勝方趾高氣揚，戰敗方絕不服輸，衝突升級。

6. 人之「貨化」

西方文化有自己的優勢和煊赫的成績，尤其是它的技術發展和認知特徵，的確使得人類近代化為之改觀，也使得其居於無可匹敵的地位，但與中國文化相比，西方文化最缺失的就是「精神內容」。張灝先生將西方精神的荒漠化歸結為泛科學觀造成的文化病態。這也是西方存在主義盛行的原因，耶司帕斯（Karl Jaspers）描述了西方人精神缺失之現狀：

> 今天實際上有形形色色的虛無主義，現代的人似乎把內心的一切都放棄了。人出現了，可是似乎任何事物都對他沒有價值了。從這一剎那到另一剎那，他在一個偶然的世界上躊躇彷徨。他對於死亡無動於衷，對於殺戮也無動於衷。〔註103〕

中世紀的宗教信仰消失了，人們的原始衝動出現了，貓王成了聖人，披頭士成了人們頂禮膜拜並讓人發狂的偶像，人們陶醉於熱門的口水歌曲不能自拔……如同魏晉時代楊朱所描寫的情景一樣：「則人之生也奚為哉？為美厚爾，為聲色爾……且趣當生，奚遑死後！」技術發展，產品豐厚，市場經濟高度發達，一切皆可交換，人也隨之「貨化」，正如佛洛姆（Erich Fromm）所說，人如同貨物一樣，人與人之間進行的是技能、知識的交換。將自己當作能夠獲取最高市場利潤的投資，人與自然界、同輩還有自己疏遠了，生命沒有目的也沒有滿足。〔註104〕

大詩人泰戈爾曾將西方近代文明稱為「堡壘的文明」，這種文明帶有間隔性、征服性、區別性，對於自己所樹立的障壁以外的一切，令人都起同仇敵愾之心〔註105〕。誠然，近代西方文化並非如我們想像般的健全且美好，文化

〔註103〕轉引自殷海光：《中國文化的展望》〔M〕，北京：中國和平出版社，1988年，第383頁。

〔註104〕轉引自殷海光：《中國文化的展望》〔M〕，北京：中國和平出版社，1988年，第385頁。

〔註105〕馮若暉編譯：《泰戈爾及森林哲學》〔M〕，臺北：大林出版社，1977年版。

哲學家索羅金對現代文明危機的診斷也給了我們很大的啟示，他在其著作《社會和文化動力學》中寫到：「西方社會生活和各種組織的各個重要部門，正處於嚴重的危機中，……它的身心已出了毛病，……沒有一神經纖維是健康地工作著，它的身體幾乎每一處不是痛處的，我們像是處於兩個時代（譯者按：指感性和理念文化的轉型期）的夾縫中：昨日我們輝煌的感性文化逐漸逝去，而一個富有創造力的理念文化將於明天來臨。我們生活、思想、活動在一個燦爛的、歷經六世紀之久的感性文化的尾聲中。感性文化的落日餘暉，仍舊照耀著它過去的光榮。但光線慘淡，陰影重重，使我們無法在混亂的光芒中看得清楚，以及找到我們安全的方向。轉型期間充滿恐怖噩夢的黑夜，已開始在我們的面前隱現。然而，一個新的理念文化的曙光，正預備迎接人類的未來。」〔註106〕富有遠見的學者和政治家業已看到問題的嚴重性，西方文明的成就建立在深遠的精神基礎之上，他們能夠經得起這種危機，而發展中國家只是一種利欲性「現代裝飾」，長期的感性反應使人們的心靈趨以麻痹，缺少智慧的意志力和創造的激情。著名的德國社會學家韋伯（Max Weber），早年用「理性化」精神謳歌西方文明並提倡西方文明在全球的開拓，二戰後西方的很多學者深受其對傳統與現代化不相容觀念的影響，然而隨著他對西方現代化之境況目睹和對傳統的深入瞭解之後，懷疑和悵惘也不時地在韋伯的作品中流露。他曾如此表達自己對西方現代世界的認識：「當我矚目未來，看到的不是夏日的絢爛，而是北極冬夜的荒寒。」〔註107〕

　　過度發展的現代化奔流日急，險有破堤泛濫之災，一味歌頌並無條件接受是不可取的，韋政通先生多次強調，儒家傳統需調整自身適應現代生活的需要以便獲得新生，但我們也要認識到現代生活的不完美和現代化的弊端，在適應過程中盡力克服現代化的弊病。張灝先生也主張我們要以傳統為借鏡肯定現代化的同時檢討批判現代化，給現代化「定性」的同時還要「定位」。

3.2.3　道德的變遷和危機

1. 道德觀念的激變與傳統道德的崩潰

　　道德觀念的激變並非始於現代，韋政通先生認為自清朝末期以來，傳統

〔註106〕索羅金：《社會和文化動力學》〔M〕，楊升橋譯，臺北：環宇出版社，1960年版，第79頁。

〔註107〕轉引自張灝：《轉型時代與幽暗意識》〔M〕，上海：上海人民出版社，2018年9月，第334頁。

道德已經經歷了激變〔註108〕。導致道德激變的因素很多，有傳統道德自身的原因、也有道德以外的社會因素；有國內因素、也有國外的因素，韋政通先生將主要因素歸結為以下三方面：（1）革命。革命是導致道德觀念激變的最根本因素，革命引起社會經濟結構和政治結構的變化，作為上層建築的道德觀念勢必產生相應的變化。受西方文明的衝擊，中國發生了一系列的革命，比較有影響性的是結束封建專制統治的辛亥革命（政治方面的）和1919年五四運動（文學文化方面的）。這些革命的重點是改變傳統倫理道德的社會基礎，目標是使傳統倫理本位的社會變成法治本位的社會。傳統倫理社會的基礎是農業經濟、家族主義、專制、儒學，現代法治社會的基礎是資本主義、個人主義、民主、科學，這種社會結構的巨大改變勢必導致道德價值的巨變。（2）民主和自由運動。以自由、民主為先驅的一系列運動的開展極大地衝擊了人們對道德觀念的認識。從社會控制基礎上，現代社會的法治代替了傳統社會的禮教；從倫常關係上，現代社會的平等、雙向度的關係日益取代傳統的權威與服從的關係；在價值取向上，道德價值的多元化取代了傳統道德價值的獨尊地位。信仰自由被提倡，打擊了道德權威的儒教，社會的價值標準隨之改變。（3）現代化。現代化的主要特徵是「三化」，即世俗化、工業化、都市化。以建立「人的王國」為目標的世俗化過程打擊了傳統的權威倫理、聖人倫理；以數量化、專門化、標準化為特點的工業化徹底改變了人的道德觀念和生活方式。都市化改變了社會處境和家庭形態以及鄉土社會的關係。加速了生活方式的改變。宗族大家庭逐漸變成核心小家庭；以親情、地域、階級取向的人群關係逐漸趨向以職業、興趣、社區為主；個人的地位不在僅以依靠出身和家世，更趨向於依靠能力與個人成就〔註109〕。

　　傳統道德經歷了道德激變之後，逐漸走向崩潰。「傳統時代的道德問題，多半可在固定的道德架構中求得解決，現代我們面臨的道德問題，多了一重困難，因原有的道德架構在東西交流、新舊交替、社會變遷等因素的影響下，已由觀念的激變、破壞而告崩潰。」〔註110〕道德的激變能夠引起道德的崩潰，

〔註108〕韋政通著，何卓恩、王立新編：《傳統與現代之間》〔C〕，北京：中華書局，2011年，第191～192頁。

〔註109〕韋政通：《韋政通自選集》〔C〕，濟南：山東教育出版社，2005年，第378頁。

〔註110〕韋政通：《韋政通自選集》〔C〕，濟南：山東教育出版社，2005年版，第405頁。

也可能促進道德的創新。引起道德崩潰的因素很多，「崩潰的原因，當然不能單純地用西方文化的衝擊來加以解釋，甚至從民初以來長久的反傳統思潮，也不是最重要的原因，導致傳統（主要是儒家）倫理道德崩潰最重要的原因，是由於近代我們所要求重建的社會形態有了改變。」〔註111〕

　　韋政通先生結合中國歷史的發展和現代生活的特點進一步指陳了導致道德崩潰的新因素：（1）戰爭　戰爭是另一種形式的「不道德」。中國的發展史就是一部戰爭史，鴉片戰爭、國內軍閥混戰、抗日戰爭、國共兩黨之爭……慘無人道的戰爭，擊垮了人類的道德底線。20 世紀的兩次世界大戰，是道德崩潰的新因素。（2）恐懼　伴隨著科學技術的進步，外在因素（諸如神靈、自然災害）造成的恐懼日益減少，人為因素（原子彈核武器、技術專政）造成的恐懼逐漸增加。恐懼感導致了人與人之間、民族與民族之間、國與國之間的敵對狀態。這種敵對狀態若遇誘因會導致互相殘殺，偶發的道德感也被多重的恐懼所覆蓋，道德力無從培養。（3）競爭　競爭具有雙重作用。適度的良性的競爭可以激發人的進取之心和創造力量。過度的不公平的惡性競爭會導致人與人之間、組織與組織之間為了達到目的不擇手段，從而導致不道德行為的產生。（4）人際關係的疏離　人際疏離主要是指個人生活的孤立。在傳統的農業社會，人們世代定居一處，血緣關係的紐帶使得人情關係溫情默默。關係親密，現代社會的都市化、工業化使得人際關係由熟人關係變成陌生人的關係。鄰居形同陌路；同事經常更換；吃不認識的人送來的外賣；和素不相識的人在餐廳裏共餐；孩子與父母沒有親密關係；個人變成了公司的數字和符號。人與人生活在孤立冷漠之中，缺少關切和同情，「人際疏離的本質，就是社會中個人人格的否定。」〔註112〕戰爭、恐懼、競爭、人際疏離四者在現實生活中緊密相關，戰爭帶來恐懼同時也是競爭的一種方式，戰爭、競爭導致恐懼的同時也是人際疏離的主要因素。各種因素緊密相連縱橫交織，最終導致道德的崩潰。〔註113〕

2. 道德觀的分歧與道德價值的紊亂

　　目前的社會是道德觀分歧與道德價值混亂的社會。混亂是一種現象，並

〔註111〕韋政通：《韋政通自選集》〔C〕，濟南：山東教育出版社，2005 年版，第 405 頁。

〔註112〕C. E. Black 著、郭正昭譯，《現代化的動力》〔M〕，臺北：環宇出版社，1972 年版，第 31 頁。

〔註113〕韋政通著，何卓恩、王立新編，《傳統與現代之間》〔C〕，北京：中華書局，2011 年版，第 199 頁。

不是一種價值判斷。在傳統社會，價值觀一直有「大傳統」和「小傳統」之分，儒、道、佛各種價值觀也有衝突，但在漫長的社會變遷中不斷趨於整合。不同角色的人們在不同的時期和不同的人生階段可以用不同的價值觀來調適自己。並未出現大的衝突，但今天的社會狀況和人員複雜程度已遠遠不同於傳統社會。年齡的差別、信仰的差異、知識和生活背景的不同，不同的人有不同的價值觀，有承襲傳統中國的、有來自西方的、近代資本主義、民族主義、社會主義思潮的。現代社會日益國際化，人員交往頻繁，諮詢觀念共享，道德觀念複雜化，道德觀產生了巨大的分歧，比如關於兩代相處，是遵守傳統的「長幼有序」的尊卑觀念還是「人人平等」的平權觀念；在個人道德方面，過去是修身養性、成聖成賢，今日是如何獨處，合理安排自己；在家庭倫理方面，過去是長幼有序，講求尊卑的權威倫理，今天是講求民主平等，把孩子當朋友的民主家庭，另外還有社會、經濟、生態等方面的，都出現了道德觀的分歧和價值的混亂。

3. 道德的無政府狀態和道德感的冷漠

「道德無政府」是美國學者 Paul Eidelbery 針對 20 世紀 60 年代嬉皮和一些青年學生反叛行為的一種狀態描述，「道德的無政府」一方面表現為德福不一致，是非觀念和道德觀念強，恪守道德規範的人反而容易吃虧上當，不遵守道德準則、不誠實守信的人反而得勢且容易成功。另一方面表現為道德的虛無主義，這種道德的虛無主義主要表現為在向西方學習時，不是採取理性的態度，而是情緒化、感性化比較強，認為新舊的交替如同內臟移植手術，可以整體移植，不認同堅守自己傳統文化之根，對西方的文化也是一知半解，學習和模仿僅限於表面形式，他們採取「反叛而無目的，排斥而無計劃，拒絕而無憧憬」的生活方式，生活空洞，沒有價值觀念，沒有目標。道德的虛無主義與經濟形態密切相關，資本主義社會或市場經濟主導的社會，為了利益往往犧牲道德，若沒有健全的法治或者宗教力量薄弱，道德虛無主義會更有市場。

道德的冷漠也是當代社會的一大特徵。什麼是道德冷漠？道德冷漠與道德熱情相對應，人格健全發展的最基本動力之一就是道德熱情。韋政通先生認為，道德冷漠的主要表現就是人們普遍失去了道德熱情和道德勇氣。人情淡薄，道德麻木，對他人的痛苦和快樂表現得默然，對不德不義不法行為無動於衷。

　　韋政通先生對當前道德問題的診斷指出了道德問題的核心，當前的社會道德問題，表現在思想層面是道德價值的混亂；表現在現實層面是道德的無政府狀態；表現在心理層面是道德的冷漠。為進一步分析破壞道德產生的因素和尋求解決問題的方案指明了方向。

　　當前的道德現狀與問題是由哪些因素構成？或者說破壞倫理道德的因素都有哪些？韋政通先生對當前道德現狀產生的原因予以了解析，韋政通先生在《老課題上應該努力的新方向——社會道德問題》一文中談到：「我們社會的道德問題之所以日趨嚴重，從社會學的觀點可以瞭解為：是因為我們的價值觀念的調整跟不上不斷更新的社會。從歷史的觀點，也可以說是：從已經喪失農業社會基礎的道德律，轉變到工業社會又尚未形成的另一種道德律之間的過渡現象。」〔註 114〕歸結起來，主要原因有以下幾點：（一）「文化墮距」產生的新舊觀念衝突。「文化墮距」（culture lag）一詞最早由美國社會學家 W.F.奧格本提出。奧格本指出，在社會變遷的過程中，物質文化與科學技術的變遷速度快於制度與觀念等部分的變化，物質文化變遷最快，價值觀念變遷最慢，出現了延遲現象，有時這種延遲長達數年，延遲產生「文化墮距」。「文化墮距」反映了社會變遷過程中的種種問題。中國由傳統社會向現代社會的變遷過程中，也存在「文化墮距」的現象，舊的價值觀念變遷比較慢，和新的價值觀念並存於當代社會，必然導致衝突。（二）現代社會的道德倫理的複雜性。與傳統社會相比，現代社會的運作模式，生活方式、生產方式、社會控制都發生了一系列的改變。已由原來的以農業生產、倫理控制、家族式的社會轉變為工業生產、法律控制、多元開放的都市化生活的社會。在如此複雜的社會當中，道德的複雜程度難以想像。傳統社會的個人倫理、家庭倫理、社會倫理與現代名目雖同但其內容和實質已發生了很大的變化，同時也產生了不被傳統社會所關注的經濟倫理、校園倫理、生態倫理。（三）倫理相對觀的流行與影響。韋政通先生認為科學技術、工業文明、都市化的社會很大程度上導致了絕對信仰的喪失，絕對信仰的喪失招致了倫理相對觀的流行。什麼是倫理相對觀？韋政通先生提出的「倫理相對觀」並非是一個新名詞，類似於「倫理相對主義」或「文化相對主義」，「倫理相對觀」或者「文化相對主義」在社會學上頗受認可並廣為運用，但在哲學領域有很

〔註114〕韋政通：《思想的貧困》〔M〕，臺北：東大圖書股份有限公司，1985 年版，第 281 頁。

大的爭論。倫理相對觀是引起道德觀念激變或者解體的主要因素，倫理相對觀持有者認為道德隨時代的改變而改變，判斷道德的標準隨文化、時代、社會的不同而不同。因此，傳統的道德倫理綱常在現代社會必然隨之改變，倫理相對觀為傳統道德的崩潰尋求到了合理的解釋，不利於現代社會主流價值的形成。也助長了道德無政府主義的盛行和蔓延，因為倫理相對觀「使一般人的行為在違逆固有道德與習俗時，有了正當的藉口」〔註 115〕。（四）工業化、都市化、市場化的結果。引起道德問題的原因很多，工業化、都市化、市場化的社會化進程是導致一系列道德問題產生的社會因素。韋政通先生承認工業文明促進現代社會進步的同時也對工業文明進行了批判：「工業文明是人類歷史上最重視金錢、最貪婪、最商業化、最斤斤計較的文明……人際關係被縮減到冰冷的金錢往來，行為被視為一連串的交易，並且影響到我們的心理和我們對人格的假設。這種人格市場化和使大多數人被吸入金錢制度的社會如不改變，所有的倫理道德、愛與友誼，勢必在多數人的自利行為中逐漸腐蝕掉，這是工業社會最嚴重的危機。」〔註 116〕

除了以上幾點，道德教育的缺失也難辭其咎，我們的教育不但不注重培養健全的人格，「更嚴重的是我們現在教育孩子的方式，不知不覺中把社會一點一滴的道德給瓦解掉」〔註 117〕。這些構成因素的分析不僅是對目前社會道德現象的解釋，同時也指出了我們今後道德重建的方向。

3.3　儒家倫理的根本缺陷

早年時期的韋政通，在牟宗三的影響下，沉浸在儒家的光輝思想之中，但隨著韋先生對儒家思想認識的加深，他開始認識到新儒家面對傳統時，過於注重宣傳傳統文化優良的一面，甚至誇大傳統的優點，缺乏審慎理智批判的態度。〔註 118〕隨著對傳統認識的加深和對儒釋道的比較研究，韋政通先生

〔註 115〕 韋政通：《韋政通自選集》〔C〕，濟南：山東教育出版社，2005 年版，第 407 頁。

〔註 116〕 韋政通：《思想的貧困》〔M〕，臺北：東大圖書股份有限公司，1985 年版，第 275 頁。

〔註 117〕 韋政通：《韋政通自選集》〔C〕，濟南：山東教育出版社，2005 年版，第 393 頁。

〔註 118〕 韋政通：《儒家與現代中國》〔M〕，上海：上海人民出版社，1990 年版，第 33 頁。

開始認識到儒家倫理的缺陷。六十年代後期，韋政通對傳統儒家由「盲目的信奉」開始轉為「審慎的批判」。韋政通先生主張，不反對有分寸地闡揚傳統倫理的優點的同時，我們要秉承五四運動時期的批判精神，對傳統儒家倫理缺陷進行發掘。

　　韋政通先生對傳統儒家的批判主要收錄《傳統的透視》《中國哲學思想批判》《儒家與現代化》（後更名為《儒家與現代中國》並在大陸出版）等著作中。《儒家與現代中國》可謂是韋政通全面而徹底地對儒家進行批判的代表之作，尤其是書中的《儒家道德思想的根本缺陷》一文，韋政通先生從四大方面對儒家倫理進行全方位的批判：對生命體會膚淺、道德工夫流於虛玄、泛孝的流弊、外王的消除。他主要以批判儒家的道德（閉鎖的道德）為主，旁涉儒家的義利觀、退化的歷史觀、傳統儒家經驗知識的缺乏以及儒家精神與現代民主、自由的衝突等，但韋政通後來對此書自評：「態度既不嚴謹，說理也未必妥當。」〔註119〕通過韋政通先生對儒家倫理徹底、全面、審慎的批判，我們可以瞭解儒家倫理根本缺陷之所在。

3.3.1　儒家道德與知識的衝突

　　韋政通先生認為，傳統儒家倫理道德的特質決定了儒家倫理道德排斥知識，儒家道德思想重先驗、重心性、重個人體悟，而科學知識重經驗、重客觀、重實驗、重普遍歸納，二者的衝突不可避免。韋政通先生通過分析儒家道德思想的特質入手，他認為傳統儒家倫理道德有五大特質：（1）發現先驗原則。傳統儒家強調道德的先驗原則。孔子曰：「我欲仁，斯仁至矣。」（《論語·述而》）「仁」不是來源於任何的經驗而是人的自由意志。孟子認為四心、四端與生俱來。這種道德思想來自體悟並訴諸天道，忽略了理性與生命之間的矛盾，道德思想難以深刻。（2）心性之超越無對性。（3）道德判斷訴諸直覺之一念。（4）道德工夫只靠個人體悟。（5）不重視人在現實生活中的遭遇。〔註120〕傳統倫理道德的五大特質大多都是脫離經驗是先驗的，先驗道德難以普遍化。傳統道德建構圍繞兩個問題展開，一是先驗的道德法則，這種道德法則被視為基本的人性；二是如何在生活中實踐。第二個問題由第一個問題

〔註119〕韋政通著，何卓恩、王立新編，《知識人生三大調》〔C〕，北京：中華書局，1987 年版，第 2 頁。

〔註120〕韋政通：《儒家與現代中國》〔M〕，上海：上海人民出版社，1990 年版，第 56 頁。

發展而來，中國在第一個問題上較之西方有很高的成就，因直到十八世紀，康德才發現了先驗道德。但在道德實踐上，傳統道德存在明顯的缺陷，儒家道德規範的制定者是基於自身特殊的環境、特殊的身份、特殊感受去制定道德規範，且希冀將這種道德規範普遍化。比如，傳統道德規範強調慎獨、克己復禮、正心誠意、致良知、默坐澄心等，這些對於生活安逸、理想單純的士大夫極為適用，但對於衣食不足的平民大眾或者人生特殊的人來說難以奏效。先驗道德法則的確具有永久性和普遍性的特點，但道德的理性一旦與現實交會並發生反應，其結果不受時空限制並千差萬別，宋明理學用「月印萬川仍是一月」闡明良知（道德理性）的普遍性，陸王心學用「東西南北海聖人心同理」之說去強調道德的普遍性，但這種普遍性也只有從靜態的先驗的形式角度去理解才有意義。傳統倫理道德的制定者，認為道德極具普遍性，而且認為應有一個固定不變的道德模式，這種道德模式可適用於普天下之人，但這種道德思維模式下制定的道德規範很難普遍化。

臺灣著名人類學家李濟先生在其《文化沙漠》一文對傳統文化如此評價：「在我們自己的傳統文化裏，純粹知識——亦即現在所謂科學知識——是沒有地位的。至少，『知識』只能算末流，在這一點，儒家與道家，差不多持有同樣的見解。」「知識即德性」「知識即是力量」的說法在傳統文化中很少見到，「我們的傳統文化裏，對於『德性』與『力量』的估價均甚高，而追求知識的人——假如有這種人的話，只能與一般的匠人並列，社會上盛行『教書匠』這一名詞，就可以反應這一心理。」〔註121〕知識在傳統文化和道德中不佔地位是事實，但不要說民國前，就連五四運動之後也很少有人意識到這個核心的問題。

3.3.2　道德工夫流於虛玄

傳統的道德教條和法則大都靠少數先知先覺、超人、聖賢之士制定，道德系統基本上是建立在個人的經驗和玄思之上，他們侷限在個人的小天地，受個人知識結構、生活閱歷影響很深，對於社會大眾和一般人的現實處境和心理特徵瞭解不多，因此在制定道德準則時他們無法認識到人體及其生命的複雜性，也沒有意識到人的可接受性。韋政通先生如此闡述：「人的生命是一

〔註121〕轉引自韋政通：《傳統的透視》〔M〕，臺北：自由太平洋文化事業公司，1965年版，第35頁。

個複雜的綜合體。如果只是把代表生命一部分的仁抽離出來，又加以放大，並沉溺其中，對人的問題就能解決了。中國儒家的發展就正是這種情形。結果使道德思想只是成了主觀的構想，大部分都不能實化。」〔註122〕他們未能考慮到普通人生理功能方面所能承受的極限，而是用教條或法則對人做苛刻的要求，結果使道德思想只是成了主觀的構想，大部分都不能實化，甚至對人的身心形成了戕害。比如，宋儒提出：「寡婦餓死事小，失節事大。」就是這種道德的典型體現。韋政通先生如此批判到，儒者們不顧現實境況和需要以及實際的人生，停留在理想的層次對觀念進行推衍，從而造成工夫修養與現實脫節。〔註123〕中國傳統倫理道德只注重我們應如何，卻不明了不能如何的原因。

　　另外，傳統道德的踐行很強調重心悟的內聖工夫，但內聖工夫客觀性不強，且帶有濃厚的神秘色彩，兩個人遵循同一條路達到同一個目標實屬罕見，「後世知識分子，只偏於內聖，把內聖工夫的終極目的卻遺忘了。這樣使人的精神逐漸萎縮，精神萎縮，生命呈現病態，促成儒釋道三教的合流，結果造成了普遍重玄想輕實際的思想。」〔註124〕內聖含有不能落實之弊端。韋政通先生如此痛陳這種內聖工夫：「在宋以前的儒家，雖然強調實踐，但始終開不出工夫的途徑。佛教嚴密的修心工夫，恰好彌補了這個缺陷。宋儒的志趣，是在藉行佛教的工夫，實現儒家的理想，而不能察覺佛門工夫，就健康的人生說，根本是一個病態的魔窟，行在這一條道路上，是原則上不能與人間的事功結上頭的，佛門工夫，就像預定的一條航道，只要你跳上他的船，就必然要走向預定的目的地，並無選擇的餘地。道德工夫的趨於死寂，和原始儒家外王理想的消失，這兩點事實，可以充分證明宋儒這樣工夫途徑的錯誤。」〔註125〕重德是中國文化的特徵之一，德治、王道是儒家的政治理想，但儒家談政治不肯定和澄清政治的獨特性與政治的本質，而是將問題歸結為個體的理性，從孔子的「克己復禮，天下歸仁」到孟子的「親其親，長其長，而天下

〔註122〕韋政通：《中國哲學思想批判》〔M〕，臺北：水牛出版社，1992 年版，第 95 頁。

〔註123〕韋政通：《儒家與現代中國》〔M〕，上海：上海人民出版社，1990 年版，第 42 頁。

〔註124〕韋政通：《中國哲學思想批判》〔M〕，臺北：水牛出版社，1992 年版，第 80 頁。

〔註125〕韋政通：《中國哲學思想批判》〔M〕，臺北：水牛出版社，1992 年版，第 185 頁。

平」，道德理想最終限於個體，工夫落在「正心誠意」上，政治理想成為道德理想的倒影並完全虛脫，然而社會與國家的問題，並非道德能解決的，很多問題不能解決，道德的積極意義逐漸喪失。且這種道德經過兩千年的發展，達到玄而又玄的「極高明而道中庸」的境界，遠離了士人大眾，形成了道德神話，除了極個別的人能踐行之外，很少有人能踐行這種工夫，對道德信念過分認真的人，最終反而引起了反動，像顏習齋、戴東原等人。這種閉鎖的道德理論層面形成了「乾道變化，各正性命，保合太和乃利貞」的玄論，滿足了士大夫階層的需要，在現實社會層面與社會習俗合流，形成了教條，馴服士人，當然它還有一套嚴肅的工夫，讓人解脫，這也是歷代有大儒出的原因，但這種工夫消極的意味重，對現實政治影響甚微。從個人層面，極易形成消極無為的人生觀，韋政通先生如此評價這種道德：「置四海之困窮而不顧的儒者，竟妄想用道德神話的網，去一網打進天下人的心，期人人立志做聖賢──各正性命，並為世間強立下所謂一等人的標準，從此世間人，不論其具備何種才華，何種人格形態，一切皆以聖賢為歸；除極少數特別氣質者外，大多數的人都在這模型的強求下，紛紛流於虛偽一路──這就是中國傳統社會所以鄉愿獨多的原因之一。」〔註 126〕

至於外王，雖有諸如「堯舜禪讓」「大同社會」「禮治德治」的完美理想，但從沒有考慮到實現的途徑問題，以至於出現外王消除。「內聖外王」是先秦儒家最基本的道德理想。在歷史發展的過程中，內聖受到青睞和重視，外王幾乎難以落實，「且愈到後來連外王的理論都越來越顯得空疏。」〔註 127〕韋政通先生如此指陳這種外王消除的弊端：「孔孟之教，以仁義為宗，經過兩千餘年發展的結局，卻只是『袖手談心性』，對無告之民，置若罔聞，與原始教義，完全相悖。」〔註 128〕

重心輕物、重義輕利、重勞心輕勞力，重理性輕生命、重原則輕技藝、重隱逸不重進取、重王道不重霸道等思想使得中國文化道德缺乏效用。同時也是中國傳統道德文化不能落實並陷入僵化的根源。這種失調僵化的文化在

〔註 126〕韋政通：《傳統的透視》〔M〕，臺北：自由太平洋文化事業公司，1965 年版，第 3 頁。

〔註 127〕韋政通著，何卓恩、王立新編，《知識人生三大調》，北京：中華書局，2011 年版，第 116 頁。

〔註 128〕韋政通：《儒家與現代中國》〔M〕，上海：上海人民出版社，1990 年版，第 50 頁。

閉關自守的年代並無大礙，但面對以科學為先驅的現代文化，勢必顯示出其
弊端。

　　1962 年 6 月 30 日司馬璐在香港出版的《中國評論》發表題為《民族振
作加西方化》的文章中指出：「中國文化或傳統派，他們今天至少有幾個問題：
一、與當前實際完全脫節。二、束縛思想難以進步。三、因循、鄉愿、偽善⋯⋯
與西方精神的進取性，攻擊性，活潑性，戰鬥性不可同日而語⋯⋯而就中國
文化或傳統派來說，他們目前發生了癱瘓民族精神的作用。」〔註 129〕造成理
想和現實脫節的主要原因是儒家雖有政治理想但沒有尋求到成功有效的實現
途徑。儒家堅持泛道德主義和道德一元論，政治上實行「禮治德治」「倫理
教化」、經濟上主張「不患寡而患不均」、思想上重道統和一元化、文學上倡
導「文以載道」、道德之外的諸如醫卜星相、工商、文學藝術被蔑視並被視
為「雕蟲小技」，文化以外的一切如果想得到重視必須依附於道德。因循、
鄉愿、偽善本是儒家極力反對和痛惡的，特別是鄉愿，孔子最為厭惡，子曰：
「鄉愿，德之賊也。」（《論語・陽貨》）然鄉愿在中國社會中的塑造，與儒
家要求學習「不偏不倚」的中庸人格不無關係。韋政通先生如此指陳儒家：
「儒家做人的道理是要把現實中七情六欲的人神話，神話是經驗上不可能達
到的理想，『不偏不倚』的中庸人格也是『經驗的不可能』；儒家將不能達到
的神話境界，卻視為『日用平常』，使不可能硬要強迫人可能，於是產生中
庸的倒影——鄉愿。」〔註 130〕鄉愿勢必偽善，偽善與泛道德主義不無關係。

3.3.3　泛孝的流弊

　　「泛孝」是指「將孝擴張到使人世間一切事務、一切德行，莫不以孝為
中心，它是儒家泛道德主義最突出的表現」〔註 131〕。「泛孝」體系的發展從
孔子孟子提倡孝德開始。《大學》《中庸》《禮記》和《呂氏春秋》對其進一步
發展，《孝經》將其推至高潮，「遂成為一真正泛孝主義思想體系。」〔註 132〕

〔註 129〕韋政通：《傳統的透視》〔M〕，臺北：自由太平洋文化事業公司，1965 年版，
　　　　　第 15 頁。
〔註 130〕韋政通：《傳統的透視》〔M〕，臺北：自由太平洋文化事業公司，1965 年版，
　　　　　第 32 頁。
〔註 131〕韋政通著，何卓恩、王立新編，《知識人生三大調》北京：中華書局，2011
　　　　　年，第 116 頁。
〔註 132〕尹文漢：《儒家倫理的創造性轉化——韋政通倫理思想研究》〔M〕，合肥：
　　　　　安徽人民出版社，2008 年，第 34 頁。

韋先生認為儒家道德規範體系最大的缺陷是「泛孝」。他總結了「泛孝主義」的幾大流弊：（1）造成家庭與社會之間的衝突。「泛孝主義倫理」是一種以家庭為核心的血親倫理，這種倫理的特點是血緣關係的遠近與人情成正比，個人對於家族倫理感情始終高於對社會國家的感情，血親倫理不利於國家和社會意識的培養，從而導致社會倫理不易於形成。為何從孔子提出「四海之內，皆兄弟」到孟子提出「親親仁民愛物」再到張載提出「民胞物與」來擴充並表現儒家的仁愛，但「仁愛」卻僵持在『親親』的範圍裏通不出去？韋政通先生認為主要原因就是因為家庭倫理之情籠罩了一切，不知收煞所造成。另一方面也是因為儒者們始終未曾意識到家庭與國家社會之間可能有的衝突〔註133〕。（2）不利於個人創造性的發揮和獨立人格的培養。「泛孝主義」之下的社會家庭中，父權具有絕對性，家族具有中心性。子女只能服從父母的權威，個人必須服從家庭的整體安排，個人的獨立性和創造性不能得到培養和發展。（3）「泛孝」使得個人名分高於社會是非、正義與關懷。在泛孝主義的影響下，傳統社會強調「為賢者諱」「為親者諱」「父為子隱，子為父隱」，凡事只要與「孝」發生衝突，均需服從並讓位於孝，極易混淆是非和正義。毋庸置疑，孝在一定程度上維持了家庭、社會甚至政治的和諧與穩定，但卻妨礙了人們是非感、正義感與法律意識的發展和培養。因此，儒家倫理無法培養出獨立的法律人格。

3.3.4　儒家傳統之泛道德化

「所謂『泛道德主義』就是將道德意識越位擴張，侵犯其他文化領域（如文學、政治、經濟），去做它們的主人，而強迫其他文化領域的本性，降於次要又次要的地位；最終目的是要把各種文化的表現，統變為服役於道德，和表達道德的工具。」〔註134〕傳統儒家倫理道德為何會出現泛化？韋政通先生對此進行了很好的詮釋：「儒家道德的本性是先驗的，它的工夫重點在『自覺』與『反省』，知識分子的心思全被道德問題吸引住了，經驗知識的不被重視，實屬必然。純粹知識這一觀念中國過去根本不存在，比較與經驗知識接近的，是所謂的『見聞之知』，以往的儒者，不僅不注重經驗之知，且將『見聞之知』

〔註133〕 韋政通：《儒家與現代中國》〔M〕，上海：上海人民出版社，1990年版，第45頁。

〔註134〕 韋政通：《儒家與現代中國》〔M〕，上海：上海人民出版社，1990年版，第88頁。

與『德性之知』對立起來，有時甚至是看作妨礙德性之知之表現的。這種傾向在古典期的儒家就已形成，如孔子不以『多學而識』為是，子夏事父母、事君、交友能合理就是學等。」〔註135〕另一方面，是因為智性文化重「自然」重「客觀」，經驗知識正是在這種主客觀的關係中產生，而儒家只重主體，其思想活動方式是上下的不是主客的，關係境域在中國文化中並不彰顯。這是知識在中國道德文化中不佔優勢和地位的根本原因。眾儒之中荀子和朱子雖有重智的傾向，但在道統的籠罩之下，其重智精神得不到很好的培養和滋長。

　　不以知識為重的道德系統，最終難免落入封閉的形態。很少儒者能夠認識到，經驗知識越發達，道德越是客觀與開放。要使傳統道德獲得新生，必須實現道德的知識化，使其跳出主觀的判斷，建立是非標準。倘若道德仍停留在固有形態，仍將其基礎建立在諸如感通、默識等主觀心理之上，根本無法應對由科學帶來的挑戰並被淘汰。韋政通在給其學生黃天成的信中如此痛陳傳統道德的弊端：「消極的道德，家天下的政治，靜態的經濟，載道的文學。而最根本的一點，則在道統偶像的建立。在道統偶像的崇拜下，使道德以外的文化表現，全萎縮不振。在道統偶像的崇拜下，使知識分子只知道鑽故紙堆，而遺忘經驗，喪失創造的表現。」〔註136〕而且，信古不信今，信聖人不信自己，過分推崇師道，士大夫大多都推崇「吾愛真理，吾尤愛吾師」，這造成了中國思想的匱乏，創造性智慧未能很好地得到發展。泛道德主義「一方面企圖以道德壟斷一切，竭力作虛妄的擴伸；另一面事實上只能封閉在，甚至可以說僵化在個體上，而沒有一條落實的途徑，使個體的道德精神通向客觀的廣大面上去。這是傳統文化缺陷最深的根源所在。」〔註137〕韋政通先生認為「泛道德主義」深深地影響了中國人的思想和行為模式，中國人一嚮用價值判斷代替理智判斷、客觀研究精神不強等與「泛道德主義」不無關係。

　　泛道德主義形成一元論的文化。道德並不能直接解決社會中的一切問題，諸如知識與技術領域的問題，並非遵守道德真理的標準，道德理應尊重並認可道德以外的其他標準。然自孟子區分勞心勞力之後，後世一直視百工技藝

〔註135〕韋政通：《傳統的透視》〔M〕，臺北：自由太平洋文化事業公司，1965 年版，第 35 頁。

〔註136〕韋政通：《傳統的透視》〔M〕，臺北：自由太平洋文化事業公司，1965 年版，第 47～48 頁。

〔註137〕韋政通：《儒家與現代中國》〔M〕，上海：上海人民出版社，1990 年版，第 88 頁。

為賤民之事。士大夫階級更是無意於此，民生日困，飽受亡國之痛的顧炎武先生反省這種傳統的道德文化並痛陳其弊：「置四海之困窮不言，而終日講危微精一之說。」胡適之在其《我們對於西洋近代文明的態度》文中寫道：「東方的哲人曾說：『衣食足而知榮辱，倉廩實而知禮節。』這不是什麼舶來的『經濟史觀』，這是平素的常識。人世的大悲劇是無數的人們終身做血汗的生活，而不能得著最低限度的人生幸福，不能避免凍與餓。」（胡適文存第三集卷一）韋政通先生在給黃天成的信中，針對黃天成所提出的「在真道德的籠罩下，不是使一切萎縮，而是使一切得以成就」進行了反駁，更為嚴重的事實是「在真道德的籠罩之下，偏是一切萎縮」〔註138〕。韋政通先生認為，現實生活中並非一切都與道德有關，像純粹藝術的和理智的活動的成就並不在道德感的支配之下，而且，即便是道德成就其他的，有時也不是直接的，是在曲折、隱沒中進行的，在道德的惺惺之感的籠罩下，是很難有真正的藝術和理智活動的，因為「人間世總是人魔難處，理性與非理性並存的，要使一切統領在道德之下，使分際界域不亂，是屬於人性天國的構想，我們這個世界，還離它太遠」〔註139〕。

泛道德化甚至混淆了道德與習俗。有些行為比如寡婦再嫁等是習俗問題，本無所謂道德與否，但古人卻認為是不道德的；相反，強制古代女子裹小腳、閹割正常男子做太監等摧殘身體的現象和行為，我們認為是不道德的，但古人認為無所謂道德不道德問題，認為這屬於習俗的範疇，不應該從道德層面進行評價。有些真正屬於不道德範疇，在古人眼裏卻被認為是道德的，比如古代的士人，打著孟子的「不孝有三、無後為大」的垂訓，堂而皇之地娶妻納妾，曰之為盡孝，在古代婚姻制度下，可能被看作是道德的，但其實在今天是不道德的。

我們如何看待韋政通先生對傳統儒家倫理的批判？第一，韋政通先生批判傳統並非反傳統主義者。對於韋政通先生對於儒家倫理的批判，深圳大學國學院王立新教授如此評價，韋先生對傳統的批判與西化派有實質的區別，其對傳統的批判背後更多的是對傳統的摯愛，其批判的目的是拯救傳統而不

〔註138〕韋政通：《傳統的透視》〔M〕，臺北：自由太平洋文化事業公司，1965年版，第47頁。

〔註139〕韋政通：《傳統的透視》〔M〕，臺北：自由太平洋文化事業公司，1965年版，第48頁。

是毀掉傳統。〔註140〕關於韋政通先生對儒家倫理批判的初衷，王立新教授認識得很清楚。更為重要的，他的這種批判，並不是調和傳統主義與西化主義以及自由主義的關係。韋政通先生對傳統主義和西化主義對待文化的態度是持批判態度的，韋政通對傳統主義帶有宗教虔誠的、有同情的、心存敬意地對待歷史文化的態度是持批判態度的，同時他對於自由主義、西化主義企圖用科學、科學主義及方法打倒傳統，重建文化也是持批判態度的。韋先生身上沒有傳統主義者的固執，也少了西化主義者的狹隘，其心態是超越的，在吸收二者優勢的基礎上對他們進行審視和批判。最後得出認識傳統的正確態度。我們在看待韋先生對儒家倫理的批判時，不能孤立起來看待，我們應詳細瞭解當時的文化政策、社會鏡象、和思想界的實際情況，就中國力求現代化的大目標而言，韋政通在批判傳統的文字背後，有著不可遏制的願力，他愛之深責之切，韋政通對中國傳統的熱愛及其愛國情感絕不亞於任何一個民族主義者或傳統派。第二，批判儒家倫理的同時並未否定儒家倫理在現代中國的重要性。他認為：（一）近數十年來菲薄中國文化的中國智識分子已經太多，儒學的真精神真面目亦幾已全被掩沒，吾人為求補偏矯弊，不能不對此多所用心。（二）經過一度以西洋之思想為思想又一度以馬列之思想為思想的現在，中國文化及儒學已很少在新一代的青年（尤其是海外青年）腦海裏生根，亦不成為新一代智識分子的沉重包袱，為著中國的發揚文化光大與中西文化的溝通匯合，這可以說正是提煉精華揚棄糟粕的最適當的時候，實應多從儒學的長處著眼。（三）在新一代青年對儒學少有所知的空洞頭腦中，多介紹儒學優點，使其留有多少良好印象，並知所以辨別真偽，新儒學的種子是比較容易在廣大心田裏萌芽成長；反之中國人若只知（其實並非真知）中國文化的缺點，如五四運動以來胡適吳稚暉之流所言說，中國歷史是一團漆黑，中國文化適足妨礙民主科學之發展，中國的線裝書可以全丟入茅廁，那麼，人們所意識的儒學既全是弊病而各自心安理得於掉首不顧，新儒學又安得有所謂廣大的社會基礎？〔註141〕正如王道先生所分析的一樣，韋政通先生針對舊的弊病而言新，旨在為七年之病求三年之艾，其重要性正有過於闡述儒學的優點。先生先已瞭解儒學的優點，而從生理中診察病理，自不致重蹈一般

〔註140〕參見吳根友、歐崇敬、王立新主編：《中國哲學的創造性轉化》，昆明：雲南人民出版社，2004 年版，第 339 頁。
〔註141〕此部分內容節選自韋政通先生與王道先生的書信，未刊。

知識分子的通病。第三，韋政通先生對儒家倫理的批判富有極強的時代意義。他置身並立足現代生活去批判傳統，同時在對傳統深入瞭解的基礎上，用傳統去批判現代。他的思想雖有西方色彩，但他堅信中國的傳統文化接受西方挑戰之後只要吸納新的文化成分，傳統文化一定會獲得新生。他想為中國學術建立一種客觀的批判精神，同時吸收了一點近代西方的懷疑精神。第四，批判是為了轉換重建傳統倫理。「歷史上發生的倫理變革與倫理轉換，幾乎毫無例外地都是從對傳統的批判開始，或者說倫理變革在相當程度上都具有反傳統的性質，轉換是對傳統的批判性反思。轉換必須反思傳統，批判傳統。」〔註142〕經歷了傳統衛道士的熱情，也經歷了西化義士的反傳統激情，由認同到質疑反感到激情退卻轉向重建，理智平衡了熱情，理性代替了激情，韋政通先生最終走向了理性審慎批判之後傳統思想現代轉化創新之路。

〔註142〕樊浩：《中國倫理精神的現代建構》〔M〕，南京：江蘇人民出版社，1997年，第189頁。

第4章 探尋出路與走向未來：
儒家倫理之重建

「在倫理變革中，批判與反思是必要的過程，但批判本身不是目的，批判的目的是為倫理的轉換提供參照，從而建立起新的倫理精神和倫理體系。」〔註1〕此章主要論述韋政通先生在批判儒家倫理的基礎上對儒家倫理的重建。關涉如何實現儒家倫理現代變革的問題，探討儒家倫理的現代變革，首要的任務是尋求傳統與現代的結合點與轉換點。需要解決和關注的問題：第一，新倫理的座標和本位問題；第二，倫理變革的內容與實踐途徑問題。新倫理的建立到底以什麼為本位？傳統倫理是以人倫、家族為本位，西方倫理是以個人為本位。家族本位已不適合現代中國的國情，西方的個人本位又弊端叢生，集體本位在經濟所有制日趨多元化的形勢下也不易執行。作為中國傳統文化主流的儒家倫理的現代化重建，需要兼攝中國本位（獨特性）與中西互為體用（普遍性）的雙重功能〔註2〕。

在重構傳統儒家倫理的過程中，關於構建的本位問題，韋政通先生基本上認同傅偉勳先生主張的「中國本位的中西互為體用」說。其思路也如傅偉勳先生所言：「儒家倫理學現代化重建的首要步驟是對儒家倫理的功過得失進行徹底地檢討並指出其內在難題，針對難題設法批判地解決和超克。」〔註3〕

〔註1〕樊浩：《中國倫理精神的現代建構》〔M〕，南京：江蘇人民出版社，1997年，第192頁。

〔註2〕傅偉勳：《儒家倫理（學）的現代化重建課題》，〔C〕《國際孔學會議》，1987年11月，第1頁。

〔註3〕傅偉勳：《儒家倫理（學）的現代化重建課題》，〔C〕《國際孔學會議》，1987年11月，第1頁。

同時他也借鑒了林毓生先生關於傳統現代性轉換的思想。

　　韋政通先生以現代生活為座標,在理性批判解構中國傳統倫理的基礎上,帶著強烈的問題意識,結合當代工業文明社會之道德現狀與危機,運用現代多元化的手段和方法,以倫理精神為側重點,注重道德規範和倫理體系的構建,從個人道德規範到家庭倫理再到民主、科學與倫理三者相結合的文化模式。構建出一套異於他人又具有現代化特色的倫理理論體系。探索出一條「科學」「民主」「倫理」相結合的新路子。他實現了「批判地繼承創造地發展。」實現了傳統倫理的當代突破。

4.1　重建之基礎：人性觀重建

　　人性觀是傳統儒家倫理最重要的內容之一,「孟子道性善,言必稱堯舜」(《孟子‧滕文公上》5.1)。「性善論」奠定了儒家倫理的根基,儒家道德規範的制定、道德修養的踐行和擴充工夫等所有的努力都圍繞人性的本有之善展開,欲真正瞭解傳統儒家倫理,首要的是探討人性;韋政通先生指出:「新的倫理必須建立在新的人性觀上。」〔註4〕重建儒家倫理,首要的是轉變傳統的人性觀。新的倫理必須以新的人性觀為基礎。韋政通先生新的人性觀構建是基於對傳統人性觀的全面認識和省思,傳統的人性觀有哪些缺陷?如何正確認識人性並對其進行現代的轉化從而為新倫理的構建提供新的人性觀基礎是韋政通先生探討人性時關注的重點。

4.1.1　省思儒家傳統人性觀

1. 人性善理論的侷限性

　　「人性問題影響深廣,政治、經濟、社會政策中的許多爭論即導源於人性思想的衝突。」〔註5〕古今中外的哲學家都對人性進行過關注和界定。最早希臘哲學家就提出:「人是理性的動物。」〔註6〕從亞里士多德到柏拉圖甚至到十九世紀,這個觀點代表了西方傳統思想對人性的認識;在中國,人性

〔註4〕韋政通:《倫理思想的突破》〔M〕,北京:中國人民大學出版社,2005年版,第24頁。

〔註5〕雷煥文著,陳永禹譯,《誰是現代人》〔M〕,臺北:長河出版社,1977年版,第2頁。

〔註6〕關於「人是理性的動物」的提出者,多數人認為是亞里士多德,但他的原文是:「人,在所有動物中,是惟一用語言交流的動物。」

一直以來也是討論的主題。與西方關於人性的界定不同，在傳統文化裏，一方面，人性被賦予了道德的意蘊，人被定義為一種道德的存在。《詩》曰：「天生蒸民，有物有則。民之秉彝，好是懿德。」孔子曰：『為此詩者，其知道乎！故有物必有則，民之秉彝也，故好是懿德。』」（《孟子·告子上》11.6）另一方面就是認為人與動物有別，人是世界上最有靈性的，「惟天地萬物父母，惟人萬物之靈」（《尚書·周書·泰誓上》）。孟子承繼前人論證了人之所以為人者在於道德仁義。孟子曰：「人之所以異於禽獸者幾希，庶民去之，君子存之。舜明於庶物，察於人倫，由仁義行，非行仁義也。」（《孟子·離婁下》）韋政通先生指出，無論西方的「人是理性的動物」還是中國古代的「人是道德的動物」，都提升了人的尊嚴，把人從自然界分離出來，這在人類社會發展史上具有劃時代的決定性的意義，如此界定人性使人具有了無上的權威，但這種權威性也使得對人性的界定處於靜態抽象封閉之中，限制了後人對人性的再思考。用現代知識來詮釋，傳統對人性尤其是孟子對「人性本善」的判定從科學理論的層面和倫理學的道德理論層面都存在著巨大的缺陷，已經受到現代社會生物學、精神分析學以及心理學的巨大挑戰。弗洛伊德認為，人格從心理結構上可分為本我、自我、超我，無意識的、本能的「本我」，才是人性的初始狀態。〔註7〕人性向善是傳統人性觀的主流觀點，韋政通先生認為這種觀點未看到人性中的負面因素，同時把原本複雜的人性簡單化。

社會生物學奠基人 E.O. 威爾遜研究表明，從基因層次上而言，利他性、宗教、攻擊以及性也是人性固有之表現，因此，韋政通先生在研究大量的資料的基礎上指出，人性的唯一品質並非道德或善或理性。人性是複雜的，把人簡單地定義為「理性的動物」或者「道德的動物」只是一種理想境界，忽略了人性的複雜性、多變性和差異性。羅素曾如此挖苦「人是理性的動物」的傳統說法：「人是理性的動物——至少我這麼聽說過。多年來，我一直為這個論調尋求證據，但是迄今我行遍了三洲六洋仍然杳無所獲。相反地，我看到的世界卻日趨瘋狂。」〔註8〕韋政通先生直言不諱地說，若按照這種抽象的人

〔註7〕可參見崔大華：《儒學的現代命運——儒家傳統的現代詮釋》〔M〕，北京：人民出版社，2012 年，第 105 頁。

〔註8〕轉引自韋政通：《倫理思想的突破》〔M〕，成都：四川人民出版社，1981 年版，第 49 頁。

性觀，對站在我們面前的任何一個人，想要瞭解他，無法提供應有的幫助，因為人性觀的探討，不是只用來去瞭解聖賢、超人，還應該能使我們瞭解像希特勒這樣的人間惡魔。韋政通先生在其著作《無限風光在險峰——毛澤東的性格與命運》的自序中也談到：「我對人性——特別是人性的負面或黑暗面的問題有興趣，所以對前文所提、以及歷史上類似的『大人物』，自然有濃厚的興趣，他們的行為往往出乎想像之外，是研究人性難得的標本。……我們對人性的瞭解，如不朝這個方面多加努力，自古以來的那些道德教諭，縱然不能說是在愚民，至少那也是片面的。」〔註9〕佛洛姆運用多種學科知識寫成的《人類破壞性的剖析》中關於人性的觀點對韋政通先生影響很大，也激起了韋政通先生對負面人性的莫大關注，最為重要的，韋政通先生認為，注重對人性負面知識的吸收和探究，可以為性善論主宰下的生命學問補上最為重要的一課，使它更能貼近現代人殘破的生命，產生新的活力。韋政通先生也指出，傳統封閉性人性觀的形成並非由於古人智慧低下，「而是出自古代人對人自身知識的缺陷」〔註10〕。

2. 重「靈」輕「肉」的侷限性

人性既然有理性的，道德的，同樣就存在不理性的，不道德的，「靈」「肉」二元論的對立由此產生，所謂「靈」，在傳統文化語境中指的是「天理、道心、精神」；「肉」指的是「人慾、人心、身體」。宋明理學家所言的「道心與人心」「天理與人慾」的對立以及基督教裏肉體——靈魂二分也即「靈」與「肉」的對立，「靈」被規定為神聖、至善的根源，宗教的靈修和道德的修身養性都是為了「靈」為了尋求「道心」。「人心惟危，道心惟微」，人心險惡莫測，湛濁在下。肉體被貶低為罪惡的化身。用天理克制人欲，用道心遏制人心，用精神控制肉體是靈修和修身的主要目的。

韋政通先生認為由心靈與身體界定人性的觀點，最大的缺陷是沒有認識到「靈」與「肉」之間的關係以及二者與社會文化的關係，「靈」不僅僅是一面鏡子和精神實體，它有自身的內容，這些內容反應了它所在社會的文化。身體也是一個有機體，天生就有生理的某些需要，必須予以生存的滿足，滿

〔註9〕韋政通：《無限風光在險峰——毛澤東的性格與命運》〔M〕，臺北：立緒文化事業有限公司，1999年版，自序第1頁。
〔註10〕尹文漢：《儒家倫理的創造性轉化——韋政通倫理思想研究》〔M〕，合肥：安徽人民出版社，2008年版，第62頁。

足的方式和可能性會因社會文化而有所差異，但二者的關係不能不得到重視，不能僅把人性限制在心體與個體的領域。韋政通先生認肯傳統儒家成德之教，進行個人修養的重要性，但他認為追求精神生活，不僅僅是獨善其身，還要兼顧天下；不僅僅要考慮精神需要，還要兼顧肉體的客觀需要和身體法則，過分重視精神需要的思想忽視了人的身體正常的生理需要。就會如同韋政通先生所言：「所謂精神生活，所謂修養，獨善而已。它不能促進或誘導對社會文化的複雜問題，尋求一合理解決的途徑。獨善生活如走向極端墮入禁慾主義，視肉體為唯一的大敵，無異把人生導入自戕之路。」〔註11〕韋政通先生深刻揭示了傳統人性觀中重靈輕肉的偏限性以及由此導致的後果。

3. 忽略人性本能的驅動力和創造力

傳統人性觀認為本能與學習，先天與後天之間有著明確的劃分，這種區分有利於傳統道德教化的推行，但這種區分忽略了人性本能所具有的驅動力和創造力。

關於人的本能，傳統文獻中有所論述但未引起人們的重視。西漢・戴聖在《禮記・禮運》中記載孔子的言論：「飲食男女，人之大欲存焉飲食男女，人之大欲存焉；死亡貧苦，人之大惡存焉。」子曰「富與貴，是人之所欲也……貧與賤，是人之所惡也。」（《論語・里仁》）「貧而無怨難。」（《論語・憲問》）飲食、男女、貧富是人的基本物質欲望和生理需求，孔子肯定了合理滿足人性基本欲望的必要性。「足食、足兵，民信之矣。」（《論語・顏淵》）孔子還主張先富而後教：「既富之」，再「教之」（《論語・路》），孔子已明確意識到了對民眾本能需要的滿足之於道德教化和「求仁」的重要性。告子的人性觀已經建立了本能的概念：「食、色性也。仁，內也，非外也。義，外也，非內也。」（《孟子・告子上》）但這些基本欲求後來在「人心」「道心」的區分之下被賦予了強烈的負面色彩，也限制了當時的人們關於人性本能對人生影響的進一步研究。

奧地利動物學家、動物心理學家，現代動物行為學的創立者康拉德・勞倫茲對人的本能進行了深入的研究，他認為人的本能除了食、色之外，還有攻擊逃亡等本能，尤其是攻擊本能，在人類進化早期異常突出；「維也納第一精神分析學派」、精神分析學的創始人弗洛伊德發現真正駕馭人生命並產生巨

〔註11〕韋政通：《倫理思想的突破》〔M〕，成都：四川人民出版社，1981 年，第 39頁。

大驅使力的是「愛與破壞」兩種熱情，其中愛是「生命的本能」，「破壞」可稱之為「死亡本能」，這兩種本能不同於求生存的「食、色」本能；二十世紀初傑出的精神分析學家艾里希‧佛洛姆進一步修正了弗洛伊德的理論，他認為愛與破壞不是人的本能，因為本能是自然的產物，或者說與生俱來的，而這兩種熱情是並不直接利於身體的生存的歷史的社會的產物，他們比本能更強烈，這兩種熱情來源於性格的熱情，也就是說性格的熱情是「愛與破壞」的根源，性格的熱情除了產生「愛與破壞」，還產生諸如追求自由等主動欲求的熱情，這些構成了人生的基礎。

人的本能具有巨大的驅動力，比較行為學家瓦爾特‧魯道夫‧赫斯（Walter Rudolf Hess）通過大量的實驗得出了如下結論：「在許多行為模式上，先天與後天的成分，通常是緊密連接的，但在緊密連接的行為中，它們學到的東西是後天的，但驅動力卻是先天的。」〔註12〕韋政通先生極為認肯現代動物學家、行為學家關於人的本能的研究成果，他進一步指出，傳統的人性觀賦予這種具有巨大驅動力的人性本能很多負面意義，忽視並壓抑了人類這種本能的驅動力。我們必須承認，人性本能的作用隨著人們認識能力的增強和科學知識的推進正在不斷地被證實，更為重要的，人的本能還能激發出巨大的創造力。這種創造力是人類文明不斷進步和人類不斷進化的根本。葛登納認為人與人之間存在很大的差異，但具有創造力的人有以下共有的四大特性：（1）開放性；（2）獨立性；（3）柔韌性；（4）在經驗中尋求秩序。〔註13〕這種創造力並非人人具有且能全部都被激發出來，但有一點是肯定的，傳統人性觀不利於人創造力的激發，因為在傳統人性觀的影響下，多數人信奉僵固的教條，不具備柔韌性；依賴順從性強，缺乏獨立性；不能在經驗中尋求秩序，守著傳統秩序不知變革，處於相對封閉之中。韋政通先生指出，認識人性時我們既要看到人性先天本能的一面，也要看到人性後天學習的一面，因為「人類的種種特性就是在本能（生物）基底上所表現的種種創造的成果。」〔註14〕因此，我們要全面認識人性，注重人性本能的驅動力和創造力。

〔註12〕赫斯著，關紹箕譯，《人這種動物》〔M〕，臺北：三山出版社，1973 年版，第57～59 頁。

〔註13〕葛登納著，馬毅志譯，《自我更新》〔M〕，臺北：三山出版社，1972 年版，第44～48 頁。

〔註14〕韋政通：《倫理思想的突破》〔M〕，臺北：水牛出版企業有限公司，2001 年第2 版，第 33 頁。

4.1.2　傳統的人性觀轉換成開放的人性觀

　　開放的人性觀與傳統封閉的人性觀是相對的，韋政通先生認為傳統儒家的人性觀具有封閉性，開放的人性觀較之封閉的人性觀有以下特點：第一，傳統儒家的人性觀主流侷限於人性善，忽略了人性的多樣性、複雜性和可變性；第二，與傳統重「靈」輕「肉」的人性觀相比，開放的人性觀認為注重精神修養的同時要遵循人自身生理的法則和現實需要，這樣才能真正激發人的潛能；第三，人具有先天的自然屬性和後天的社會屬性，強調後天學習修養重要性的同時也承認先天本能的基底，從人的本能和創造的特性來探索人，充分發揮人性本能的驅動力和創造力。韋政通先生指出，當我們採取開放的人性觀時，就能理解存在主義哲學家薩特為何宣告「無所謂人性」，也能理解他說的「他所創造的他自己是什麼，他就是什麼」所蘊含的合理性。因為開放的人性觀注重對個體潛能最大化地激發。

　　如何將傳統封閉、重「靈」輕「肉」的人性觀轉化成現代的開放的人性觀？韋政通先生指出兩點：第一、避免將人性神化，還原回歸自然的人性。因為只有從自然人性角度而言，人類才具有平等性。〔註15〕第二、學習開放的人性觀，克服己群意識，形成現代群己關係。

1. 改變人性神化傳統，回歸自然人性

　　韋政通先生認為，我們今日探討人性，必須改變人性神化的傳統，重新回到自然人性的基礎上來。傳統主流人性觀性善論的根基在於人性天賦、天人合德。仁是人之本性，只要生發擴充人之仁性，人就可以上達天命，下通人倫、從而實現了人性的超越。這種超越模式將人性神化的同時導致了人與人之間的等級之分。從而使得傳統倫理關係重視輩份職位形成一種非對等的倫理關係，「舊倫理教我們，必須先知道對方在社會扮演的角色，才能決定是否該尊重他，未來的倫理則要求，只要是與我們同類的人，都應該學習彼此尊重。」〔註16〕在現代的人際交往中，新倫理需要建立人人互相平等的對等的倫理關係，實際情況是人的智力、潛力、機遇、出身、種族以及外在社會條件使人一出生就是不平等的，妄談平等何以可能？因此要想追求人人平等，

〔註15〕韋政通：《倫理思想的突破》〔M〕，北京：中國人民大學出版社，2005 年版，第 36 頁。

〔註16〕韋政通：《倫理思想的突破》〔M〕，成都：四川人民出版社，1981 年版，第 42 頁。

必須剝離這些條件，重新回到自然人性之上，韋政通先生認為人類平等的唯一立足點就是自然人性。「講平等除了自然人性之外，不依賴任何其他的條件，天賦人權，法律之前人人平等，也是同一依據，現代法律所保障的人權，不因人的潛能、智力、機遇、成就的不同而有所不同」〔註17〕。與封閉的人性觀將人性神化並將靈與肉對決相比，開放的人性觀關注人的自然人性，倡導在自然人性上，人人是平等的，不管人性群體多麼複雜，但從自然人性上而言，人都具有同樣的基因，「若除去各種奇特的服飾，我們都是同樣的裸猿」〔註18〕。因此，開放的人性觀要求改變人性神化傳統，回歸自然人性；反對等差精神，堅持人人平等。「因為自然人性是人類平等的唯一落腳點，也是促使人性神化幻滅的唯一依據。」〔註19〕

2. 建立開放人性觀，突破己群意識

何為新倫理？新倫理為何需要以新的人性觀為基礎？新倫理是和傳統的倫理相對應的，以家族為中心的傳統倫理主要的適用對象是一對一的關係，是一種特殊的倫理關係，這種特殊的倫理關係形成一種以「己群」為中心的意識。而以社會為中心的新倫理的適用對象不僅限於一對一的關係，「己」與「群」的關係，且已擴至「己群」與「他群」，是一種普遍關係的倫理。因此，新倫理的構建必須破除強烈的「己群意識」，「己群意識」是封閉人性觀的主要特徵，也是產生民族偏見的根源。韋政通先生指出，「己群意識」受傳統人性觀的影響，開放人性觀是建立現代的己群關係、破除「己群意識」的主要途徑。「己群意識」最初是為了維護生存的需要，一個人的成長需要依靠家庭或家庭之外的社會或團體，當自己的家庭或團體與別的家庭或團體發生衝突或矛盾時，不管己群是對是錯有理無理，作為家庭或團體的成員都要站在己群的一邊，一致對外維護己群的利益。己群意識雖是維護了團體生存的需要，但也存在嚴重的缺陷，因為這種意識使得客觀評價自我的能力和同情瞭解他人觀點的態度無從培養。更甚至，己群意識由於自我思想封閉導致新觀點新知識的缺乏從而產生了地域、文化、種族的偏見，進而

〔註17〕韋政通：《倫理思想的突破》〔M〕，成都：四川人民出版社，1981年版，第42頁。
〔註18〕莫里斯著，葉晨譯，《人類動物園——都市人及其環境的探討》〔M〕，臺北：巨流圖書公司，1979年版，第141頁。
〔註19〕韋政通：《倫理思想的突破》〔M〕，成都：四川人民出版社，1981年版，第36頁。

對他群產生敵對心理。我們引用莫里斯的一個構想案例〔註 20〕來說明這種
己群意識的嚴重性：

（1）你看，那個綠頭髮的男人在打一個小孩。

（2）那個綠頭髮的男人真可惡。

（3）所有綠頭髮的人都可惡。

（4）所有綠頭髮的人都會攻擊任何人。

（5）那邊來了一個綠頭髮的人，要在他打你之前，就先打他。

（那個綠頭髮的人並沒有挑釁，但被打了，很不甘心，為
了自己也打回去。）

（6）你看吧，我說得沒有錯，綠頭髮的人都很可惡。

（7）所以，要打所有綠頭髮的人。

這個小故事簡單且讓人覺得很滑稽，甚至這七個推理存在著一定的謬誤，
但的確代表了一些人思考問題的方法，其中「綠頭髮人」是一個代表，我們
可以將其替換為「北京人」「上海人」「湖北人」「河南人」等。韋政通先生認
為這種對他群民族懷抱敵意的心理主要是由於對人性封閉的認識產生的地域
和文化偏見，即一種己群意識，己群意識使人們不能用平等的觀念去看待其
的人、團體、種族，想要破除這種意識，傳統的道德教條起不了多大作用，傳
統儒家理論上倡導「四海之內皆兄弟」，但在現實層仍是堅持夷夏之辨，視己
群為天朝上國，視他群為「蠻夷之邦」，堅信「非我族類，其心必異」；基督教
提倡博愛，卻阻止不了白人對黑人的歧視與偏見甚至宗教戰爭。如何破除這
種己群意識，韋政通先生認為需要新的觀點和新的知識，訓練開放的思想，
用動態的、開放的觀念看待人性。因為，此種偏見並非天生的，是團體在實
踐生活上受制約而產生的結果。教育社會成員免除偏見，對他者的價值觀念
產生興趣是一個文明社會應有的功能〔註 21〕。當然，不要說一般人，就是學
者和知識分子，讓他們對自己和他人的文化進行客觀理性的分析和評價也並
非易事。這不單是認知能力的問題，還需要有開放的心靈，認知的心態。討
論傳統人性觀和新的人性觀的目的，韋政通先生自言：「從傳統人性觀的侷限

〔註 20〕莫里斯著，葉晨譯，《人類動物園——都市人及其環境的探討》〔M〕，臺北：
巨流圖書公司，1979 年版，第 129 頁。

〔註 21〕韋政通：《倫理思想的突破》〔M〕，成都：四川人民出版社，1981 年版，第 47
頁。

轉出開放的人性觀，然後希望從開放的人性觀中導出人類能和平相處的態度，目的在為新倫理提供一個新人性觀的基礎。」〔註22〕

4.2　重建之核心：道德規範的重構

作為一個入世的思想家，公共知識分子，韋政通先生針對當前的道德現狀以及舊有的道德生活方式導致的問題，關注現實社會，聚焦現代，放眼中國現代化進程中傳統道德和社會結構的巨變，力圖找出道德問題的癥結並著力追尋解決方法。

4.2.1　道德規範重建的根基與方法

韋政通先生首先澄清，復興不同於復古，復興必定包含創新。復興的首要工作是謹慎而理智地選擇，選擇出適合現代中國人需要的內容，通過什麼方法去選擇？依據什麼標準去選擇？選擇固有道德的那些部分？我們在構建新的道德規範時是依據西方的道德規範還是依據傳統的道德規範？以中國為本位還是以西方為本位？韋政通先生圍繞這些問題進行了深入地探討。

第一，堅持中國本位。關於本位問題，韋政通先生在聯合報「中國論壇」合辦「如何發展高超精緻的文化」座談會上談了自己的看法：「清朝末年我們就主張『中體西用』，只是在科技的實用上，在民主的制度上，承認要吸收人家的長處，而對自己那個『體』似很有信心，總認為體是不能變的，因此很不容易來徹底檢討這個問題，一談到道德的規範，總認為這是我們中國的老傳統，還會有什麼問題？其實這裡面問題多得很，恐怕不是復興固有道德就能夠解決得了的，何況究竟如何才能復興，也是一個大問題。」〔註23〕韋政通先生此段話至少表達了三層含義，第一，「中體西用」本身存在很大問題；第二，道德規範的構建不能僅靠復興傳統道德；第三，道德規範的重建是充滿挑戰的大問題。關於重建道德的本位問題，韋政通先生運用的是中國本位的中西互為體用。以中國文化的根亥——傳統道德為依託，中國傳統道德和西方道德理念，關係不論體用，將有價值的、有正面意義的融為一體，建立合

〔註22〕韋政通：《倫理思想的突破》〔M〕，成都：四川人民出版社，1988年版，第42頁。

〔註23〕韋政通著，何卓恩、王立新編：《傳統與現代之間》，北京：中華書局，2011年版，第296頁。

乎中國國情和實際需要且具有獨特風格（亦即他國所缺）的現代式本土道德。

　　韋政通先生認為堅持中國本位，首先應考慮以下四個方面的問題：（1）固有道德的範圍如何確定？（2）道德概念包括哪些內容？（3）傳統道德的內容是否仍然適合現代人的需要？（4）如何使人遵行這些適合時代的固有道德？〔註24〕這個過程需要運用現代知識和現代研究工具進行大規模的研究。瞭解現代道德離不開傳統，傳統究竟在現實生活中產生多大的效果？近百年來傳統的規範究竟發生了多大的變化，是什麼引起或推動了這些變化？哪些道德德目是傳統的，而現在仍然保留著？哪些是傳統中沒有或不被重視的新道德規範。其次，是傳統道德價值的現代化。韋政通先生深刻認識到，中國要想成為一個自由民主的現代化國家，必須變革原有的生活方式、價值系統和人格結構。〔註25〕如何實現傳統道德價值的現代化？就是把經過審慎理性選擇出來的傳統德目以及它們在歷史中的流變一一列舉出來並與其他文化裏面類似德目進行比較，然後擴充其內涵並對其進行再解釋，使它重新具有適應現代生活的功能。最後，運用科際整合的方法確定新德目的內容。使它能與現代社會複雜的情況相適應。即把前兩步研究的成果，「提交科際性的討論會（這個討論會須由各個領域和各個學科的專家組成），從事科際整合的討論，以確定德目的新內容。」〔註26〕韋政通先生指出：「新道德的建構，絕不是一個人可以閉門造車的；它需要社會、心理、生理以及宗教，道德各方面有豐富知識的專家，集體貢獻，然後才能提供一套具有多元性的，並具有經驗基礎的價值標準──一種比較能適應社會需要的價值標準。」〔註27〕這是道德價值實現理論創新的必經步驟，先有理論上創新，才能引導人們在實踐上的轉變。道德價值觀念的創新尤為重要，它關乎其他各方面諸如生態方面的、制度方面的適應問題。

　　其次，堅持中西互為體用。進行道德的重建，必須堅持中國本位、復興固有道德的同時還要認識到「體用」及其區分在中西文化上已經沒有現代意

〔註24〕參見韋政通：《知識分子的責任》〔M〕，臺北：弘毅出版社，1970年版，第163頁。

〔註25〕韋政通：《倫理思想的突破》〔M〕，成都：四川人民出版社，1988年版，自序第1頁。

〔註26〕韋政通：《中國文化與現代生活》〔M〕，北京：中國人民大學出版社，2005年版，第25～26頁。

〔註27〕韋政通：《傳統的透視》〔M〕，臺北：自由太平洋文化事業公司，1965年版，第4頁。

義，中國傳統文化和西方文化，關係不論體用，只要有價值取向的正面意義皆可融為一體，因此，我們也要吸收西方先進的道德理念。傳統的「中體西用」的觀念經實踐和現實證明，並沒有使我們的社會工作達到現代化的水準，主要是因為「我們學習西方近代文化，一直只限於物質器用的表層，而沒有真瞭解西方物質器用的背後，有一套價值觀念在支持著。如果我們只要求他們的機械物質，而不採取他們的價值觀念──至少是部分的──那麼這個新的文明，絕無法在我們生活中生根。因為沒有價值觀念的鼓舞，我們的心智就不能自動自發地為現代化的工作全力以赴」〔註28〕。韋政通先生所言的價值觀念是什麼？其實就是西方道德的主要內容，即肯定幸福、理智的態度和重視利潤。這些是中國傳統道德中所沒有的或者不被重視的。韋政通先生總結了傳統固有道德與西方道德的四大衝突：（1）生活上追求善還是追求幸福。技術不發達和農業社會的特點決定了傳統儒家以追求善為生活的主要內容。（2）消費方面的禁慾主義與縱慾主義。（3）開放性的道德與閉鎖性的道德。「現代社會是一種開放的社會；而固有道德中的尊卑觀念，閉鎖的道德觀念，君子群而不黨的觀念，以及烏托邦式的平等社會的理想觀念，都構成走向開放社會的障礙。」〔註29〕（4）道德上重知識重理性還是重先驗重直覺。不信權威、不信教條、不信偶像、不信所謂神聖的禁忌是西方道德的特徵，傳統的道德重直覺而不重經驗知識，缺乏理智的批判能力。這四大衝突揭示了我們傳統固有道德缺陷的同時也彰顯了西方道德的優勢，因此，我們在重建固有道德時，提倡的內容不能有悖於現代社會的固有理念，另一方面要吸收西方先進的道德理念。中西道德不能厚此薄彼，要中西互為體用。我們還需進一步認識到：「為了配合現代社會的整體發展，今後的倫理教育，不再是一個孤立的課程，它需要透過分門別類的學習程序，去完成德性的陶冶；道德訓練必須適合社會整體性的運作，要求全人格的改善，才足以適合現代化生活的需要。」〔註30〕

第三，依託現代生活，運用現代化的方法、技術和手段。「要發揚中國的傳統文化，至少要具備現代化的基本能力、基本知識和思考的訓練，在這個基礎上，去消化傳統的東西，去思考傳統的問題，給傳統問題一個屬於時代

〔註28〕韋政通：《知識分子的責任》〔M〕，臺北：弘毅出版社，1970年版，第205頁。
〔註29〕韋政通：《知識分子的責任》〔M〕，臺北：弘毅出版社，1970年版，第213頁。
〔註30〕韋政通：《現代化與中國的適應》〔M〕，臺北：盧山出版社，1974年版，自序第3～4頁。

的解釋。否則，以傳統解釋傳統，還是那個樣子，不屬於這個時代！」〔註31〕「你要真正搞中國傳統的東西，必須要先使自己成為這個時代的人，這個時代的知識基礎和方法訓練都要有，然後去接受傳統的思路，才能把傳統復活過來，成為現代人能接受的東西。」〔註32〕因此，我們要依託現代生活，綜合運用現代化的新技術、新的手段和方法。傳統倫理道德要想滿足現代生活的需要，不僅僅是對原有道德的提升，而是經由批判達到創造性地轉化。韋政通先生認為：「一個國家的現代化，絕不能止於科技與政治制度（我國即使這兩方面仍舊困難重重），價值系統的調整，尤其是道德價值的調整，才是最基本的。」〔註33〕

4.2.2 道德規範重建的基本原則

關於現代中國道德規範的建立，作為思想家的韋政通，不是側重於具體方案和策略的提出，而是側重於問題的深入思考和指導思想的分析，在確立了道德規範的本位問題之後，韋政通先生提出了道德規範建立的行動指南和指導思想，也可以稱之為中國社會道德規範建設的「基本認識」，韋政通先生在不同場合不同時間同時提出了他關於道德規範建設的「基本認識」：第一次1979 年 10 月 25 日，聯合報與「中國論壇」合辦的「如何發展高超精緻的文化」座談會上；第二次是 1987 年 7 月 25 日，受邀參加臺灣「中華電視臺」視聽中心演講會上。1979 年 10 月 25 日提出的「基本認識」是針對建立中國現代社會道德規範問題，具體內容如下：

（1）我們建立道德規範，是希望所有的國民都能夠在秩序中仍能享受健康快樂的生活，不是為了培養道德的超人。

（2）我們應該學習容忍規範的差別性，不要在生活細節上再要求一個統一的規範（法律規定者除外）。

（3）道德規範在觀念上原則上可能是不變的，可是它的內容和實行的方法，卻不斷在變。

〔註31〕 韋政通：《中國思想傳統的創造性轉化》〔M〕，臺北：洪葉文化事業有限公司，2000 年版，第 29 頁。

〔註32〕 韋政通：《中國思想傳統的創造性轉化》〔M〕，臺北：洪葉文化事業有限公司，2000 年版，第 29～30 頁。

〔註33〕 韋政通：《儒家與現代中國》〔M〕，上海：上海人民出版社，1990 年版，第 221～222 頁。

（4）道德規範最大的作用在責求自己，其次才是責求別人。

（5）道德規範要使它有助於個人潛能的發揮和自我的實現。

（6）道德規範的學習不限於讀聖賢書、上公民課，它與所有的
　　生活面都不能分開。〔註34〕

1987 年 7 月 25 日提出的六條「基本認識」是針對當代道德問題的診斷。其中有三條與上文不同，不同的內容如下：

（1）道德不是束縛人的，也不是壓抑人的。

（2）一個社會要提升它的道德水平，一定要具備兩個條件：一
　　是年輕人有機會發揮他的潛能，潛能發揮不出來，道德問
　　題於焉產生；另外一個是道德的實踐模範一定不能缺少，
　　這就是中國的一句老話：「身教重於言教」。

（3）實行道德必須要有健全的人格，而健全的人格必須要有均
　　衡的教育，德、智、體、群、美五育均衡發展。

（4）目前臺灣的道德問題的解決上，最迫切需要的是建立最低
　　限度的道德，也就是公德心、守法的觀念。〔註35〕

通過對前六條和後四條進行比較分析，我們可以看出，兩次「基本認識」的提出思路基本一致，這十條基本認識不是為了解決個案的道德問題，而是幫助我們樹立正確的道德理念，借鑒西方現代的道德理念，與中國傳統固有道德進行比較研究，為我們合理解決道德問題提供了一個總體的指南和方向。

基於上文關於建立現代道德規範的十條基本認識，韋政通先生進一步提出了現代中國人應有何種道德規範，他認為，談及現代人道德規範的建立，以下三點必須考慮：第一，一定要加強現實中有的但不夠普遍的道德規範；第二，修正被社會忽視的好的傳統規範；第三，注意與國家民族願景及文化發展的道德規範相銜接。〔註36〕這三點明顯地是針對傳統道德而言，韋政通先生指出了復興傳統道德時應做好加強、修正、銜接的工作。如何借鑒西方的道德理念，韋政通先生結合西方民主的理念，提出建立現代人應有的道德

〔註34〕韋政通著，何卓恩、王立新編：《傳統與現代之間》，北京：中華書局，2011
　　　年版，第 296～298 頁。

〔註35〕韋政通：《韋政通自選集》，濟南：山東教育出版社，2005 年版，第 396～400
　　　頁。

〔註36〕韋政通著，何卓恩、王立新編：《傳統與現代之間》，北京：中華書局，2011
　　　年版，第 298 頁。

規範時要「尊重個性」「寬容異見」「尊重心智活動與心智的創造」，與西方發展科學遙相呼應，林毓生先生在《殷海光先生終生奮鬥的永恆意義》一文中說：「自由與民主必須建立在個人的尊嚴上。」〔註37〕韋政通先生還提出了現代教孝的理念：要求子女有限度的服從；如何欣賞別人且不妄作道德判斷；立身處世要有基本原則；坦率與有禮的中道；愛惜時間；誠實和熱心服務社會等十條規範。這十條道德規範涉及到個人道德、家庭道德和社會公德等方面，前三條是韋政通先生在道德建設方面的重大突破，後七條與現實生活密切相關，可能是由於規範提出的場合問題，韋政通先生沒有過多的闡釋和論述，略給人隨意和一筆帶過不夠深入之感，但的確也給我們帶來了理念上的突破。

從韋政通先生提出的道德規範的十條基本認識和十點現代人基本道德規範可以得出，他是從道德價值主體、價值實體、道德價值和道德規範等方面制定道德規範的，即社會為何制定道德；道德行為的事實如何；道德行為應該如何。尹文漢教授對韋政通先生道德規範重建的基本原則做了如下評價：「一個新倫理的建設，就必須從這三個方面來進行，也即要探討新社會及其道德的目的，新社會下個體道德行為的事實，進而建立一套適應前二者的道德價值和道德規範」。〔註38〕

4.3　重建之目標：科學民主倫理三結合的文化模式

傅偉勳認為「重建」有重新建構（reconstruction）和重新建立（re-establishment）的雙重含義。重建的內容即「重新建立經由一番創造的自我轉化而合乎新時代中國國情的儒家倫理道德」〔註39〕。韋政通先生對此深為認同，認為傅偉勳先生把他多年想做的事情用簡約的文字表達了出來。如何重建新倫理？韋政通先生主張要同時吸收異質文化中的新質素和儒家倫理中的傳統質素；將現代精神與傳統倫理相融合，質變傳統倫理結構的同時保持了

〔註37〕世紀事業出版編輯部：《中國自由主義的領港人：殷海光先生紀念集》，四季出版有限公司，1981 年版，第 127 頁。

〔註38〕尹文漢：《儒家倫理的創造性轉化——韋政通倫理思想研究》〔M〕，合肥：安徽人民出版社，第 47 頁。

〔註39〕傅偉勳：《儒家倫理（學）的現代化重建課題》，〔C〕《國際孔學會議》，1987 年 11 月，第 1 頁。

民族文化的傳統性，一方面要體現中華倫理的情感本位，另一方面也要呈現西方倫理的理性本位，在傳統倫理架構中實現儒家倫理的現代化。

4.3.1　他山之石：吸納自由、民主、科學

中國現代化的演變並非易事，一方面，中國文化必須在掙扎裏痛苦地拋棄若干阻礙現代化的文化要件；另一方面，我們必須認識到，傳統可以產生作用，但其作用不能導引出新的倫理體系，中國文化必須調整其機能來吸收若干新的文化要素。〔註40〕因此，意欲建立現代化新倫理，必須經歷「吸納融化異質文化中的倫理新質素的過程」〔註41〕。什麼是「異質文化中的倫理新質素」？這些新質素很多，主要的就是自由、民主、科學等，這些新質素代表新的價值體系和價值觀念。自由、民主、科學與倫理之間存在什麼關係？如何實現自由、民主、科學與倫理的契合？韋政通先生認為這是當代倫理構建的重要問題，也決定了儒家傳統倫理在當代的發展方向。

1. 倫理生活之基本原理：自由

西方自由的理念對我們構建現代倫理有何借鑒因素？這是韋政通先生在研究自由與傳統儒家倫理關係時首要關注和致力解決的問題。

自由是一種信念和價值，韋政通先生所言的自由的要義不僅是中國自由主義者所極力爭取的政治上的自由，也不僅是傳統儒家所具有的內在的道德意志的自由，「內在的道德意志的自由」是起點，「外在的政治自由」是生活的基礎，他認為追求自由的最終目標和旨歸是把自由的價值注入到全民的生活中去。只有將自由引入到人民的生活中去，運用自由去改善人際關係和人們的態度，自由才能在一個社會中生根。再者，自由必須約束在倫理的範圍之內，自由和倫理是互相促進的關係，一方面，社會倫理道德水平的提升取決與自由價值的實現。韋政通先生闡述了二者的關係，他說：「一個社會在倫理生活中如果不能相當程度地實現自由的價值，就不能普遍提高它的道德水平。」〔註42〕另一方面，自由必須以道德為原始動力，否則就會被誤用。在

〔註40〕 參見殷海光：《中國文化的展望》〔M〕，北京：中國和平出版社，1988年，第421頁。

〔註41〕 韋政通：《倫理思想的突破》〔M〕，成都：四川人民出版社，1988年版，第21頁。

〔註42〕 韋政通：《倫理思想的突破》〔M〕，成都：四川人民出版社，1988年，第130頁。

一個新生的社會裏，不但倫理道德與自由不衝突，自由與社會秩序也不衝突，莫瑞（Gilbert Murray）如此說：「自由思想的目的是把社會秩序往自由人——免於自私、免於激情、免於偏見的人——所作的判斷接近一點，並且經由這個改變更有效地拯救社會秩序。」〔註 43〕自由與社會秩序是相互結合的。

　　在一個深受傳統倫理影響的社會，如何在生活中實現自由價值，必須實現兩個方面的改造，即個人的改造和社會的改造。個人改造是起點，社會改造是目標。因為「自由是塑造現代社會最基本的原理之一，沒有它不容易有創新的觀念，也很難培養出創造性的人才。自由的教育，在錯失中才有靈活矯正的機能；自由的學術，才能打破禁忌，深入問題，想像一切可能的答案；自由的社會，比較有公平競爭的機會，個人傾向於成就取向，因此也較富活力」〔註 44〕。

2. 倫理生活之基本方式：民主

　　在談及民主時，與自由一樣，韋政通先生帶著強烈的問題意識。中國有無民主？如何看待新儒家所謂的「中國之民主精神」？「民主是否可以從中國傳統中開出」如何吸收異質文化中的民主思想？如何界定民主與倫理的關係？

　　讓民主成為倫理生活的一種方式。既然中國的傳統開不出民主，我們必須向西方學習，但也應克服西方民主政治形態的不足之處，基於此，韋政通先生指出，關於民主，與自由一樣，不能僅從政治層面進行討論，因為同樣面臨著被極權或獨裁政治冒用的危險。想成為一個真正的民主國家，不能徒有民主的政治形式，最為重要的是要把民主變成一種生活方式，如何讓民主成為一種生活方式？韋政通先生引用了美國托克維爾的一段話進行了進一步的論證：「我們在歐洲常把私生活的一些觀念和習慣用到公務中去。當我們一下子從家庭圈子走進公務的管理，別人可以時常聽到我們用朋友間交談的方式討論社會的重大利益。美國人則相反，把公共生活的一些習慣移入到了他們私人的生活方式。在他們的國家裏，陪審制度用進了學童們的遊戲，而在慶典儀式上則可以看到代議制。」〔註 45〕托克維爾談到了英國和美國兩種不

〔註 43〕韋政通：《思想的貧困》〔M〕，臺北：東大圖書股份有限公司，1985 年，第 99 頁。

〔註 44〕韋政通：《思想的貧困》〔M〕，臺北：東大圖書股份有限公司，1985 年，第 99 頁。

〔註 45〕托克維爾著，秦修明中譯，《美國的民主》（上卷）〔M〕，臺北：今日世界社出版，1966 年，第 313～314 頁。

同的生活方式，韋政通先生認為，鑒於中國幾千年傳統中家國一體，公私德不分所產生的流弊，我們應學習美國式的民主。民主生活方式的培養始於家庭，要從以下三方面做起：（1）注重家庭成員的平等。中國傳統的家庭特別重視「長幼有序」，成員之間有長幼尊卑之分，人與人之間是不對等的關係，但民主的家庭要求家庭成員之間的平等交往，子女可以參與家庭事務的決定，父母不能要求子女無條件的服從。（2）培養子女的獨立自主。現代社會生活競爭激烈，家庭教養要配合社會的需要，避免孩子走向社會出現不適應現象，要培養子女獨立的性格，這些性格包括「思想與行動的自主、獨立和自由，而且習慣於尊重個性、容忍異見」〔註46〕。訓練孩子根據自己的需要去決定選擇。（3）樹立公平無偏的觀念。中國的傳統社會是熟人社會，講人情的社會，家庭之外，要講關係，看交情，現代社會是生人社會，法治社會，人與人之間都要進行公平的競爭。樹立公平無偏的觀念至關重要。「平等、獨立自主、公平無偏，都是民主生活的基本素養，中國人必須把這些觀念納入日常生活中，作為生活奮鬥的目標，視為教育的指導原則，否則民主就不可能在中國社會生根。」〔註47〕

3. 倫理生活方式與科學之融通

科學講求「實然」——事實如何，倫理講求「應然」——應該如何。這雖然一定程度上說明了科學上的觀念和倫理上的價值分屬於不同的領域，但二者在一定條件下是可以融通的，韋政通先生提出了實現科學與倫理融合的出路。

將科學運用於倫理道德。韋政通先生對科學對倫理人生無效的觀念是持批判和否定態度的，在傳統社會，由於各方面的侷限，我們無法正確認識科學與倫理道德之間的關係從而產生一些錯誤的結論和看法，隨著社會的發展，人們對科學與倫理的關係有了更深入的研究和推進。著名的化學家和教育家、哈佛大學原校長康南特在其著作《現代科學與現代人》中運用大量的篇幅討論了科學與倫理的關係，認為人們在解決倫理道德問題時會自覺不自覺地運用到科學概念和方法，同時科學的發展增進了社會救急扶危的力量。

〔註46〕韋政通：《倫理思想的突破》〔M〕，成都：四川人民出版社，1988 年，第 211 頁。

〔註47〕韋政通：《現代化與中國的適應》〔M〕，臺北：廬山出版社，1974 年，第 92 頁。

　　著名的科學史學家布魯諾斯（J‧Bronowski）也指出科學與倫理雖然有很大的差別，但在現代文明中，科學與倫理不是兩個分裂的世界，科技心靈與人文心靈是一體的。韋政通先生認為我們要正視科學與倫理的關係，一方面要認識到科學對我們日常生活中倫理道德產生的影響，另一方面，要意識到二者有共通的價值與精神。基於以上兩點，我們可以從以下幾方面對傳統的倫理道德進行改造。（1）運用科學方法使倫理道德知識化。倫理道德的知識化意指將科學的方法運用於倫理道德。只有將科學的方法運用於道德，道德才能真正發揮它的功能和作用。科學方法可以運用到任何層面，任何學科，倫理道德也包括在內。（2）以科學為前提建立倫理生活規範。傳統觀點認為倫理道德具有先驗性，直覺性，倫理生活具有情感性，如梁啟超先生所言，情感是生活的原動力，情感產生的「美」和「愛」具有神秘性，科學對此無能為力。但具有神秘性的「愛」和「美」也能成為規範，至少要有客觀傳達性和普遍的效驗。倫理道德若建立在個別的經驗之上而缺乏理智基礎，終就不會長久奏效。若進行知識性、科學性、理智性研究，就能建構起科學的審美標準。道德和宗教都帶有神秘性，若只訴諸個別的經驗和直覺，不構建客觀的規範，宗教與宗教之間，道德與道德之間，各自堅守自己的經驗規範，人類想要和平相處是相當困難的。（3）將科學方法運用到人生。這裡所言的科學方法指的是綜合的整合的方法，一方面要用科學的理性的方法看待人和道德；另一方面用綜合整合的方法運用到人生問題的解決。

　　傳統倫理道德的最大缺陷是對人道德行為的解釋歸結為直覺和道德性本身，忽略了道德理性及道德行為產生的社會複雜因素，人的道德行為並非單純受控於道德直覺，具體到某個具體生命時，人是一個複雜的存在，必然受生理、心理、社會環境、文化教育諸方面的影響，道德問題不是一個孤立的問題，需要運用各個學科的知識和科學方法進行分析和研究，解決人的道德問題需要心理學、文化學、生理學、社會學各科知識科學的整合。

4.3.2　返本開新：構建現代「自由人倫理」

　　韋政通先生「思考的知識背景，是中國的傳統；思考的目標，是企圖瞭解中國傳統的哲學智慧對這個時代性問題所能提供的啟發」〔註48〕。學術的用心是建立真正屬於現代的中國倫理和文化，給現代人生活更多的啟發。韋

〔註48〕韋政通：《韋政通自選集》，濟南：山東教育出版社，2005 年版，第 273 頁。

政通先生對待傳統和西方的態度與新儒家和自由主義者都不同，他既不像自由主義者無視傳統倫理的價值，也不像新儒家希望直接從傳統中開出「民主科學」等新的價值體系，因為「新儒家的『開出』說，是要將民主和科學納入中國原有的價值系統之中，而不是調整與轉化原有的價值系統，以利於民主與科學的發展，所以『開出』云云，形式上好像開放，實質上仍是封閉的。」〔註 49〕韋政通先生試圖「使那一直停留在理想層次的價值系統落實到現實生活中來，使它成為新文化精神的一部分。」〔註 50〕在傳統「五倫三綱」的基礎上構建「自由人倫理」是韋政通先生對儒家倫理進行現代轉換的一個構想，也是把西方的民主、自由、平等與傳統思想融匯的一個嘗試。

1. 重構儒家「五倫三綱」

創建現代社會的倫理，不是對傳統倫理的復活，也不是對傳統倫理的復興，它是對傳統倫理的創造。但這種創造不能離開傳統，傳統倫理是現代倫理構建的條件，很有重新再認識的必要。「任何一個傳統，在現代生活裏，都要經過批判、改造、或重建，但傳統不會對我們沒有意義，問題在如何才能給他意義。」〔註 51〕儒家倫理的現代化，是一個極為複雜的問題，我們可以從不同角度和不同層次去討論，但與行為倫理相關的「五倫三綱」是重點，韋政通先生深度解構了「五倫三綱」。韋政通先生認為傳統的「五倫三綱」存在理想層和現實層，我們應還原其本來的面目，對其價值進行準確地定位，保存其「合理內核」的同時融入現代化新的元素。韋政通先生對五倫三綱的解構，一方面找出了儒家倫理與現代化倫理衝突與不衝突之處，挖掘出傳統倫理價值中我們應該接受、尊重的價值部分；另一方面也糾正了五四新文化運動以來激烈反傳統的心態。

「五倫」到「三綱」，社會的需要和歷史的必然。「五倫」是傳統社會對最重要的五種人際關係（父子、君臣、夫婦、兄弟、朋友）所做的倫理規範要求。賀麟先生將「五倫」視為維護群體的綱紀和禮教的核心。牟宗三先生視「五倫」為中國文化的三大主流之一。儒家倫理在歷史發展過程了經歷了四個發展階段：（1）相對倫理的「五倫」。「五倫」是一種上下對等的相對倫理，

─────────────

〔註 49〕韋政通：《知識人生三大調》，中華書局，2011 年版，第 128 頁。

〔註 50〕韋政通：《倫理思想的突破》〔M〕，北京：中國人民大學出版社，2010 年版，第 42 頁。

〔註 51〕韋政通：《儒家與現代中國》〔M〕，臺北：東大圖書公司，1984 年，第 160 頁。

是一種雙向度的人倫關係。（2）絕對倫理的「三綱」。西漢初期，董仲舒從孟子「五倫」思想中提取出最重要的三倫，即「君臣、父子、夫妻」。董仲舒認為這三種關係中存在著「君為主、臣為從；父為主，子為從；夫為主，妻為從」恒定不變的主從關係，即後人所謂的「三綱」。東漢時期的白虎觀會議上，班固寫成《白虎通義》，總結出「三綱六紀」，董仲舒的「三綱」成為官方倫理，儒家倫理政治化。五倫合理化精神喪失，人倫之間出現了一種單向度，非對稱性的義務關係，相對倫理變成絕對倫理。（3）法制化的「綱常禮教」。魏晉時期，人倫綱常的嚴肅性與神聖性一度在「名教」與「自然」的糾纏中消解，但到了唐朝，唐朝高宗永徽三年頒布了《唐律疏義》，依據「三綱」制定了「重罪十條」，凡是違背君為臣綱、父為子綱、夫為妻綱的嚴重行為都列入其中。三綱法制化並具有了法律強制性，三綱禮教在法律的強制下不遺餘力地被執行。（4）社會化（內化於生命）的「五倫三綱」。從宋代開始，「五倫」開始通俗化。學術實現了「生命的學問」的轉型，人倫的意義與價值彰顯。「三綱」借助「五倫」的道德義務被進一步強化並社會化，乃至走向絕對化。程頤將「夫婦之倫」推之頂峰：「餓死事極小，失節事極大」；羅從彥把「」父子之倫」推到極至：「天下無不是底父母。」而朱熹弟子陳埴則將「君臣之倫」推到極至：「天下無不底的君父。」五倫核心部分的倫理價值被社會化並成為風俗習慣，國人的性格不但被「五倫三綱」型塑，倫理的思考模式也被「五倫三綱」定型。儒家倫理的歷史任務至此完成。賀麟先生並未對「三綱」完全否定，他認為「三綱」在當時的社會境況下有它積極的意義，從「五倫」向「三綱」的過渡存在社會的需要和歷史的必然性。韋政通先生對此有相同的看法，一方面，相對關係、相對之愛的五倫維繫的關係是無常的，君不君則臣可以不臣，這不利於社會基礎的穩定，具有絕對關係、片面之愛的三綱恰好彌補了這種相對關係的不安定，因為三綱要求關係的一方絕對遵守位分，君可以不君，但臣不可以不臣；另一方面，三綱興起之後，五常德逐漸取代五倫。韋政通先生認為「五常德」不同於「五倫」的最大之處在於常德類似於柏拉圖的理念和範式、康德的絕對命令，是行為的極限，三綱五常將「五倫」從人對人的關係逐漸演變成人對理、位分的絕對的、片面的關係，因此，「三綱」比「五倫」的力量深刻。

理想層的「五倫」和現實層的「三綱」。韋政通先生認為「五倫」是儒家倫理的理論層次，「三綱」是儒家倫理的現實層次。通過「五倫」到「三綱」

的四個發展階段我們可得知，在傳統社會的現實層面，起作用的主要是「三綱」，五倫只是處於理想層面。因為五倫在傳統社會是一種很高的理想，五倫的關係是相對的，若君不君但臣可以不臣，若父不父則子就可以不子。韋政通先生認為這種理想只有在以「個人主義」為基礎的社會中才有可能實現，因為個人主義重視義務權利平等的觀念超越了尊卑的價值。這種理想在封建專制政治的社會不利於社會的統治和穩定。韋政通先生認為與現代化衝突的不是「五倫」而是「三綱」，而且，「三綱」中也有不與現代化衝突的部分，我們面臨的挑戰和要做地工作是「既能發現三綱傳統中值得我們接受，尊重的意義和價值，又不妨害我們為了倫理的現代化必須達成改變它的目標」〔註52〕。我們要回到「五倫」「三綱」本身，尤其是「三綱」，要反省其真義、本質。在傳統社會，作為社會核心價值體系的「三綱」，在社會和文化秩序穩定方面的作用功不可沒。但如果依據西方的「自由」「平等」「民主」等新的人權學說來看待「三綱」，「三綱」自然具有桎梏人性、束縛個性、妨礙社會進步的缺點與流弊，這也是新文化運動以來的反傳統主義者攻擊儒家倫理的原因，反傳統主義者的目標是三綱倫理；新文化運動中的傳統主義者保護的是理想層的五倫，如果從兩個層次來看，反傳統主義者和傳統主義者做得都對，如果當時能將倫理的兩個層次區分開來，爭論會減少。韋政通先生在對「三綱」本義界定的基礎上，進一步指出，「三綱」建立在「道德即是道德自身的報酬」預設之上，屬於一種高層次的崇高道德，表現這種道德的實例，永遠是人類能實踐高超道德的見證，是社會大眾學習、仰慕、嚮往的對象。這種道德古今都需要。但這種崇高道德是一種個人奮鬥的境界，不能要求人人都做到，但在傳統社會，三綱被法制化之後變成禮教，在不考慮現實難度、自由意志、人性弱點的前提下要求人人做到是違背人之道德層次發展規律的，因此，三綱的本義與本質並不與現代倫理衝突，因為崇高道德是任何一個社會共同的追求，與現代社會倫理真正衝突的是法制化的三綱禮教，三綱禮教忽視了能要求人的只能是最低限度的倫理道德而不是最高標準的崇高道德的原理。

　　普通倫理的五倫與社會內倫理的三綱。韋政通先生從適用範圍上對五倫和三綱進行了進一步的解構，他認為五倫具有極強的思想性，用現代倫理學術語，五倫是普通倫理，這種倫理要求不受時空時代社會的限制，也就是說

〔註52〕韋政通：《倫理思想的突破》〔M〕，成都：四川人民出版社，1988 年，第 20 頁。

五倫在人類社會永遠有它的價值。五倫這種普通倫理進一步說也是一種以人為中心的人文倫理，與以天神天帝為中心的權威倫理相對，與儒家開展的人文運動不可分，三綱用現代倫理學術語來界定屬於「社會內在倫理」，不具有普遍性，完全是為了滿足某一特殊社會的需要而產生，三綱一定程度上滿足了以專制政治、家族制度和農業經濟為基礎的封建社會的需要，一旦社會基礎動搖，三綱也隨之崩潰。

作為普通倫理的「五倫」，在現代社會仍有其應有的價值，但遠遠不能滿足現代社會的需要，學者提出的構建「六倫」「七倫」「八倫」乃至「九倫」「十倫」都有一定道理，但現代社會的倫理問題，顯然不能順著這樣的方向去解決。韋政通先生指出，現代社會倫理的重點不在為不同人和不同的關係建立不同的規範，而在於規範的踐行主體──人的改造，人的改造帶動社會的改造，有了代表新態度、新價值觀念、擁有自由信念和民主修養的社會人和自由人，不論處於什麼樣的人際關係和社會關係之中，都會合理地被處理。如何培養具有如此修養的國民？必須建立一套自由人倫理。

2. 從「五倫三綱」到「自由人倫理」

什麼是「自由人倫理」？韋政通先生從三個方面闡述了「自由人倫理」。（1）自由人倫理的基本要素：自尊尊人；（2）自由人倫理的特性：道德的熱情和知識的真誠；（3）自由人倫理建立的必經之路：從個人改造到社會改造。

第一，自尊與尊人是自由人倫理的基本要素。傳統倫理思想注重人及人與人之間的關係，同時人也無法逃避這種關係，這兩點應被肯定，我們應該關注的問題是有多種方式可以處理人與人之間的關係，但任何一種方式都不能與成全自己的目標相違背，合理的標準就是承認雙方都有自我的獨特性和人格完整性，我尊重你需要的同時你也要尊重我的需要。這在以往以家族為中心和以上帝為中心的倫理中，都是不被允許的。韋政通先生指出，在處理人與人的關係中，最基本的要求是自尊的同時要尊人，具備尊人能力的人才有真正的自尊。第二，自由人倫理的特性是道德的熱情和知識的真誠。道德的熱情是在道德理智引導下的道德責任感和自律性；知識的真誠是能獨立思想且有服膺正確知識的能力，自由人集道德的熱情與知識的真誠於一身，二者同時作用對自由人產生一種激發和制衡的力量。第三，自由人倫理建立的必經之路：經由自由民主的教育，實現個人改造到社會改造的目標。實現個人改造到社會改造的自由民主的教育涵蓋兩個維度，個人倫理的維度和社會

倫理的維度，從個人倫理維度而言，「自由人倫理」有最高限度的道德和最低限度的道德的範疇，最高道德的範疇可以「涵蓋儒家在仁的基礎上發展出來的一套修身養性的內聖之道，又可以不為其所限」〔註53〕。最高道德標準是通過自我的修煉達到儒家的成聖成賢；「又可以不為其所限」指的是最低限度的道德範疇，即並非要求人人成聖成賢，而是要求人人守本分，能發展出守法精神和權力意識，韋政通先生認為「守法是現代社會倫理的重點」，人人都要懂得「群己權限」，「群己」指關係，「權限」是指使這種關係合理化的理。〔註54〕這兩個範疇雖屬於不同的道德層次，但也有共同的特點，二者都注重個人的尊嚴，具有強烈的自我意識。

社會倫理維度是指「自由人倫理」的構建必須一體兩面，改造個人的同時必須改造社會，個人改造是社會改造的基礎和起點，社會改造是個人改造的目標。韋政通先生認為自由人倫理建立的必經之路就是從個人改造過渡到社會改造，最終實現社會精神價值的突破，這是儒家倫理現代化的目標，儒家倫理的現代化必須經由這個過程〔註55〕。「自由人倫理」的個人倫理與社會倫理的兩個維度不但對個人提出了要求，也對社會提出了要求，個人要不斷提高自我，修身養性，培養法律意識和權力意識，社會也要不斷朝民主法制的方向發展，社會要把自由民主平等的價值實踐到全民的生活中去，改變國民的性格，提高國民的民主素養。因此，培養並提高國民的民主素養是「自由人倫理」構建的關鍵。

3. 通過重建兩代關係構建「自由人倫理」

欲建立「自由人倫理」，重要的是培養國民的民主素養，改變國民的性格，而國民民主素養和國民性格的改造始於家庭，因此，家庭倫理的重建對於自由人倫理的構建和發展至關重要，韋政通「自由人倫理」思想的構建從個人到家庭再到社會，家庭倫理是個人倫理的起點，也是邁向社會倫理的橋樑，家庭倫理主要是處理各種關係，比如父母與子女的關係，尤其是父子關係，傳統與現代父子關係有何不同？如何解決兩代之間由於價值觀念的

〔註53〕 韋政通著，何卓恩、王立新編：《傳統與現代之間》，北京：中華書局，2011年版，第 276 頁。

〔註54〕 韋政通：《倫理思想的突破》〔M〕，成都：四川人民出版社，1988 年版，第 230頁。

〔註55〕 韋政通著，何卓恩、王立新編：《傳統與現代之間》，北京：中華書局，2011年版，第 281 頁。

差距而蘊含的思想衝突？如何重建現代父子關係的觀念模式？如何通過觀念的疏導促進兩代關係的協調？是家庭倫理構建過程中必須思考和解決的問題。

半個多世紀以來，在社會文化的變遷過程中，兩代之間尤其是父與子之間的思想衝突是主要的衝突形式之一，也成為我們今天必須面對的問題之一，這種衝突，主要是要通過觀念的疏導，在此基礎上重建兩代關係的新模式。何謂觀念的疏導？韋政通先生認為至少包括兩個方面：「一是使大家認識，傳統的父子關係，和現代父子關係之間不同的情狀，以及它們之間為什麼不同。一是在適應現代社會文化的前提下，重建父子關係的新模式。」〔註56〕

1. 傳統父子關係的特點

現代的一些子女提到父輩時，總是不滿於他們用傳統的頑固的方式管教自己，其實，在我們的社會裏，已不存在「純傳統的方式」，即便是最保守最頑固的家庭，也在急遽變遷的社會中有所改變，他們對待子女的態度和願望和子女想像的傳統方式有很大的差距，真正的傳統方式是如何一種樣子？子女也沒有機會去體驗到真正的傳統的方式，我們只有真正瞭解了傳統的父子關係並和現代的父子關係做個對比，才能得出正確的結論。

傳統父子關係處於絕對的尊卑格局中。在這個尊卑格局中，父親永遠處在「尊」的地位，他對子女有絕對支配的權力，處於「卑」的地位的子女對父親有絕對服從恭敬的義務。父子關係是一種非對等的上下式的關係，這種上下式的關係最早始於周代，具有階級意識和政治意義，後來孔子復興周文沒有成功，把原來具有政治意義的尊卑意義運用到人倫的範圍裏來，作為人倫關係的基本規範。在這種人倫關係中，主軸是父子一倫，其他的諸如君臣、夫婦、兄弟都以父子一軸向外擴延，什麼使得具有政治意義的尊卑順利地轉化為一種人倫關係的價值取向？簡言之有二，孝道與禮教，孝道是傳統文化價值中統攝和主宰其他價值的最高價值，也是中華民族最大的特色，禮教只不過是孝道的輔助工具。傳統儒家中，孝對於一個人具有終身性，「夫孝，始於事親，中於事君，終於立身」。孝講求恭順和順從，要「無違」，這種順從和「無違」具有巨大的功效，使得天性幾乎很難避免的父子之間的衝突緩和很多且表現出表面和諧的狀態。殷海光先生認為孝是非對稱性的（asymmetrical），下一代對上

〔註56〕韋政通：《知識分子的責任》〔M〕，臺北：弘毅出版社，1970年，第19頁。

一代盡孝是一種祖先崇拜式的仰視。所謂「孝順」，不只是要提供服務，而且要順其心，隨其情，以至於無微不至〔註57〕。

另外，從傳統的社會結構來看，中國傳統的社會是父系社會，在父系社會裏，父親掌握著一切大權，再加上傳統的農業社會，經濟不發達，生產工具極為落後，子隨父居，安土重遷，年輕人處在耕與讀的環境中，很少有機會出去自謀出路，「這種種條件都促使傳統的價值系統，與傳統的社會結構凝結而為一體，對中國文化的持久性，起到了極大的功效。」〔註58〕價值取向方面是尊卑，父系社會大權又掌握在父親手裏，無論從價值體系還是從經濟結構，為人子者必須順從父輩，訓練服從的道德：服從父母、服從君王、服從禮教、服從一切風俗習慣。

這種服從道德在當時的社會是很有必要的，因為它適應了傳統靜態農業社會的需要。不可避免的父子關係的衝突，充滿緊張的君臣關係都通過這種柔順的道德得到了緩和。當然，我們今天看來，這種順從的道德存在很大的弊端，晚輩幾乎沒有自主性和自由選擇，他的意志、願望幸福都屈尊在父之意志和願望之下，韋政通先生認為這對人類理性是一大屈曲。在以男性為中心的家族或家庭中，長輩或父輩是合模（conformity）的標準〔註59〕。族人或者家人的世界觀、價值觀、人生觀都要向父輩看齊並儘量合模，「父親意象（father-image）」具有權威性且不可度讓和侵犯，他掌握著經濟、婚喪嫁娶、遷移營建等一切大權，父親說話，兒女要認真聽從，為了父親尊嚴，即便是錯了兒女也不能同其辯論，所以，平等討論問題的習慣無從培養。在「父權主義」之下，是非善惡的指導和生活的照顧，兒女在習俗上必須服從父輩，不然就是「準反叛」，人的自由精神無從培養。

殷海光先生認為傳統中國的家庭是一個始原群體（primary group），家族裏的各個成員的關係是始原關係，始原關係有以下幾個特點：（1）不管家庭裏有何反應，都不是對其中一部分成員的反應而是對全體的反應，例如，養不教父之過，兒子不盡孝全家受譴責和牽連，一人犯罪全家連坐甚至株連九族。（2）大家族成員之間不拘行跡不問時地地交往深切而廣泛。（3）能高度

〔註57〕殷海光：《中國文化的展望》〔M〕，北京：中國和平出版社，1988年，第108～111頁。

〔註58〕韋政通：《知識分子的責任》〔M〕，臺北：弘毅出版社，1970年，第22頁。

〔註59〕關於合模，殷海光如此解釋：行為、觀念或者思想之合於既定的型模、倫範或標準，通常社會注重合模，而不太容忍異模。

滿足個人的情感和安全感。傳統社會認為「背井離鄉」是一種凄苦，因為他們深信「在家千日好，出門一日難」。在傳統社會裏，「孝道是安排代際關係，緩和代間緊張，並減少代間衝突的基本原理。」〔註60〕但隨著西方文化入侵，社會文化變遷，受傳統社會影響大多數的行為模式和思想模式已固定的父輩面對異質文化，難以適應的同時還在心理上產生一種「防衛軌序」〔註61〕，而年輕人對西方的適應性強，他們喜歡新奇厭棄陳舊，孝道不再對他們有價值他們也不再相信，孝道幾乎崩解，代間緊張發生，代間衝突不可避免。這種代間衝突是由文化急遽變遷引發的也是文化變動激劇的一種反應。

梅德（Margaret Mead）對此進行了解析：「凡屬變動激劇的文化都沒有真正同質而又和諧的內容。因為，文化的激劇變動會產生上一代與下一代之間的種種差異。他們之間的種種差異可比之於文化與文化之間的種種差異。在這一差異裏，有一群人屬於上一代，他們持著顯而易見的一種態度；而另有一群人屬於下一代，他們持著顯而易見的另一種態度。」〔註62〕殷海光先生補充到：「中西兩種不同質的文化因接觸而引起的文化激變時，沒來得及滋生出同質而又和諧的文化。上一代常因自衛而保守舊文化系統；下一代因要創新而欣然接受西方文化。既然不同的文化也就是不同的價值系統，於是上下兩代人各持不同的價值系統。」〔註63〕

2. 在西方文化衝擊下重建兩代關係的新模式

西方文化中對傳統父子關係衝擊最大的就是個人主義和自由主義，還有新文化運動中胡適提倡的易卜生主義，新思潮下倡導的價值觀是打倒權威，打倒偶像，個人主義和自由主義等和我們傳統文化以服從為價值取向的價值觀念完全相反、針鋒相對。新思潮提倡的價值理念利弊有待評說，但這種思想衝擊使傳統的中國無法逃避，特別是辛亥革命之後滿清覆亡，君臣關係隨

〔註60〕殷海光：《中國文化的展望》〔M〕，北京：中國和平出版社，1988 年，第 208 頁。

〔註61〕殷海光認為，防衛軌序是一種持久的心靈結構，這種心靈結構使人避免對不愉快的事物之意識，或避免引起對令人焦慮的事情之意識。例如，考試失敗的人不願去看榜，如果有人約他去看榜，他說：「我很忙。」「好漢不談當年勇」，是為了避免和現在對照。

〔註62〕殷海光：《中國文化的展望》〔M〕，北京：中國和平出版社，1988 年，第 209 頁。

〔註63〕殷海光：《中國文化的展望》〔M〕，北京：中國和平出版社，1988 年，第 210 頁。

著兩千多年的專制政體的解體而不復存在，留下的父子關係和夫婦關係在新思潮的衝擊中迅速轉變，尤其是父子關係，父子關係由原來的尊卑關係逐漸變成平等的關係，這種平等關係不再強調子女應對父母如何，而是反過來強調父母應對子女如何，兩代之間有如此大的變化主要是因為價值觀念的變化。「以前個人行為重謙遜，重節制，以順從父母，順從習俗為美；而現在則重自信，重幸福，要求獨特表現，不太重視父母的意志和願望。」〔註64〕這種表現經歷了一個漫長的過程，而且在轉變過程中是以無數家庭的悲劇為進步代價的。

重建兩代關係的新模式，需要父母與子女雙方共同努力，雙方共同理解。作為子女，一方面應該瞭解到，父輩的保守、固執等有些行為並非處於自覺，而是受其所生長的文化環境影響，基於接受的教育程度他們也不可能都具有對自身生長的社會具有批判精神。另一方面也應該認識到，現代社會變遷幅度之巨大，老年人受生理和心理等的限制，在適應巨大變遷方面往往是無可奈何、力不從心。年輕一代應努力體諒、同情並忍讓父輩一代。作為父母，應深諳現代化的境況和年輕人處於有利地位的現實，盡力盡快地去適應現代化。在現代化社會裏，社會事務繁雜，就業機會增多，兩代之間的離異性增強，這種客觀現實作為父輩的也應接受。在兩代之間發生矛盾和衝突時，若不是在適應現代社會文化的前提下去尋求出路而是回頭找尋對自己有利的傳統價值觀念，這樣只能激起年輕人更大的離異和反抗。

在現代社會如何做優秀的父母，如何避免兩代之間的衝突是個很複雜的問題，韋政通先生認為父的一代若能做一個「白頭的新人物」將是消解父子一代思想衝突比較徹底的方法。因此，兩代之間要想建立起健康而穩定的關係，萬不可停留在傳統社會求全教訓下一代的層面，兩代要做同等努力。尤其是父母，要不斷吸收新的理念和新的知識，盡量努力縮短和孩子之間的差距，努力的方向除了愛心還要在觀念上做大幅度的調整。

第一，避免單軌式的理性教養，只要求有限度的順從

什麼是單軌式的理性教養？這是傳統的一種價值取向，當兩代之間發生糾紛或者爭執，特別是由於爭執或糾紛鬧成悲劇時，即使是子女站在有理的一方，在勸解方式上，社會或者親友多半採取這樣的勸告：「不管對錯，他畢

〔註64〕韋政通：《知識分子的責任》〔M〕，臺北：弘毅出版社，1970年，第25頁。

竟是你的長輩，畢竟是你的父母……。」在傳統教孝的社會，這被視為理所當然，大家也都習以為常。但在現代社會，這種勸解方式理應進行修正，子女和父母發生爭執，子女一定認為自己是有一定理由的，經過上面的勸解，子女表面上退讓，然而在心理上對子女形成了不良的影響：自己和父母講理行不通，但父母教訓自己卻又運用理性，理性只是上責下的單軌式。

韋政通先生對這種單軌式的理性教養的危害性進行了剖析：「一個青年在成長過程中，如果他面對的父母、師長、長輩都只是以單軌式的理性來教訓他們，極容易培養他們的非理性，反理性的人格傾向。因為任何單軌式理性的表現，都是理性客觀性的否定。傳統社會，理性之所以不發達，這種教養的方式是重大的障礙。」〔註 65〕在論及現代社會與傳統社會差別時，我們不能只看到經濟與社會的差異，更要看到現代社會的制度和價值觀更有助於理性的彰顯。因此，作為現代社會的父母，必須對現代社會的價值和理念有適當的認識和適應。

另外，在教育子女方面，對其要求要有限度。不能以傳統的教孝為原則要求子女沒有限度地順從，這種沒有限度的甚至盲目的順從對人的性格和人格無不產生影響，諸如缺乏意志，優柔寡斷，游移不定，依賴性強等都和這種順從有很大關係，因此，即便是深受傳統社會孝道影響，父輩對子女的要求也要有限度。什麼是有限度？韋政通先生解釋到，除非子女出現非理性、反理性的行為我們應該勸告其順從外，其他的都不應該過度干涉。〔註 66〕父母應適當調整自己的觀念，去實踐現代社會把人當做獨立人格的實體的新理念，使子女的性格多些自由發揮的空間。

第二，調整舊有價值觀念，避免過度干涉

在傳統教孝的農業社會，尤為強調父母對子女的恩惠，這種觀念的過分強調造成了父母對子女過度的要求和干涉，傳統的農業經濟社會確實有這方面的需要，但在現代社會，身為父母，觀念必須有所調整，父母應該強調對子女的責任並予以適當的關切，父母關切並過問子女的學業、交友、未來的職業和結婚生子等大事，但切忌關切過分流於干涉，關切和干涉是有一定分際的，「關切只盡規勸之責，至多也只能採取說服的方式，絕不要代替子女做決斷，尤其不可以強迫他們遵從自己的決斷，因為這樣做就是逾越了關切的

〔註 65〕韋政通：《知識分子的責任》〔M〕，臺北：弘毅出版社，1970 年，第 29 頁。
〔註 66〕韋政通：《知識分子的責任》〔M〕，臺北：弘毅出版社，1970 年，第 30 頁。

分際，而變為干涉了。」〔註67〕混淆兩者之間的邊際，以干涉代替關切，是兩代之間發生衝突的主要原因。在眾多的干涉事項中，父母對子女干涉最多的是興趣和職業。過度干涉子女在興趣和職業方面的選擇，不利於子女個人的發展和潛能的提高，也妨礙他們去選擇志趣相投的事情。明智和理性的父母儘量不要替孩子去做決斷，而是要認真耐心地培養他們做決斷的能力。關於子女的職業選擇，父母的觀念也要有所改變，第一，要考慮他們的性向和能力；第二，要樹立正確的職業觀。總之，構建兩代關係的新模式，父母與子女要共同努力。

4.3.3 自覺建構：重構文化新模式

什麼是文化模式？韋政通先生認為文化模式指某個社會階段或者某個派別顯著的文化特徵，這種文化特徵在整個文化體系中具有支配性的作用。例如，儒家的文化模式以倫理道德為主，老莊道家的文化模式可以冠之自然主義，宋明時期的文化模式是儒釋道三教合流。現代的中國應具有什麼樣的文化模式？什麼樣的文化模式才能促進傳統倫理現代性轉換和創造？韋政通先生提出了以傳統的倫理道德為主的儒家文化模式為依託，將科學與民主融合其中的文化模式，簡言之，就是倫理、民主、科學三者相結合的新的文化模式。同時他還主張，這種以倫理民主科學相結合的文化模式的內核是自由。以自由為前提構建倫理、民主、科學三結合的文化模式是韋政通先生致力的目標。韋政通先生認為，傳統社會以農業經濟、專制、家族主義為基礎，現代社會是以市場經濟、民主、個人主義為基礎。〔註68〕因此，自由、民主、科學是現代社會的核心價值，無論是以往的西化派，還是傳統派，亦或者是自由主義者，都未對此有深刻的認識，而是把自由民主限制在政治領域而非文化領域和生活領域。〔註69〕宣揚自由、民主、科學的學人很多，但極少數人會認識到，如果傳統的倫理道德思想、人生態度不轉變，不建立起一種新的倫理生活方式，自由、民主、科學的提倡是很難以成功的。「倫理、民主、科學是重建中國文化的三塊基石，分開來看，倫理代表價值系統，民主代表政

〔註67〕 韋政通：《知識分子的責任》〔M〕，臺北：弘毅出版社，1970 年，第 31 頁。
〔註68〕 韋政通：《倫理思想的突破》〔M〕，成都：四川人民出版社，1988 年版，第 129 頁。
〔註69〕 韋政通：《倫理思想的突破》〔M〕，成都：四川人民出版社，1988 年版，自序第 3 頁。

治運動，科學代表知識建構，合而觀之，三者綜攝而成一文化整體。」〔註 70〕現代倫理的構建必須以自由為前提構建科學、民主、倫理相結合的新倫理。

　　我們當如何看待韋先生所構建的文化新模式？毋庸置疑，韋政通先生希望構建一個以自由為前提，倫理、民主、科學相互支撐的文化模式，體現了作為公共知識分子和思想家的韋政通在精神上和思想的承擔與精神和思想上的負擔。承擔與負擔是借用林毓生先生對自由主義者的評價。「承擔」指的是一種使命感，知識分子和有志之士基於政治環境所做的他們應該做地呼籲，履行了他們應有的職責。「負擔」指的是韋政通先生的思想經過分析之後，實現的艱難性。

　　民主之於傳統相融之艱難性。五四運動明確提出了將民主與科學作為中國現代化進程的兩大目標，五四運動的重要旗手陳獨秀先生宣稱：「要擁護那德先生，便不得不反對孔教禮法、貞節、舊倫理、舊政治；要擁護那賽先生，便不得不反對舊藝術、舊宗教；要擁護德先生又要擁護賽先生，便不得不反對國粹和舊文學。」〔註 71〕因此，五四運動也判定中國傳統儒家倫理與民主、科學這兩個目標在根本上是對立的，這種判定當然是有缺陷的，新儒家的很多代表認為儒家倫理是完全認同「科學」與「民主」的。梁漱溟先生捍衛儒學的同時也明確宣示：「德謨克西精神、科學精神這兩種精神完全是對的，只能為無批評、無條件的承認……怎樣引進這兩種精神，實在是當務之急的。」〔註 72〕

　　民主、科學與傳統儒家倫理究竟是一種怎樣的關係？韋政通雖然指出新儒家所謂的儒家思想能轉出或者開出民主科學的觀點是不科學的，但韋政通先生在構建倫理、科學、民主的新的文化模式時也並未闡明民主科學與儒家倫理的具體關係，他只是建議將西方民主、自由、科學的理念運用到倫理生活中去，具體路徑是通過個人和家庭的解構，通過建立民主的家庭來達到民主方式的構建，最後建立從個人改造到社會改造的自由人倫理。韋政通先生在對儒家倫理進行現代轉化時運用了自由主義的理念，即用自由主義的精神去進行儒家倫理的現代化，呼籲自由民主精神在中國的建立，然而，他也清

〔註 70〕韋政通：《倫理思想的突破》〔M〕，成都：四川人民出版社，1988 年版，自序第 5 頁。
〔註 71〕陳獨秀：《新青年罪案答辯書》，《獨秀文存》卷一，第 362 頁。
〔註 72〕轉引自崔大華：《儒學的現代命運——儒家傳統的現代闡釋》〔M〕，北京：人民出版社，2012 年，第 302 頁。

楚地知道中國還不具備自由民主發展的客觀條件，韋政通先生忽略了民主科學自由在中國的「為與不為」和「能與不能」的問題，「科學」是一個「不是不能，而是不為」的問題，馮友蘭先生說：「中國為什麼沒有近代自然科學？是為之而不能，或是能之而不為？當時我認為是能之而不為。」〔註73〕即只要我們「需要」科學，就能摘到「科學」的果實。關於科學，韋政通先生不但認為中國文化有理智的根苗，而且他還肯定科學的源頭在荀子時已經被開闢了，只是被堵塞了兩千多年，只要自覺，源頭就可以從荀子的精神導引出來。因此科學非西方文化所獨有，任何一個高級文化自身，都可以發展出來，在中國過去，沒有科學的成就，只是發展的階段問題，只要我們有一反省，自覺地將心靈活動，朝這方面發展，科學的源頭，立刻就能活轉，開始它應有的發展。我們所以如此說之理由，乃本於我們自己的自覺，我們自覺到，科學，甚至民主，亦正是我們德性主體之不容已的要求其實現的。〔註74〕

　　而民主在中國是一個「不是不為，而是能不能」的問題，崔大華先生認為，儒家倫理與現代民主相融攝並適應，是一個「是否可能」的問題，蛻變過程是艱辛而漫長的，因為傳統以家庭倫理、私德為主的「生產家庭化」轉變為現代以公共道德為主的「生產社會化」的社會生活是相當困難的，因為這一轉型要求思想觀念和生活方式的根本轉變、更新和重建。同時需要大力培育發展公德觀念、公共性社會認同的新觀念與倫理性私德相協調。而公德缺弱是儒家思想的最大特點，梁啟超先生在其《新民說·論公德》中闡述得很清楚，中國「偏於私德，而公德殆闕如。」〔註75〕另一方面，嵌定在血緣、宗法民族倫理同質同構的「倫理人格」發展到超越「身份」、具有獨立、平等的自主權利意識的「法律人格」是尤為困難的。在社會控制層面，表現為由「身份」意義的德治向「契約」意義法治轉變的困難。儒家的德治在傳統社會體現了其應有的生命力，但儒家德治所需要的倫理觀念和道德信念的支持，一直處於自然衰退之中，「自十六世紀以來，法律已經成為社會控制的最高手段了。」〔註76〕社會學家孫末楠（W. G. Sumner）說：「法律實際上是經過編

〔註73〕馮友蘭：《三松堂自序》〔M〕，北京：生活·讀書·新知三聯書店，1984年，第203頁。
〔註74〕韋政通：《荀子勸學篇疏解》（下），一九五七年九月於碧山，未刊。
〔註75〕梁啟超：《飲冰室文集》，上海：上海廣智書局，宣統二年版，第8卷。
〔註76〕羅·龐德著，沈宗靈、董世忠譯，《法律的任務》，北京：商務印書館，1984年，第131頁。

纂的民德。」我們也經常說：「法律是最低限度的道德。」

　　工業社會的行為準則與傳統農業社會有顯著的不同，傳統農業社會主要講人倫、親情、血緣，工業社會主要講求法律、制度、契約；傳統農業社會是家庭農業生產的各取所需、各盡所能，財產因家族共有而公私不分，工業社會是個人生產公平競爭，量功給酬，權力與義務對等。陳朝平先生認為，在工業社會提倡新的倫理道德，其前提條件是假設人人皆有理性且人人向善，但實際上並非如此，因此，提倡新倫理，不如強化法律制度下的權利義務關係。潘家慶也認為，政策、制度與結構比倫理（第六倫）更重要，因為單靠倫理解決不了現代社會的道德問題，一個社會是否進步，取決於是否具有健全的制度與結構，不是取決於「人」和「民性」。紀剛先生認為我們缺的是社會人，什麼是社會人？他認為社會人不同於「家庭人」和「國家人」，我們有優秀的「家庭人」和「國家人」，但唯獨缺「社會人」，「社會人」崇尚法治，言行準則是律法規定和契約關係，依據法律規定的民事權益參與社會活動。不通過在社會組織中蔓延家族人事關係和家長權威性格去妨礙新社會的運作。韋政通先生在晚年也隱約意識這一點，但最終未形成系統的理論。由此，我們可以看出，以倫理、民主、科學為基礎的自由人倫理的構建的困境和內在張力。

4.4　重建之實質與動力：精神革命、知識和觀念

4.4.1　傳統倫理重建的實質：精神的革命

　　韋政通先生指出，新倫理的建設從根本上而言是一種精神的革命，精神的建設，他指出，精神建設大體上就是文化的建設。為何說傳統倫理重建的實質是一場精神的革命？韋政通先生指出，只有徹底革除傳統中遺留下來妨礙工業文明和社會進步的習性，文化才能再生。傳統倫理必須經由批判與轉換才能實現工業社會的需要。這場精神革命要求在工業文明的基礎上全方位的並非零零散散的轉變，「從個體到國家，從精神到物質，都要改變，最後的關鍵就在這道德和精神的革命上」〔註77〕。為何說新倫理的構建的關鍵取決於道德和精神的革命，韋政通先生在《變遷與回應——是什麼因素阻礙著

〔註77〕韋政通：《倫理思想的突破》〔M〕，北京：中國人民大學出版社，2005 年版，第 126 頁。

我們前進》一文中對此進行了深入地研究和剖析，一方面，中國傳統倫理經歷了數次變遷，但都是在傳統中變，傳統倫理的核心價值觀並未受到挑戰，而工業文明下的變遷已超越傳統的藩籬，是「三千年之大變局」，這種變遷不但要求物質、技術的變遷，還要求文化、倫理、政治體制隨之改變，在工業文明強勢的侵襲下，中國引進西方的先進技術，創辦工廠，實行新法，廢除科舉，改變教育制度，結束了兩千年的專制政體，中國內部發生了很大的變化，也掌握了西方技術中若干關鍵性的問題。正如韋政通先生所言：「自清末以來，科技首先獲得勝利，接著是政治制度，最後固守的堡壘，就正是這『道德和精神之上』。」〔註78〕中國向西方的學習，先後經歷了器物——政治——文化三個層面，但在文化、政治體制方面中國進展緩慢，可見，工業文明之下，傳統社會轉變的關鍵是精神文化，需要我們進一步思考的是，為何精神文化轉變地如此緩慢和困難？韋政通先生就此進行了進一步的分析，他指出：「作為一個民族的精神基礎和基本價值的形成，都有它悠久的歷史傳統，傳統之所以被重視，是因為其中所包含的精神與價值會長期維繫這個民族的和社會的穩定，因此任何一個悠久的傳統對新觀念都不輕易接納。」〔註79〕精神和基本價值在具體生活中的表現是態度、習慣和信仰觀念，這些都不容易改變，但「傳統倫理作為農業文明中的價值文化，必須經由徹底的批判與轉化，才能適應工業文明。」〔註80〕也就是說，要想建立適合工業文明的新倫理，必須徹底轉換傳統倫理，因此，工業文明下傳統社會向現代社會轉變的過程中，精神的轉變是關鍵，新倫理構建的實質一場精神的革命。

在這場精神革命中，最大的障礙是什麼？韋政通先生用「心陷牢獄而不自知」〔註81〕來形容。韋政通先生通過對比1962年日本頒布的《理想國民的典型》和臺灣國民當局頒發的《國民生活須知》說明了我們如何身陷「心所錘鍊的桎梏」中，日本以現代生活和觀念對國民進行塑造，鼓勵國民追求民

〔註78〕韋政通：《倫理思想的突破》〔M〕，成都：四川人民出版社，1988年版，第157頁。

〔註79〕韋政通：《思想的貧困》〔M〕，臺北：東大圖書公司，1985年版，第97頁。

〔註80〕尹文漢：《儒家倫理的創造性轉化——韋政通倫理思想研究》〔M〕，合肥：安徽人民出版社，2008年版，第51頁。

〔註81〕韋政通：《倫理思想的突破》〔M〕，北京：中國人民大學出版社，2005年第二版，第127頁。

主自由的生活，思想開放，但臺灣當局所倡導的新生活仍固守在傳統的圈子之中，缺乏現代性。韋政通先生在對比和研究中得出如下結論，他認為在現代進程中，越是文化歷史悠久的國家，走向現代的過程越是艱辛和困難，因為歷史文化越悠久，信仰體系越凝固，原有的習俗、慣例越難以改變。而且對新的觀念和事物極易產生抵制，心陷傳統的道德和精神之中難以解脫，布萊克（Black）將此稱為「心所錘鍊的桎梏」〔註82〕。這種現象如何避免或者消除？韋政通先生認為精神革命應有的努力方向是吸收新觀念、建立新的態度，促進新人才的培養與流動。

　　首先，吸收新觀念，實現知識性的西化主義。新觀念不缺乏，關鍵是如何引進和吸收，韋政通先生認為我們在引進和吸收上出了不少問題，早期的西化主義者主張向西方學習，但只是停留在口號上，他們並沒有系統地學習西方的知識，更妄言將西方的知識傳入中國。中西方語言差異較大，要使國人能夠迅速接觸並吸收西方文化思想，翻譯工作是首要的，但西化派中能系統地翻譯西方著作並引進西方文化的並不多，在《倫理學突破》一書中韋政通先生如此感慨：「一直到現在，我們仍讀不到西方傳統任何一位重要思想家的中文版全集，假如能有一位玄奘型的人物，也把西方的經典翻譯兩千卷，那麼，他對國家貢獻是如何之大？」〔註83〕其次，國民認知心態和民主心態的培養。認知心態要求我們不盲信道德教條，要合理地懷疑，對問題追根究底，無論在人文社會科學領域還是其他自然科學領域，都必須使認知心態成為一種思考和心理的習慣。民主是針對權威而言的，民主心態要求能夠容忍不同的意見，尊重個性的差異。最後，要有良好的用人制度，能夠培養新人才。建立全民學習，終身學習的社會，注重國民態度、習慣的培育。

4.4.2　傳統倫理重建的動力：知識和觀念

　　倫理或者道德的動力不同於機械的動力，道德的主體是人，傳統觀點認為，培養人類道德的動力關鍵是如何有效地開發人生命中的潛能、提高人的德性和修養。古代的中國，不同派別開發道德潛能的方法都不盡相同，老莊道家

〔註82〕 韋政通：《倫理思想的突破》〔M〕，成都：四川人民出版社，1988 年版，第 159 頁。

〔註83〕 韋政通：《倫理思想的突破》〔M〕，北京：中國人民大學出版社，2005 年第二版，第 153 頁。

致虛靜、佛教靠禪悟、儒家致力於心性修養。經由個體性的工夫塑造超越世俗的人格成為社會大眾敬仰的道德模範。現代工業文明的發展，人們的物質生活極大豐富，生計環境發生了很大變化，人們的精神嚮往視角也日益豐富多彩，現代人要面臨多樣的物質生活困擾。沒有人能花一生的時間來專注在培養德行方面，傳統社會不同的道德楷模在現代社會黯然失色，漸失吸引力。在現代社會，科技精英、創業奇才、創造發明者及自由民主鬥士日益成為大眾敬仰的對象。因此，現代社會需要新的倫理和新的道德，韋政通先生認為單靠傳統式的道德修養遠遠不夠的，因為，「傳統型的精神活動對快節奏的現代生活可能是一點清涼劑，但不足以培養新道德或新倫理的動力。」〔註84〕

如果說工業文明下新倫理的構建是一場精神革命，那麼，這場精神革命的動力是什麼？或者說新的社會，道德的動力是什麼？韋政通先生認為首先要認識到完成人類德性有不同方法，傳統式的道德修養只是其中之一，諸如樂於知識和技藝的學習也是完成德性的方法。在現代變遷如此之快的社會中，要持續學習內化新的價值觀念，不斷更新並再造人的行為價值觀念，使自身的價值觀念能夠跟上不斷更新的社會。韋政通先生認為要想開發現代社會倫理道德的動力需要注意兩個問題，第一個問題也就是第一步要從觀念上要重建價值系統，第二步要考慮用什麼方法去開發？第一步重建價值系統，應考慮到傳統價值系統與現代社會新的價值系統的融合，韋政通先生借鑒了約翰·洛克斐勒（John D. Rockefeller 3rd）的觀點，總結了 15 條價值觀念：

（一）新的人與自然的關係；

（二）新的人性觀；

（三）新的文化觀；

（四）社區意識；

（五）個性；

（六）自由；

（七）平等；

（八）民主；

（九）社區責任；

（十）正確的權威與地位觀；

〔註84〕 韋政通：《倫理思想的突破》〔M〕，北京：中國人民大學出版社，2005 年版，第 134 頁。

（十一）正確的物質觀；

（十二）一個積極的工作觀；

（十三）一個積極的性觀念；

（十四）人類的相互依賴；

（十五）一種形而上的或宗教的意識。

以上的價值觀念中，有四項是和傳統相關的，其他都是新價值。這些觀念看似凌亂但有其內在的邏輯關係，其中，個性、平等、自由、民主等是新倫理建設的基本原則和總體要求；自然觀、社區觀念、社會責任、物質觀、工作觀、積極的新觀念涉及到自然和社會的各個領域，包括環境倫理、居住社區倫理、社會倫理、工作倫理、兩性倫理等各個領域的要求；開放的人性觀和新的文化觀是構建新倫理的前提和基礎。價值的更新是中國能否完成現代化的關鍵。

這些新的價值觀念既能保持傳統倫理的人本主義特色，同時也足以支持工業文明社會的建設，韋政通先生進一步思考的問題是價值更新之後如何實現的問題。韋政通先生認為必須經過不斷的學習和持續創新的活動。要通過學習開發每一個人的潛能，這是提高社會道德水平的必經之路。

第 5 章　獨特路徑與思想融通：
重建思路之特質

5.1　超越與回歸儒家倫理

　　縱觀韋政通先生的思想歷程，先後經歷了崇尚儒學、評判儒學和超越崇尚和批判。雖然韋政通先生沒有門派的觀念，也很難說他思想的最終歸宿，但我們通觀其晚期的倫理思想，用「超越與回歸儒家倫理」更能突顯其思想的主旨，在其《孔子成德之學及其前景》一文中，韋政通先生通過成德的工夫（修身）、成德的理想（君子）、成德之教（以身作則）等方面重點論述了如何超越與回歸儒家倫理。

5.1.1　知識修養兩輪並轉

　　何謂超越？為何要超越？如何超越？這無疑是現代學者面對傳統倫理都要思考的問題之一，韋先生所言的超越的目標和對象是以牟宗三、唐君毅為代表的新儒家，韋政通先生對新儒家的思想進行了檢討、客觀評價的同時並對其主要價值立場進行了概括。他認為新儒家富有很強的根源感和宗教情緒，也有很深的文化危機意識，他們認肯道統並以此為立國的根本和文化創造的源泉；他們以儒家文化為正統和主幹，重視心性之學，強調中華文化的一本性和獨創性，帶著敬意和同情感去復興中國文化。[註1] 特別是牟宗三先生在

〔註 1〕韋政通：《儒家與現代中國》〔M〕，上海：上海人民出版社，1990 年版，第 192
　　　　頁。

西方文化的衝擊下，衛道的同時開創了儒家的新學統，並通過形而上學的進路，對儒家傳統進行了創造性轉化，提升了儒學高度、奠定了儒家在世界上的地位，其功效顯見：「第一，在學院中已有穩定的地位；第二，憑籍這套系統可以使中國的儒家學者，與世界各大宗教、各大哲學學派展開高層次的對話，同時也可與其他文化提升到學理上的交流……它系統化的建構，早已超脫了『化世之言』的目的性和『方便巧立』的工具性，這是新學統本身已具有獨立的生命，這是儒家『道問學』的傳統從未達到的境界。」〔註2〕新儒家在很大程度上推動了傳統儒家思想，他們引進西方先進的思想融入傳統，構建了新的儒學框架，「他們的學問植根於西洋近代德國理想主義的傳統，曾以康德的範疇論、先驗主義，和黑格爾精神現象學的形上系統，作為復興儒學的理論骨架。」〔註3〕新儒家的很多人都接受過系統的思想訓練，知識基礎牢固，才華卓越，構建了一套規模巨大、內容豐富的思想體系。

韋政通先生對新儒家的代表人物進行了理論構建方面的比較，他認為，牟宗三先生較之唐君毅先生思想的不同之處，唐先生的思想迂迴百轉後仍在原道上，他基本上未對儒家的思想模式有所突破，一生有建立新學統的意願，但無實質進展，而牟宗三先生深刻地意識到，建立新學統的過程中，必須倡導認知理性，通過理性彰顯道德理性的光輝，並暫離儒家原來修身踐行的軌道，但從牟宗三後期的發展來看，已難以回歸到儒家原始的軌跡上，因此以牟宗三為主的一派新儒家勢必陷入「當儒學已賦予儒家傳統以學術的生命之外，要如何才能再使儒家傳統中的道德生命獲得新生的問題。」〔註4〕因此，如何使儒家思想不僅僅限於學院和少數知識分子，進一步深入大眾和日常，使儒學成為人倫日用之學是新儒家必須面對的問題。另外，我們也必須認識到，「新儒家至今已有六十多年的歷史，雖著作盈屋，但真能幫助當代人瞭解中國歷史文化真相的，似乎尚不多見，一部分的原因就出在研究或瞭解的方法以及態度上。」〔註5〕

韋政通先生也對徐復觀先生進行了研究，他認為，徐復觀先生對牟宗三先生的形而上詮釋儒學的路徑不但不認同不理解，甚至極為反對，在《向孔

〔註2〕韋政通：《韋政通自選集》，濟南：山東教育出版社，2005年版，第160頁。
〔註3〕韋政通：《儒家與現代中國》，上海：上海人民出版社，1990年版，第186頁。
〔註4〕韋政通：《韋政通自選集》，濟南：山東教育出版社，2005年版，第161頁。
〔註5〕韋政通：《儒家與現代中國》，上海：上海人民出版社，1990年版，第218頁。

子的思想性格回歸》一文中，徐復觀先生高度評價孔子及其思想，認為中國
文化的主流是儒家文化，孔子奠定了儒家思想的基礎並成為古代文化的集大
成者，與此同時他也對新儒家提出了批評：「講中國哲學的先生們……即是非
常愛護中國文化，對中國文化用功很勤，所以很精的哲學家，有如熊十力，
以及唐君毅先生，卻是反其道而行，要從具體生命、行為，層層向上推，推到
形而上的天命天道處立足，以為不如此，便立足不穩。」〔註6〕很明顯，徐復
觀認為熊十力、唐君毅等人在詮釋和復興儒家思想時方向是錯誤的，構建的
基礎是不牢靠的，如何對儒家文化進行現代化詮釋？徐復觀認為要實行回歸，
《論語》是關鍵，要運用現代的語言對《論語》進行詮釋，正確把握孔子的性
格特點和本來面目。〔註7〕

　　如何回歸孔子的思想性格，徐復觀先生認為：「從具體生命、生活上去接
近孔子，較之從形而上學，從思辨（辨）邏輯上去接近孔子，遠為正確而親切，
由此可以『升堂』。若從形而上學入手，則自以為『入室』，但實際連『升堂』
也感到困難了。」〔註8〕徐復觀先生痛斥兩種對待儒家思想和孔子的態度：卑
俗和超越。「卑俗」是「公開貶斥論語」，「抱著《論語》糟蹋《論語》」的人，
這類人認為《論語》不夠哲學和形而上學化，打心眼裏瞧不上，有時甚至公開
批評和貶斥。韋政通先生很欽佩徐復觀先生治學態度和立場，他所言及的兩種
態度：「卑俗」和「超越」，關涉「卑俗」者，批評得有一定道理，但關涉「超
越」者，諸如牟宗三先生，唐君毅先生，徐復觀先生是缺乏同情和深入的理解
的，他不認同牟宗三以形而上學路徑詮釋儒學的方法可能是因為他自己不瞭解
形而上學，而且，1949 年建國之後的三十多年間，二人共同衛道，徐復觀先生
對牟宗三先生建立學統的價值與影響缺乏同情的瞭解難免讓人產生費解。

　　至於徐復觀先生對唐君毅先生的批評，也讓人很費解，唐先生不但深諳
儒學，尤其是孔子和《論語》，而且他也是新儒家中最重體驗的人，在人生早
期，他就曾言：「中國哲學著述，自以孔子和《論語》為第一……孔子極高明
而道中庸，與柏拉圖之欲由庸凡以漸進高明不同。孔子之言，皆不離日用尋
常，即事言理，應答無方，下學上達，言近旨遠，隨讀者之高低，而各得其所

〔註6〕《中國思想史論集續編》，臺北：時報文化出版公司，1982 年版，第 431～442
　　　　頁，原載香港《中國人》月刊第 1 卷第 8 期。
〔註7〕《中國思想史論集續編》，臺北：時報文化出版公司，1982 年版，第 431～442
　　　　頁，原載香港《中國人》月刊第 1 卷第 8 期。
〔註8〕徐復觀：《徐復觀雜文》，臺北：時報文化出版公司，1980 年版，第 303 頁。

得。」〔註9〕其實這與徐先生的態度頗為相同，另外，縱觀其主要思想，其「喜用西方式之造句」，「曲折繁密繳繞」之表達方式，借助不少西方哲學派別的思想，但儒家的思想是其詮釋中國思想傳統，構建自己學術系統的基本核心和精神。

韋政通先生在認真研究對比新儒家思想言論的基礎上，提出了與眾不同的看法，韋先生認為，儒學應回歸到儒家創立初期的「兩個輪子並轉」，「博我以文，約我以禮」，知識與修養雙管齊下。同時他希望儒學在當代的影響不應該侷限於學院和少數知識分子，儒學應該走出書齋，回歸生活。什麼是「一輪轉，一輪不轉」？「一輪轉，一輪不轉」語出朱子語類「今學者皆是就冊子上鑽，卻不就本原處理會，只成講論文字，與自家身心都無干涉。須是將身心做根柢。」德明問：「向承見教，須一面講究，一面涵養，如車兩輪，廢一不可。」曰：「今只就文字理會，不知涵養，便是一輪轉，一輪不轉。」（卷第一百一十三　朱子十）朱熹的「兩個輪子」指的是「尊德性而道問學」「居敬窮理」「博與約」「德性之知與聞見之知」，他用「一輪轉，一輪不轉」批評陸九淵只知道「尊德性」而忽略了「道問學」，韋政通先生借用朱熹的「一輪轉，一輪不轉」「對新儒家的思想進行了檢討和批評，韋政通先生認為，以牟宗三為主的新儒家歷經三代學人努力，對儒家心性之學實現了傳承，建立一套理論性、思辨性很強的形而上學的知識論體系，對儒家現代轉型問題進行了應有的探索，同時從儒家立場對具有普世價值的科學與民主進行了回應、應對了西方文化對傳統儒家的挑戰，其功不可沒。但新儒家過於注重形而上學體系的思辨性，忽略了道德、人格以及修養教育，脫離了人倫日用和現實生活。

5.1.2　復活活化傳統人格

韋政通先生認為儒家倫理思想的宗旨是「成德之學」，其旨歸是「道德人格」的塑造，但「成德之學」在今天失落了，失落的原因不是「成德之學」本身沒有意義，而是現代社會是一個「商業文化泛濫，市場型人格橫行，並不注重道德人格的社會」；現代社會是一個「嚮往禮俗經濟，崇尚物慾享受，忽視精神修養的社會」；現代社會是一個「重理工、輕人文、形成教育的本末倒置，不知身教為何物的社會」。這也是韋政通先生呼籲，儒學要歸趨道德人格的塑造、重振人文精神的原因，我們要結合現代的需要，對儒學的精華進行

〔註9〕唐君毅：《人生之體驗》〔M〕，臺北：學生書局，1984年，第14頁。

挖掘，韋政通先生對「道德人格的塑造」充滿了信心：

> 我當然清楚孔子這套學問，與現代人的心靈是格格不入的，在現行的教育體制中，成德之學也幾無立足之地。20 年前我在《中國哲學大辭典》的序文中就說過：「我們生活的是一個重視知識的時代，在社會上泛濫的是商業文化，塑造出來的是大量市場型人格，由中國哲學所開發的那條道路，自然是乏人問津，也根本無法被瞭解。如果說百年來中國文化失落什麼，那麼失落得最重要部分，應該是這裡（指道德人格的塑造）。」〔註10〕

可見，道德人格的塑造不僅是儒學發展的需要，也是全人類的需要，因為這種塑造中國理想人格的成德之學，特別是孟子的剛健、莊子的透脫、阮籍的狂放、王船山的貞固等不朽人格不但象徵著中國哲學智慧的生長與成熟，也對當代人靈魂的蘇醒和自我的恢復提供了豐富的滋養。科技迅速發展，物質過度充斥世界，心靈卻日益空虛，萎縮，物質生活與精神生活失調，人被物化貨化，人與自然、社會和自我內心產生疏離，現代人被稱為「沒有靈魂的現代人」「空心人」（The hollow man）。面對人類由於科技文明日益加深的疏離所產生的心靈空虛、苦悶和孤獨，韋政通先生認為中國傳統文化的智慧，雖不足以克服當前人類心靈的複雜問題，但中國幾千年憂患培育的文化智慧，尤其是文化智慧與生活凝結而成的人格典型，對當代人類蘇醒靈魂和恢復自我的努力，無論如何可以提供豐富的滋養〔註11〕。

在當今社會如何塑造人格？韋政通先生提出了「復活人格教育」，他也稱之為「活化人格教育」，什麼是活化人格？意指復活並活化原始儒家不朽的人格。韋政通先生是想借用羅傑斯有關人格成長的豐富概念、高超的描述技巧以及發掘問題的能力，將儒家人格教育與羅傑斯有關人格教育兩個系統做一個整合性的詮釋，希望儒家能「兩輪並轉」，讓儒家最重視的人格教育在現代社會鮮活起來。〔註12〕早年處於儒家信仰階段的韋政通，王船山、陸九淵、王陽明、羅近溪這些大師崇高的道德人格給了他巨大的力量，韋政通在給王道先生的信中寫到：「近讀羅近溪語錄，他說：『三十年來，世道吃緊關心，夜分方得合眼，

〔註10〕韋政通：《孔子》〔M〕，臺北：東大圖書股份有限公司，1996 年，自序第 2 頁。

〔註11〕韋政通：《巨變與傳統》〔M〕，臺北：牧童出版社，1978 年，1990 年，改由臺北桂冠圖書公司出版，改名為《中國思想傳統的現代反思》，第 235 頁。

〔註12〕韋政通（講演）、張宏敏（整理）：《活化人格教育：我對儒家最後一點想法（下）》，《貴州文史叢刊》，2015 年第 4 期，第 31～32 頁。

旋復惶惶，耳聽雞喔，未知何日得交枕也。……每清晨長夜，揮淚自苦。』又說，『當向五更半夜，默默靜靜，考問自己心腸，是否真有必為聖人之志。』可見其交感的一刻，我的心與古人的心相通了。」〔註13〕可見，儒家傳統人格對韋政通先生影響至深，激發了他生活的勇氣和信心。韋政通先生甚至認為，如果能把自己塑造成完美的人格，一切的藝術文學又有什麼稀奇，天地間之至美，莫如人格美。他創造書中人物，實亦創造我自己，此處可使人格和作品不分裂。歷來未有人格卑下，而能創造不朽傑作者。

如何復活並活化傳統人格？韋政通先生認為人格教育方法的核心是體驗。體驗重於思辨。體驗不但是人格教育的核心，也是中國哲學新生的模型，韋政通先生在接受李匡郎等人的採訪中談到：「中國哲學的方法重點是體驗的。但是，哲學都是理性的、理智的、思辨的東西，怎麼把體驗放在哲學裏面去講？這是個很大的問題，也是傳統的實踐精神和現代的知識交會的地方。中國哲學如果能夠建立出一套新體系的話，大概要從這個交會處去發展。也就是說，他不能放棄傳統的實踐精神，又必須滿足現代人知識的要求。這兩個東西如果能夠成功的融合，就是一個新的創造──中國哲學的精神在裏面，現在的要求也滿足了。這就是我現在所想的中國哲學新生的一個模型。」〔註14〕如何推行人格教育，韋政通先生講了幾條須知，包括人格教育行重於知、人格教育與心理治療具有一體性、人格教育即全人教育、人格教育要以身作則、人格教育的目標是自我實現。韋政通將活化人格教育稱為他對儒家的最後一點想法。

人格改造是韋政通倫理思想的精髓和終極目標。從對儒家理想人格的認同到結合工業文明提出「自由人倫理」再到「活化人格教育」。人格改造貫穿於其思想的整個過程，韋先生認為「道德人格塑造」是儒學的再生和重建的重要方向，也是其對新儒家思想的超越，因此先生高度重視，在採訪中先生曾對筆者說：「儒家倫理思想，說到底就是國民性的改造，你研究我的倫理思想，如果能認識到主要就是人格的改造，就抓住問題的關鍵了。」〔註15〕

5.1.3 儒家倫理的生活化和生命化

徐復觀先生認為「從具體生命、生活上去接近孔子，較之形而上學，從

〔註13〕此段文字選取自韋政通先生寫給王道的信：《我在自覺中的若干感悟》，未刊。
〔註14〕韋政通：《傳統的更新》〔M〕，臺北：大林出版社，1981年，第214頁。
〔註15〕參見2018年5月28日劉君莉、胡可濤對韋政通先生的採訪錄音，未刊。

思辨邏輯上去接近孔子，遠為正確而親切，由此而可以『升堂』」〔註16〕也就是說，孔子的思想是從具體生命中感發而出，不是抽象的演繹推理活動。要解讀孔子的思想，有時需要將他的思想放到具體的情境中去理解。對此，韋政通深表贊同，「徐復觀欣賞『從具體生命、生活上接近孔子』的態度，這正是我在下面要做的工作。」〔註17〕韋政通先生認為，我們現代重建並活化儒家的核心價值，不在於我們撰寫了多少本儒學方面的專著，而是要把儒家的真精神移植到我們的生命和生活中來，內化到我們的生命和生活中並身體力行。即儒家倫理必須生活化，生命化。這就是儒家今後發展的方向。韋政通在給王道先生的信中寫道：「在我們這一生中，恐怕不能一輩子專做建立觀念的工作，適當的時候，仍將挺身擔當現實上的建構工作。把儒學的基本觀念，傳佈深入到人類的生活中去，是儒者應負的任務。」〔註18〕

儒家倫理的生活化和生命化，也是當代生存的需要。陳寅恪先生認為儒家學說對中國影響最深的是公私生活方面。〔註19〕儒家所建構的政治制度解體了，但儒家所倡導的生活方式影響深遠，因為，作為人，都要生活，而且都期待過仁愛、有情有義、有道德操守的生活，這正是儒家生命的原點。崔大華先生倡導儒家生活方式的回歸：「儒學不僅是一種觀念形態的存在，也是一種生活方式的存在；準確地說，更是儒家傳統——儒家思想及其建構的生活方式的存在。生活化、生命化是儒家最真實的一面。『生活儒家』是儒家的原貌。當孔子以其『吾與點也』的深心向望，抒發其生活實感與美感的時候，我們又同時看到孔子『望之儼然，即之也溫』的形貌，原來是莊重而典雅的，特別是他所認定『禮樂』竟至於『三月不知肉味』而讚歎到：『不圖為樂之至於斯也！』（《論語‧述而》）這顯然是生命自由的寫照，而期間也同時流露出文化教養的真實的氣息」〔註20〕。

韋政通先生在其最後的著作《異端的勇氣——韋政通的一生》中談到，儒家倫理現代轉化的真正含義，除了觀念的吸收和融合之外，還必須使你嚮

〔註16〕徐復觀：《徐復觀雜文》〔M〕，臺北：時報文化出版公司，1980 年，第 303 頁。

〔註17〕韋政通：《孔子》〔M〕，臺北：東大圖書股份有限公司，1996 年，第 109 頁。

〔註18〕此部分參見韋政通先生書信，未刊。

〔註19〕陳寅恪：《審查報告三》，載於馮友蘭：《中國哲學史》（下冊）〔M〕，上海：華東師範大學出版社，2011 年版，第 336 頁。

〔註20〕葉海煙：《儒家倫理與儒學前景——文化典範的中西交遇及其現代意義》，《基督教信仰之生命力》研討會論文，2000 年，第 5 頁。

往的一些價值，內化到自己的生命中，經由內化才能徹底轉化，轉化不只是學術論文裏的概念遊戲，更重要的是必須在現代社會中產生人的改變。「你講自由，講民主，講人權，沒有落實到生活上去，有什麼用？書本上講得容易，但是落實在生活裏面，就是要學習把這些價值內化。」〔註21〕韋政通先生身體力行，用生命做學問，他用實際行動踐行了什麼是生命化的儒家，他將學術當作一種「志業」而不是一種「職業」，他自建一種學人的生活方式，將生活、生命、工作結為一體，學術理想與現實生活沒有界限之分，這種學人的生活方式是「抽象的、分析的、系統化的、解決問題的、自我管控的等多種能力的整體表現」〔註22〕。

葉海煙先生說：「總的看來，儒家在兩千多年前的中國社會第一次出現結構性的鬆動之際脫穎而出，卻有其實然性、應然性與必然性。而在百年來西潮東漸之後，中國社會再一次天搖地動之際，儒學竟遭全面的質疑，甚至是根本的否定，這不盡然能全數推諉給歷史或時代，而還應該從吾人生活的意向與吾人對生活境遇或境界的實感去找尋較具合理性的根由。因此，在中西文化大面向的遭遇的同時，我們是應盡力去把握中西文化的差異，以及期間不同的文化典範──包括思維模式、行動方案、價值導向及理想境界的追索等文化活動所不能放棄的某些繩準與法則。」〔註23〕只有經由這種向人格修養、生活化生命化的回歸，儒家倫理精神才能由所言的一直在尋找附體的「遊魂」變成深度參與中國現代化進程，而且為世界人類的現代性困境提供了獨特資源的文化典範。

5.2 深化研究儒家倫理轉型問題、路徑獨特

縱觀韋政通整個倫理思想發展，他首先是深入傳統、尋求認同、直達心魂；然後跳出傳統、兩面攝取、雙向批判；最後是創造轉化、探尋出路、指向未來，最終實現以現代為視角進行「現代而又中國」的出路探尋。其思路是一種「認同（深入）－批判－展望」模式。吳森教授認為韋政通先生的思想經

〔註21〕韋政通：《異端的勇氣──韋政通的一生》，臺北：水牛文化事業有限公司，2018 年 12 月，第 113 頁。

〔註22〕韋政通：《異端的勇氣──韋政通的一生》，臺北：水牛文化事業有限公司，2018 年 12 月，第 173 頁。

〔註23〕葉海煙：《儒家倫理與儒學前景──文化典範的中西交遇及其現代意義》，《基督教信仰之生命力》研討會論文，2000 年，第 5 頁。

歷了一個「正」「反」「合」的過程，韋政通先生對此深表認同，對儒家倫理認同、批判、重建與回歸的辯證發展過程的認識使其「既能內在於傳統，又能超越傳統。內在於傳統，故能對傳統有同情的理解；超越傳統，故能對傳統的是非得失做客觀的評判」〔註24〕。

5.2.1　直探心魂：通過深入傳統形成認同

韋政通先生曾用「信仰之旅」概括自己二十世紀五十年代到六十年代中期的生活，「信仰之旅」是他拜師於新儒家牟宗三並成為儒家信徒的時期。信仰儒家時期的韋政通，深入傳統，直達心魂，尋求並堅守儒家的人文精神、仁本體及理想人格，為他日後批判重建儒家倫理打下了堅實的基礎，也對他的人生產生了重要的影響。韋政通先生在其《八百字小語》一文中如此表達處於傳統主義階段（信仰儒家思想時期）的自己：「在傳統主義階段，傳統文化像一股理想的火焰，對我的生命有過很大的鼓舞。那段時光，我的信念和理想都相當堅定，我的文化認同與自我認同也沒有問題。堅定的理想和認同，曾使我安穩地度過一段漫長而困頓的歲月。」〔註25〕一方面，韋政通先生深入傳統，對先秦七大哲學家：「孔子、孟子、老子、莊子、墨子、荀子、韓非子」進行了客觀的認知和再評價，同時他還對於「章太炎、嚴復、梁啟超、胡適、梁漱溟」等有著「再評價」；另一方面，他提煉出儒家倫理中具有恆久普遍價值的仁、人文思想和理想人格。

韋政通先生對儒家的人文思想極為認同，他對儒家的人文思想進行了深入的解析並予以了發展，他認為儒家人文精神的創立源於原始諧和之破裂，儒家人文思想探討的主要內容是主客體之間的貫通與和諧何以可能，意欲在反省中自覺尋求主客之間再度諧和，並為主客之間諧和提供基礎。仁是儒家人文思想的基本觀念，「由文之蔽因而反思及人，由人之仁進而成就文，這一主客體之間的往復，奠定了儒家人文思想的基本規格」〔註26〕；他認可「仁」在傳統儒家文化和倫理中的特殊地位，認為「仁愛」是儒家傳統文化的基礎，是人類歷史文明的源頭，仁愛精神動力不息；仁學從性質上而言是一種成德

〔註24〕韋政通：《思想的貧困》〔M〕，臺北：東大圖書公司，1985 年版，第 256 頁。
〔註25〕韋政通：《思想的貧困》〔M〕，臺北：東大圖書股份有限公司，1985 年版，第 255 頁。
〔註26〕韋政通：《韋政通自選集》（湯一介主編「漢學名家書系」），山東教育出版社，2005 年版，第 182 頁。

－149－

之學，其目的是培養君子的道德人格，仁賦予了人崇高的價值，使人確立人生的價值與奮鬥目標，充分發揮人的潛能去提高個人的道德境界，儒家這種以成德之學、培養人格為實現路徑的道德理想主義是我們今天社會進步和文化更新最大的財富和可借鑒資源，因為理想主義者本身所具備的「濃厚的時代使命感、對生活對人類的熱愛、專注於工作孜孜不倦的精神、單純的心靈和不矯揉造作的生活，追求自由和追求真理的熱情、偉大的同情心與強烈的人文精神，以及在危難中能做到臨危不亂、臨難不苟。」〔註27〕的精神是任何時代都應宣揚的。

5.2.2　反省傳統：以現代為視角予以新詮

　　韋政通先生深入傳統，直達心魂，尋求儒家永恆價值之後，跳出傳統，對儒家思想進行批判。與其他學人不同之處，韋政通先生有著獨特的批判手段和方法：韋政通對儒家倫理的批判採取的是「兩面攝取，雙向批判」〔註28〕。用現代化批判傳統，以傳統為借鏡批判現代化，採取辯證、雙軌的討論方式處理現代與傳統的關係，最後達到正確的認知態度。

　　首先，以現代化批判傳統。韋政通先生所謂的以現代化批判傳統，至少包含三重含義：第一，必須深入傳統，深諳傳統的複雜性和傳統的深度；第二，以現代化為視角來看傳統，傳統的確有很多缺陷需要反省和檢討；第三，必須澄清反傳統主義者和20世紀初西方學者對儒家傳統的誤解。韋政通先生對儒家倫理缺陷的揭示主要體現在對傳統道德缺陷的批判上，韋政通先生以批判儒家道德本質上的閉鎖性為主，旁涉道德規範體系上的泛孝主義、道德修養工夫上的虛玄，退化的歷史觀，傳統儒家經驗知識的缺乏以及儒家精神與現代民主、自由的衝突等。同時他又立足現代，透視傳統在整個近現代中的遭遇和發展，通過「文化涵化」〔註29〕過程中的兩種方式：「逆退的適應」

〔註27〕韋政通：《異端的勇氣——韋政通的一生》，水牛文化事業有限公司 2018 年版，第 207 頁。

〔註28〕吳根友、歐崇敬、王立新主編：《中國哲學的創造性轉化》，雲南人民出版社 2004 年版，第 344 頁。

〔註29〕韋政通先生認為百年來中國主要經歷了三個方面的適應：生態適應、制度適應和文化適應。他將這種適應稱之為涵化。涵化（Acculturation）是指謂文化變遷的過程，一種文化遭受另一種文化的侵入，也是一種文化對另一種文化的適應，於是發生文化的涵化現象，文化涵化過程是否順利，以及由涵化所及激起的回應究採取怎樣的反應模態，取決於涵化基線（base line of acculturation）。

和「進化的適應」對傳統主義和西化主義進行了實質性的分析。他認為傳統
主義者在器用和政治制度上是一種「進化的適應」，在文化及倫理價值上採取
的是一種「逆退的適應」。而西化主義者主張全盤西化是一種放棄獨立性的進
化適應。中國傳統文化的特性導致了這種「逆退的適應」。韋政通先生對傳統
主義和西化主義的這種批判，並不是調和傳統主義與西化主義以及自由主義
的關係，他擯棄了傳統主義的固執，克服了西化主義和自由主義的狹隘，超
越他們敵對的心態，採用吸收和批判的雙重尺度對他們進行審視，從而尋求
正確認識傳統的態度。韋政通先生自言：「因具有批判的眼光和不斷探索的精
神，使我對傳統思想有了新的體會和認識；對傳統思想不斷加強其廣度和深
度的研究，也使我的批判工作逐漸深化。這兩種工作都不是階段性的，三十
年來一直齊頭並進，批判工作的終極目標，是希望把現代中國的傳統主義與
自由主義，這兩種對立的思想形成統一的理論。」〔註30〕

　　其次，以傳統為借鏡批判現代化。與其他學者視角的不同之處，韋政通
先生以現代化批判傳統的同時，以傳統為借鏡批判現代化，從傳統的視角來
反思現代化。韋政通先生是我們這個時代為數不多的能從世界和時代的背景
及其變動上考量中國文化發展的思想家之一，他敏銳察覺到，十九世紀之後，
世界上國與國的關係比任何時代都密切，特別是當今科技的發展使得這種關
係進一步加深，任何一個國家想脫離世界關係另謀發展是行不通的，知識分
子在為國家文化發展尋求出路時，也必須先認清世界文化的趨向，加速國家
的現代化。與此同時他也認識到，現代化為我們解決了很多舊問題，但由科
技和現代化帶來的新問題也接踵而至，例如現代社會的生活單調、空虛、緊
張不安；技術專政導致心靈的癱瘓；寂寞、疏離導致的自我失落、孤獨和苦
悶；精神的荒漠與人之「貨化」「物化」乃至於成為沒有靈魂的「假現代人」。
韋政通先生多次強調，儒家傳統需調整自身適應現代生活的需要以便獲得新
生，但我們也要認識到現代生活的不完美和現代化的弊端，在適應過程中盡
力克服現代化的弊病。以傳統為借鏡肯定現代化的同時檢討批判現代化，給
現代化「定性」的同時還要「定位」。

5.2.3　創造轉化：在古今之辯中指向未來

　　經歷了傳統衛道士的熱情，也經歷了西化義士的反傳統激情，由認同到

〔註30〕韋政通：《思想的探險》〔M〕，臺北：正中書局 1993 年版，第 69 頁。

質疑反感、到激情退卻、最後轉向重建，理智平衡了熱情，理性代替了激情，韋政通先生最終走向了理性審慎批判之後傳統思想現代轉化創新之路。其思路是「深入傳統」「理性批判」「創造性轉化」「指向未來」。

他帶著對近現代思想史的反省、咀嚼、體驗去自覺探尋那延伸至今、根深蒂固的儒家倫理並理性審視，然後通過對比不同的救治思路（改良─革命，中體西用─全盤西化）繼而展開了另一路向「展望：創造性轉化─指向未來」。他帶著強烈的問題意識，結合當代工業文明社會之道德現狀與危機，運用現代多元化的手段和方法，構建出一套異於他人又具有現代化特色的儒家倫理轉型體系：儒家倫理現代轉換與重建的基礎是將抽象性、靜態性、封閉性的傳統人性觀轉變成動態、開放的人性觀；儒家倫理現代重建的核心是以「中國本位的中西互為體用」為前提，復興中國文化根核（固有道德）的同時引進西方的道德理念，加強道德規範的重建；儒家倫理現代重建的關鍵是在中西倫理架構中尋求新舊質素，吸納融化異質文化中的倫理新質素（自由、民主、科學）的同時在傳統倫理中尋求構建現代倫理的合理內核（五倫），繼而在中西倫理架構中構建「自由人倫理」。儒家倫理的現代重建旨歸於道德人格的塑造和生活化的儒家。其構建和轉換儒家倫理的進路總體上以倫理精神為側重點，注重道德規範和倫理體系的構建，從個人道德規範到家庭倫理再到構建民主、科學與倫理相結合的文化模式，探索出一條「科學」「民主」「倫理」相結合的新路子。

無論是研究傳統儒家倫理還是關注現代中國，韋政通先生既區別於有些儒學家的「好古」（而不能「敏求」）；又區別於一些西化派的「崇洋」（而不能「消化」）。其研究視角與新儒家、自由主義者的立場、視角、旨向都所有不同。再加上 90 年代以後他更加側重對現代問題的自覺回應，試圖通過「創造性轉化」而發展「既現代又中國」的「中國道路」，其思路已推進了一大步，這個維度恰恰是近現代思想家那裡所缺乏的。

5.3　關懷現實、堅守傳統、接納自由

韋政通先生 92 歲高齡，直至去世〔註31〕一直活躍在學術界，先生先後經歷了二十世紀下半葉臺灣文化之爭與現代文化的轉型，目睹了工業社會之道

〔註31〕2018 年 8 月 5 日凌晨三點半，韋政通先生突然不幸過世，享耆壽 92 歲。

德現狀與危機，對中國傳統文化的變遷及境遇有著深刻的體悟和同情。因此能夠以現代為視角理性剖析儒家倫理的特徵及缺陷，直面工業文明與現代社會的倫理問題和傳統倫理文化的困境，探討中國倫理與現代生活不能相適應的難題，尋求傳統倫理文化的現代轉換和突破。

　　在傳統與現代問題上，韋政通先生實現了對傳統主義和自由西化派的超越。他堅守傳統，接納自由。韋政通先生一生出入傳統主義與自由主義之間，有著特殊的人生經歷和學思歷程，晚年深受現代派思想影響，以牟宗三為代表的新儒家的思想是其思想的主要來源；以殷海光、林毓生為代表的自由主義使其對西學更為瞭解，科技整合運動和現代派使其視野更加開闊。2011 年韋政通先生在深圳大學演講時自豪地談到：「我這個人經過新儒家的訓練，經過自由主義的解剖，都是非常內在的一種關係、一種瞭解、一種學習，然後再經過現代化的過程。在臺灣，沒有第二人像我這樣的同時接受過這些運動的，新儒家的、自由主義的、現代化運動的，而且都是最有代表性的人。我這麼幸運，跟這三個方面都瞭解，所以訓練得我沒有門戶之見……在我的身上，不需要學多元化，我自然會用多元化的方式來看問題。所以我非常幸運地參加了在這個時代裏面、在臺灣六十年最重要的幾個（思潮），我都親身體會到、參與到，也在裏面貢獻過。」〔註32〕不同常人的學思歷程，使得韋政通先生既有深諳傳統儒家倫理的機會，又有接觸自由主義和臺灣現代化派的契機，作為一個公共知識分子，一個思想家，能夠將多種學術思想融於一身，這種獨特的知識結構和探討問題的新視野使得他能平允客觀地調和處理自由主義思想，現代化派思想與儒家傳統文化的關係，不論是學術觀點，亦或是具體操作、處理問題的方法及切入點，更為平和務實且更詳細具體。他認肯傳統文化的價值，卻反對用傳統主義者的「同情而心存敬意」的方法去瞭解中國文化；他提倡自由主義，但卻不盲目地跟隨並推崇自由主義理念的普世性。他非自由主義者，但卻能夠真正認識到自由主義的真諦和中國自由主義的實質及未來的發展方向，儒家傳統的現代轉化和以自由主義理念為核心的現代價值在中國社會中的普及密切相關的。正如有些學者評價的那樣，與最初秉持自由主義態度的那一批知識分子所體現出來的強烈的反傳統態勢相比，韋政通、林毓生、張灝這一代已經開始注意自由主義與中國傳統的創造轉化之間的關係，也已將開始注意調整自己的思想根基和立場：「每當我回顧『五四』

─────────────

〔註32〕詳見韋政通先生 2011 年在深圳大學講演錄音。

時代，想到中國自由主義是與激烈的反傳統思想密切地聯繫著，而當時卻沒有一種借著儒家思想的創造闡釋與改造來支持自由主義在中國的發展，我便深感悲哀，並覺得歷史在嘲弄中國。」〔註33〕

　　韋政通的工作是對林毓生「中國傳統的現代轉化」的具體嘗試，也是對張灝「現代化與傳統的雙向批判」的具體落實。2019 年 5 月 28 號，韋政通先生在臺北家中接受筆者的參訪時感慨地談到：「我一生探索和關注的議題是傳統與西化之間的衝突及其化解，致力於儒學傳統的反思與儒學的現代化，尋求中國文化的黎明與新生。」〔註34〕他借鑒殷海光對傳統的外在批判，利用科際整合的方法對傳統進行內在具體而深入的批判的同時注重傳統與現代的溝通並調適二者的緊張關係。他用現代的經驗和問題去拷問傳統的同時復以傳統的理想啟迪當代。他服膺儒家的理想人格、人文精神但又不諱言其弊端，他出入於新儒家但又與新儒家不同，他具有極強的批判精神，充滿道德勇氣，關懷社會大眾。韋政通在接受王讚源先生的採訪中談到，在他的生命歷程中，沒有一個人的影響對他而言是持久的，他很欣賞中國傳統社會的四大人格：孟子的剛健、莊子的透脫、阮藉的狂放、王船山的貞固，也被其吸引，但沒有一個是其思想的歸宿。韋先生也受到現代人物的影響，其中對他影響最大的是新儒家的牟宗三和自由主義思想家殷海光，國外的羅素、佛洛姆、布魯諾斯思想也對其形成了巨大的吸引和影響，但最終還是沒有成為自己思想的歸宿，韋政通先生自言是「獨立於天地間的自由人」。

　　韋政通先生不是狹隘的民族主義者，也不是激烈的自由主義代表，更不是傳統的保守主義者，他同時掌握自由主義和傳統文化兩種資源，「三十年的掙扎和不厭不倦的探求，我獲得最重要的經驗是：傳統不是枷鎖，它使我自由。」〔註35〕在他的思想體系構成中，自由主義思想是用來磨合傳統資源的游標卡尺，他利用自由主義的理念，「把一些中國文化傳統中的符號與價值系統加以改造，使經過創造地轉化的符號與價值系統，變成有利於變遷的種子，同時在變遷的過程中，繼續保持文化的認同」〔註36〕。他關於中國倫理文化

〔註33〕許紀霖、宋宏編：《史華慈論中國》，北京：新星出版社，2006 年，第 227 頁。

〔註34〕參見 2018 年 5 月 28 日劉君莉、葉師竹參訪韋政通先生錄音。

〔註35〕韋政通：《思想的貧困》〔M〕，臺北：臺北東大圖書公司，1985 年版，第 256 頁。

〔註36〕林毓生：《中國傳統的創造性轉化》〔M〕，北京：生活・讀書・新知三聯書店，2011 年，第 328 頁。

的構想比其他學人更接近民族的考量，在具體的措施和傳統文化要素的使用和保留更為科學合理。

　　韋政通先生一生追求經濟獨立、思想獨立、精神獨立，他自言是傳統的受益者，但不是傳統主義；是自由主義的受益者，但不是自由主義；欣賞保守主義、喜愛激進主義但未全心認同。韋政通先生的孫女韋心怡如此評價自己的爺爺：「天地間的真人，從裏到外追求一致」「忠於自我選擇，愛其所擇」。韋政通先生一生「敢怨」「敢叛」「敢愛」。他說：「按照中國傳統儒家的價值標準，我是一個不道德的人：年輕時期，為追求一位護士，離開父母和家庭，隻身一人赴臺，可謂『不孝』；中年時期，第三者『插足』，與有家室的楊慧傑女士相愛，可謂「不義」；早年拜師牟門，後來背叛師門，投入第三代自由主義者的代表殷海光的門下，可謂『不忠』」〔註37〕。然而正是這樣一個「不孝不忠不義」的「儒家叛徒」對傳統儒家倫理進行反思並促進了儒家倫理的現代化；深化了梁啟超的新民思想，建立百年來唯一的新倫理體系，促進了中國文化的黎明與新生。

〔註37〕參見劉君莉、胡可濤 2018 年 6 月 20 日對韋政通先生的參訪記錄，未刊。

結　語

　　西學東漸，國門洞開，具有侵略性和普適性的西方文化取得了話語霸權，「這霸權不是外在的，而且也已經深入中國人的意識和心理深處，而內化為一種強烈的情意結。一方面他們憎恨西方的帝國主義，另一方面他們深知與帝國主義同源的西學也是生存在現代世界的需要，是『現代化』的要求，是一種現實理性的驅使。這自然造成中國人內心思想的困境與心理的扭曲，一種愛與恨，羨慕與憤怒交織的情意結。」〔註1〕這種「傳統與現代之張力」下「中國未來的命運」問題成了近兩個世紀中國思想界「首要的困惑與危機意識」，上至魏源、郭嵩燾、鄭觀應的「盛世危言」、李鴻章的「三千餘年一大變局也」。下至民國的陳獨秀、梁漱溟、梁啟超，他們都自覺地思考這個問題，陳獨秀先生在《吾人最後之覺悟》（1916 年 2 月 15 日）中將中西文化之衝突視為中西之爭的根本〔註2〕；梁漱溟先生在其代表作《中西文化及其哲學》一書中在談及中西文化之爭時，認同並沿用了陳獨秀對此問題的看法〔註3〕；梁啟超在《申報》五十週年紀念時應約撰文《五十年中國進化概論》中明確提出了中西文化遭遇後經由「器物─制度─文化」之「三期說」〔註4〕。但是，不同的學人針對此問題有不同的化解方法：魯迅「棄醫從文」轉向「國民精

〔註1〕張灝：《時代的探索》〔M〕，臺北：聯經出版事業公司，2004 年，第 51～52 頁。

〔註2〕陳獨秀：《吾人最後之覺悟》，《陳獨秀著作選》第一卷，上海：上海人民出版社，1984 年 9 月版，第 179 頁。

〔註3〕梁漱溟：《東西文化及其哲學》（修訂版），北京：商務印書館，1999 年 7 月版，第 13 頁。

〔註4〕梁啟超：《梁啟超史學論著四種》，長沙：嶽麓書社，1985 年 9 月版，第 8 頁。

神」的研究，蔡元培先生帶領的同仁則興辦學校主張教育救國，他們較之前輩李鴻章、張之洞的「中體西用」思路有所深化和推進。

韋政通先生正是在這樣的大背景下思考如何既能保存中國傳統文化的精華，同時吸收西方先進文化的要義，從而為暫時「失語」的中國文化與倫理尋找新的發展道路。我們從韋政通先生的著作中可以看出他對近現代問題意識的自覺繼承與關注。從 60 年代開始，不斷著書立說，年逾百歲還不斷為學術界貢獻「新思」，從 1965 年《傳統的透視》到 2019 年的《異端的勇氣——韋政通的一生》，一生著作多達 40 部，韋政通先生的勤奮令人敬佩而又感動〔註5〕，無論外界環境，他都能在有限的條件下「擠出學術空間」〔註6〕，持續不斷地有「新意」的寫作，他對大陸青年學子有著很深的影響。他有著令人敬佩同時感動的學者歷程。韋政通的「思想史三部」「歷史與文化系列叢書」「倫理思想的突破」，這些看似不同的體系和內容，在韋政通本人有著「一貫之道」，在韋政通先生學術歷程有著統一的「問題意識」貫穿其中。可以說以儒家倫理文化為切入點對中國近現代命運的關注而自覺探尋「既現代又中國」的倫理文化道路構成了貫穿韋政通一生的問題意識。韋政通發展出了具有自己獨特風格的研究路徑，也獲得了相當重要的研究成果。認同、批判、重建與回歸，是其思想發展的過程，在這個辯證發展的過程中，韋政通先生「既能內在於傳統，又能超越傳統。內在於傳統，故能對傳統有同情的理解；超越傳統，故能對傳統的是非得失做客觀的評判」〔註7〕。

「遭遇西方現代化之強勢壓力之後，中國何去何從？」「傳統的中國將如何走向自由之路？」韋政通先生正是處於這樣一個新舊嚴重衝突的時代，內心有著激烈的衝突，從傳統主義的知識分子轉變為邊際人知識分子，他的心

〔註 5〕韋政通先生帶給人的感動不僅僅在於他作品的內在震撼，更在於他學術生命的無形感召，他對於青年學者那種真誠的欣賞、鼓勵帶來的直接衝擊、感染甚至高於他的作品，詳見《思想的感染、生命的感動——獻禮韋政通先生九十華誕》。

〔註 6〕「擠出學術空間」此處借用學人對李澤厚先生的評價。語見：李澤厚 劉緒源：《該中國哲學登場了？——李澤厚 2010 談話錄》，上海：上海譯文出版社，2011 年 4 月版，第 30 頁。這是很值得留意的「韌性」與「堅守」，其實任何時期，儘管壓力來源不同，但都需要李先生此種的自覺，平庸時代沒有革命時代的波瀾起伏，反而更需要此種「擠出學術空間」精神自覺。

〔註 7〕韋政通：《思想的貧困》〔M〕，臺北：臺北東大圖書公司，1985 年版，第 256 頁。

智在探索和追尋中不斷成長，但也充滿了茫然。究竟是要強國富民？還是自由民主？究竟是要整體西化？還是文化本位？究竟是實行村治？還是走工業化道路？「在這樣一個孔制崩解後思想動盪而又得重新尋覓出路的時代，中國一般知識分子的思想之易變和多樣分化是無可避免的結果。」〔註8〕韋政通先生如此描述自己的心境：「由於新知的誘惑和外來種種的刺激，終於逼迫我要求一次心靈的跳躍。面臨思想轉進的關頭，內心激起了前所未有的騷動、彷徨、痛苦和焦慮；原有的安穩、平靜攪亂了；原有的自我、文化的認同破裂了；原有的信念、理想動搖了；支持生活意義的一切，幾皆使其所依。」〔註9〕基於韋政通先生一生及其思想的演變發展，學者關於韋政通先生門派的劃分爭論很大，有的認為他雖是批判儒家但從根本上還是儒家思想的忠實堅守者；有的學者認為他提倡民主自由，背叛師門投靠自由主義者殷海光，是一個背叛儒家的地道的自由主義者；還有的學者說他既不是傳統主義者也不是自由主義者，是一個獨立於天地之間的自由人。我們要從他所處的時代背景予以解析，這是因為：「一個人是由某種自然的、社會的和文化的境況裏面出現的產品。一個人如果從他所在的場地，或從他所在的文化，或從他所在的群體結構中之地位與角色孤立起來的話，那麼我們便不能適當地表達他了。在基本上，每一個人是一個社會人，是人際互動系統中之一個相互依賴的部分。」〔註10〕因此，我們在進行思想分類時，很難將任何一個人固定地裝在某一派的思路中去論述。尤其是作為一個處於新舊過渡的交錯時代的邊際人知識分子，舊的思想未去，新的思想卻湧了進來，新舊同時處於一身，像其他知識分子一樣，他們需要在新舊衝突之中尋求思想出路，使得他們的思想有時保守、有時前進、有時極端、有時折衷。

誠然，若審慎看待韋先生對儒家倫理的堅守、批判與重建理路，也不無值得反省之處。第一、在對儒家倫理思想的深入發掘上，韋先生好學深思、孜孜不倦，但是其切入處是經由自學和新儒家「同情敬意」路徑，因此對於「孔子之道與現代生活」之張力體現不足、深度有限。第二、在對儒家倫理

〔註8〕殷海光：《中國文化的展望》〔M〕，北京：中國和平出版社，1988年，第216頁。

〔註9〕韋政通：《思想的貧困》〔M〕，臺北：臺北東大圖書公司，1985年版，第255頁。

〔註10〕轉引自殷海光：《中國文化的展望》〔M〕，北京：中國和平出版社，1988年，第237頁。

思想的反省批判上，韋先生更多是基於自己的閱讀體驗經由儒家文本發現其理論弱點，由此在對儒家倫理的轉型重建時便略嫌空疏，對於儒家倫理傳統與現代生活方式相互激盪的實證研究關注不夠。第三、在對自由主義傳統的接近、理解與吸納上，韋先生固然與殷海光、林毓生等學者有著深入的交流，但是他對近現代以來自由主義流派的經典論著缺乏系統研讀，因此在借鑒自由主義資源來做「儒家倫理轉型」這一重建工作時便有待深入；除了自由主義理論資源之外，韋先生對於近現代工業社會的重要思想資源基督教傳統與新教倫理精神少有關注。第四、韋先生「兩面攝取，雙向批判」是極富特色的「傳統—現代」詮釋模式，但是若認真審視其對「現代化」的理解，他更多停留在「現代生活」的描述層面，對於「現代社會」的源泉性特質，比如「理性精神」「主體性特徵」「認識論層面注重實證的思維方式」等關注有限。

主要參考文獻

一、韋政通先生的專著與論文

（一）韋政通先生的專著

1. 韋政通：《傳統的透視》，臺北：臺北自由太平洋文化事業公司，1965年。

2. 韋政通：《知識分子的責任》，臺北：臺北弘毅出版社，1970年版。

3. 韋政通：《中國文化與現代生活》，臺北：水牛圖書出版企業有限公司，1974年版。

4. 韋政通：《現代化與中國的適應》，臺北：牧童出版社出版，1976年版。

5. 韋政通：《中國現代思想家梁漱溟》，臺北：臺北巨人出版社，1978年版。

6. 韋政通：《中國現代思想家胡適》，臺北：臺北巨人出版社，1978年版。

7. 韋政通：《傳統的更新》臺北：臺北大林出版社，1981年版。

8. 韋政通：《儒家與現代中國》，臺北：臺北大林出版社，1984年版。

9. 韋政通：《思想的貧困》，臺北：臺北東大圖書公司，1985年版。

10. 傅偉勳、韋政通主編：《孔子》，臺北：臺北東大圖書公司，1985年。

11. 韋政通：《荀子與古代哲學》，臺北：臺灣商務印刷館，1987年版。

12. 韋政通：《倫理思想的突破》，成都：四川人民出版社，1988年版。

13. 韋政通：《歷史轉折點上的反思》，臺北：臺北東大圖書公司，1989年版。

14. 韋政通：《中國思想傳統的現代反思》，臺北：臺北桂冠圖書公司出版，1990 年版。

15. 韋政通：《立足臺灣，關懷大陸》，臺北：臺北東大圖書公司，1991 年版。

16. 韋政通：《中國 19 世紀思想史》，臺北：臺北東大圖書公司 1991 年出版上冊，1992 年出版下冊。

17. 韋政通：《思想的探險》（自傳），臺北：臺北正中書局，1993 年版。

18. 韋政通：《中國哲學思想批判》，臺北：水牛圖書出版企業有限公司，1997 年第 2 版。

19. 韋政通：《儒家與現代化》，臺北：水牛圖書出版企業有限公司，1997 年第 2 版。

20. 韋政通：《人是可以這樣活的》，臺北：臺北洪葉文化公司，2000 年版。

21. 韋政通：《中國思想與人文關懷》，臺北：臺北洪葉文化公司，2000 年版。

22. 韋政通：《中國思想傳統的創造轉化》，臺北：臺北洪葉文化公司，2000 年版。

23. 韋政通：《中國的智慧》，長沙：嶽麓書社出版，2003 年 12 月版。

24. 韋政通：《中國文化概論》長沙：嶽麓書社出版，2003 年 10 月版。

25. 韋政通：《中國思想史》上海：上海書店出版社，2003 年 12 月版。

26. 韋政通：《韋政通自選集》濟南：山東教育出版社，2005 年版。

27. 韋政通：《中國思想史方法論文選集》（編）上海：上海人民出版社，2009 年 6 月版。

28. 韋政通：《異端的勇氣——韋政通的一生》，臺北：水牛文化事業有限公司，2018 年 12 月。

（二）韋政通先生的論文

1. 韋政通：《評梁漱溟「中國文化早熟」說》，現代學苑，1965 年第 1 卷第 12 期。

2. 韋政通：《論中國文化的十大特徵》（上），現代學苑，1968 年第 5 卷第 2 期。

3. 韋政通：《論中國文化的十大特徵》（下），現代學苑，1968 年第 5 卷第 3 期。

4. 韋政通：《書刊評介——文化學體系》（黃文山著），現代學苑，6（3），1969 年。

5. 韋政通：《書刊評介——中西哲學論文集》（謝幼偉著），現代學苑，8（3），1971 年。

6. 韋政通：《中國哲學史上的四種不同人格》，現代學苑，8（5），1971 年。

7. 韋政通：《中國孝道思想及其問題》，現代學苑，第六卷第五期。

8. 韋政通：《中國傳統社會的分析》，現代學苑，9（6），1972 年。

9. 韋政通：《梁漱溟的人格特質與生命動力》，南昌大學學報，1996 年 6 月第 2 期。

10. 韋政通：《倫理要面對現實生活》學術月刊，2006 年第 9 期。

11. 韋政通：《我治中國思想史的經驗——在華中師範大學中國近代史研究所的講演》，華中師範大學學報（人文社會科學版），2006 年第 4 期。

12. 韋政通：《活化人格教育——我對儒家最後一點想法》，《儒學研究》，2006 年 9 月。

13. 韋政通：《職業與志業：新一代學者未來的願景》，武漢科技大學學報（社會科學版），2007 年 2 月第 1 期。

14. 韋政通：《感恩與懷念：唐君毅、牟宗三、徐復觀和殷海光四先生對我的影響》，深圳大學學報（人文社會科學版），2011 年 5 月第 3 期。

15. 韋政通：《生存·生活·生命——人生意義的三階段論》，上海教育半月刊。

16. 韋政通：《韋政通教授九十感言》，張宏敏（整理），湖南科技學院學報，2015 年 2 月。

17. 韋政通：《我踏過的山河歲月——生命教育的創新與發展》，劉蓉蓉（整理）陳復（校訂），湖南科技學院學報，2015 年 2 月。

18. 韋政通：《走自己的路——我的人生經驗之一》，池州學院學報，2016 年 2 月第 1 期。

19. 韋政通：《走自己的路——我的人生經驗之二》，池州學院學報，2016 年 4 月第 2 期。

20. 韋政通：《走自己的路——我的人生經驗之三》，池州學院學報，2016 年 8 月第 5 期。

21. 韋政通:《走自己的路──我的人生經驗之四》,池州學院學報,2016 年 10 月第 5 期。

二、研究韋政通先生思想的專著與論文

(一) 專著

1. 尹文漢:《儒家倫理的創造性轉化──韋政通倫理思想研究》,合肥安徽人民出版,2008 年 8 月版。

2. 章飆:《自由主義思想與中國傳統文化創造轉化:韋政通自由主義思想研究》,長春吉林文史出版社,2014 年版。

(二) 論文

1. 鄭曉江,《思想的探險》〔J〕,《讀書》,1993 年 10 月。

2. 劉玉禎,讀解《中國的智慧》〔J〕,中國圖書評論,1996 年第 3 期。

3. 龍佳解,《海外及臺灣部分學者論新儒家及文化重建》〔J〕,哲學動態,1996。

4. 王立新,一種知識型人才的嶄新範式──韋政通的學思歷程及其研究特點,載《湘學》第一輯,湖南人民出版社,1999 年。

5. 洪曉楠,論韋政通先生的文化哲學思想〔J〕,大連理工大學學報(社會科學版),2000(02):1～7。

6. 李維武,中國思想由「傳統」向「現代」轉換的新闡釋──韋政通先生《中國十九世紀思想史》讀後有感〔J〕,湘潭大學社會科學學報,2003(04):57～60。

7. 謝永鑫,《第一屆海峽兩岸傳偉勳、韋政通與當代中國哲學的創造性轉化研討會綜述》〔J〕,孔子研究,2003 年第 1 期。

8. 王立新,如何瞭解中國的歷史傳統──以韋政通所著《中國文化概論》為例〔J〕,廣州社會主義學院學報,2004 年第 4 期。

9. 於穆,儒家倫理思想的突破 韋政通的倫理關懷〔J〕,原載《中國哲學的創造轉化》云南人民出版社,2004 年。

10. 韓曉玲,學術需要寬容〔N〕,湖北日報,2006-05-06(002)。

11. 朱曉東,韋政通文化哲學思想研究〔D〕,南昌大學,2007。

12. 付美雲,韋政通文化哲學思想研究〔D〕,南昌大學,2008。

13. 周良發，批判的心靈與社會的關懷——韋政通對知識分子的認知與評判〔J〕，江蘇科技大學學報，2012 年第 1 期。

14. 周良發，韋政通與中國思想史研究〔J〕，鄭州輕工業學院學報（社會科學版），2012，13（01）：79～83。

15. 李迎春，韋政通倫理思想的特色及其偏限性，黑龍江史志〔J〕，2013（09）：111～112。

16. 王紹培，道德與知識，兩個輪子都要轉〔N〕，深圳特區報，2014-12-09（B05）。

17. 劉春蕊，韋政通家庭倫理思想研究〔D〕，蘇州科技學院，2014。

18. 丁濤，盛健，韋政通中國思想史研究方法及其啟示〔J〕，雞西大學學報，2015，15（02）：35～37。

19. 朱錦程，韋政通先生的豪傑氣象——記人文思想與人文教育研討會暨韋政通先生八十八壽誕學慶活動〔J〕，湖南科技學院學報，2015，36（02）：12～13。

20. 陳晨，鮮活的人文思想，深刻的人生啟迪——韋政通先生講演點滴〔J〕，湖南科技學院學報，2015，36（02）：13～14。

21. 柳恒，韋政通先生八十八壽誕學慶——人文思想與人文教育研討會感言〔J〕，湖南科技學院學報，2015，36（02）：15～16。

22. 陳微，人文思想與人文教育研討會暨韋政通先生八十八壽誕學慶事狀〔J〕，湖南科技學院學報，2015，36（02）：16～18。

23. 何卓恩，柳恒，思想史的「史」與「思」：從何炳棣與新儒家關於「克己復禮」真詮之爭說起〔J〕，深圳大學學報（人文社會科學版），2016，33（06）：129～136。

24. 尹文漢，《人文教育思想與實踐的啟示》〔J〕，池州學院學報，2017，31（05）：60～65。

25. 何卓恩，王立新，不熄的理想火焰——寫在韋政通先生文集出版之際〔J〕，湖南科技學院學報，2017，38（08）：1～6。

26. 張永智，試論韋政通《中國思想史》之研究〔J〕，岳陽職業技術學院學報，2017，32（04）：79～82。

27. 韓步江，毛澤東個性心理研究的方法論批評——從臺灣學者韋政通的毛

澤東研究談起〔J〕，毛澤東思想研究，2017，34（01）：34～38。

三、相關著作和論文

（一）相關著作

1. 張岱年：《中國哲學大綱》，北京：中國社會科學出版社，1982 年版。

2. 傅偉勳：《批判的繼承與創造的發展》〔M〕，臺北：東大圖書股份有限公司，1986 年版。

3. 林毓生：《中國傳統的創造性轉化》〔M〕，三聯書店，1988 年版。

4. 胡偉希、高瑞泉、張利民著：《十字街頭與塔──中國近代自由主義思潮研究》，上海人民出版社，1991 年版。

5. 羅光：《儒家生命哲學》，臺北：臺灣學生書局，民國 84 年（1995）年版。

6. 樊浩：《中國倫理精神的現代建構》〔M〕，江蘇人民出版社，1997 年 7 月。

7. 劉振嵐：《戊戌維新運動專題研究》，北京：首都師範大學出版社，1999 年版。

8. 楊國榮：《科學的形上之維：中國近代科學主義的形成與衍化》，上海：上海人民出版社，1999 年版。

9. 唐凱麟，王澤應：《20 世紀中國倫理思潮》〔M〕，長沙：湖南教育出版社，1998 年 5 月版。

10. 唐凱麟、張懷承：《成人與成聖──儒家倫理道德精粹》〔M〕，長沙：湖南大學出版社，1999 年版。

11. 殷海光：《中國文化的展望》〔M〕，上海：上海三聯書店，2002 年版。

12. 傅永聚，韓鍾文：《儒家倫理思想研究》〔M〕，北京：中華書局，2003 年版。

13. 梁漱溟：《中國文化要義》，上海：上海人民出版社，2003 年版。

14. 湯志鈞：《戊戌變法史》，上海：上海社會科學院出版社，2003 年版。

15. 馮友蘭：《人生哲學》，桂林：廣西師範大學出版社，2005 年版。

16. 馮友蘭：《一種人生觀》，北京：中國人民大學出版社，2005 年版。

17. 周昌龍：《新思潮與傳統──五四思想史論集》〔M〕，南昌：百花洲文藝出版社，2004 年版。

18. 〔美〕孫隆基：《中國文化的深層結構》〔M〕，桂林：廣西師範大學出版社，2004 年版。

19. 吳根友，歐崇敬，王立新：《中國哲學的創造性轉化》，雲南人民出版社，2004 年版。

20. 勞思光：《新編中國哲學史》，桂林：廣西師範大學出版社，2005 年版。

21. 梁漱溟：《東西文化及其哲學》〔M〕，北京：北京商務印書館，2005 年版。

22. 洪峻峰：《思想啟蒙與文藝復興——五四思想史論》〔M〕，北京：北京人民出版社，2006 年版。

23. 梁漱溟：《東西文化及其哲學》〔M〕，上海：上海世紀出版社，2006 年版。

24. 〔日〕福澤諭吉：《文明論概略》〔M〕，北京編譯社譯，北京：商務印書館，2007 年版。

25. 馮友蘭：《中國哲學簡史》，天津：天津社會科學院出版社，2007 年版。

26. 馮友蘭：《中國哲學史新編》，北京：人民出版社，2007 年版。

27. 楊伯峻，孟子譯注〔M〕，北京：中華書局，2008 年版。

28. 張錫勤、柴文華主編：《中國倫理道德變遷史稿》，人民出版社，2008 年版。

29. 李澤厚：《中國近代思想史論》，生活·讀書·新知三聯書店，2008 年版。

30. 劉述先：《論儒家哲學的三個大時代》〔M〕，貴陽：貴州人民出版社，2009 年版。

31. 熊十力：《原儒》〔M〕，上海：上海書店出版社，2009 年版。

32. 暨愛民：《「自由」對「國家」的敘述：近代中國自由民族主義思想研究》〔M〕，長沙：湖南人民出版社，2009 年版。

33. 周建超：《近代中國「人的現代化思想」研究》〔M〕，北京：社會科學文獻出版社，2010 年版。

34. 牟宗三：道德的理想主義〔M〕，長春：吉林出版集團有限責任公司，2010。

35. 周建超：《近代中國「人的現代化思想」研究》〔M〕，北京：社會科學文獻出版社，2010 年版。

36. 辜鴻銘：《中國人的精神》〔M〕，合肥：安徽文藝出版社，2011 年版。

37. 梁漱溟：《中國文化要義》〔M〕，上海：上海人民出版社，2011 年版。

38. 鄒憬譯注，論語譯注〔M〕，上海：上海三聯書店，2012 年版。

39. 張覺，荀子譯注〔M〕，上海：上海古籍出版社，2012 年版。

40. 余英時：《現代儒學的回顧與展望》〔M〕，北京：生活·讀書·新知三聯書店，2013 年版。

41. 崔大華：《儒學的現代命運──儒家傳統的現代闡釋》〔M〕，北京：人民出版社，2012 年版。

42. 馮達文、郭齊勇，《新編中國哲學史》（上冊），北京：人民出版社，2012年。

43. 馮達文、郭齊勇，《新編中國哲學史》（下冊），北京：人民出版社，2012年。

44. 張灝：《轉型時代與幽暗意識》〔M〕，上海：上海人民出版社，2018 年版。

（二）相關論文

1. 李槐，社會轉型與儒家思想〔J〕，雲南師範大學學報（教育科學版），1995（06）：77～81。

2. 錢國旗，儒家文化傳統與當代中國社會轉型〔J〕，青島大學師範學院學報，1995（04）：41～49。

3. 唐凱麟，王澤應，世紀之交的倫理省思──20 世紀中國三大倫理思潮評析〔J〕，長沙水電師院社會科學學報，1996（01）：1～6。

4. 趙春福，儒家倫理與現代化的衝突、契合〔J〕，新視野，1997（01）：31～33。

5. 王初根，論儒家倫理在現代化中的定位〔J〕，江西師範大學學報，1997（02）：58～62。

6. 陳勇，儒家倫理與現代化〔J〕，唯實，1998（07）：7～12。

7. 弘揚中國優良傳鏡道德決不是「復興儒學」〔N〕，紅旗文稿，1998（04）：32。

8. 唐凱麟，王澤應，二十世紀中國三大倫理思潮〔J〕，江海學刊，1998（06）：78～83。

9. 王榮發，儒家倫理與臺灣經濟發展〔J〕，華東理工大學學報（社科版），1998（03）：31～35。

10. 章海山，中國儒家倫理精神與現代化〔J〕，中山大學學報（社會科學版），1998（04）：2～7。

11. 江婭，儒家倫理現代化的延誤〔J〕，貴陽市委黨校學報，2000（02）：27～33。

12. 宋開之，儒家心性倫理的現代化課題——評傅偉勳的哲學〔J〕，河海大學學報（哲學社會科學版），2000（04）：31～35。

13. 梁荻，現代化的儒家倫理和儒家倫理的現代化〔J〕，孔學研究，2000（00）：149～158。

14. 章立明，試論先秦儒家政治倫理向現代經濟倫理轉換的可能性〔J〕，孔學研究，2000（01）：475～482。

15. 湯曉黎，儒家倫理與中日早期現代化〔J〕，西南民族學院學報（哲學社會科學版），2000（11）：94～96。

16. 楊俊廣，儒家倫理與中國現代化關係初探〔J〕，濟南大學學報報，2000（04）：36～38。

17. 彭恒利，儒家倫理的現代轉型〔J〕，中國文化研究，2000（04）：46～50。

18. 何曉清，儒家人文教育思想與中國倫理教育現代化〔J〕，中共福建省委黨校學報，2001（06）：65～68。

19. 高鍾，儒家倫理的解構與重構——中國社會轉型的文化思考〔J〕，天津師範大學學報（社會科學版），2003（05）：33～38。

20. 石義清，儒家倫理文化現代化發展初探〔D〕，武漢理工大學，2003。

21. 賈紅蓮，中國傳統哲學範式的現代轉型〔J〕，現代哲學，2003（02）：75～81。

22. 陳彩娟，現代化進程中儒家倫理道德的再思考〔J〕，東疆學刊，2004（04）：70～72。

23. 張玉玲，現代化語境中儒家倫理文化的轉換〔J〕，佳木斯大學社會科學學報，2007（03）：1～2。

24. 李卓，日本傳統社會人倫關係中的「非儒」因素〔J〕，文史知識，2006（09）：16。

25. 張梅娟，現代化進程中的儒家倫理思想價值探討〔J〕，寶雞文理學院學報（社會科學版），2006（04）：13～16。

26. 翁珠琴，儒家善政倫理及其現代化〔J〕，唐都學刊，2007（02）：53～56。

27. 李翔海，論儒學現代轉型的兩條基本路向〔J〕，齊魯學刊，2007（06）：5～10。

28. 張舜清，從「公共精神」看儒家倫理的現代轉型〔J〕，中南財經政法大學學報，2007（03）：123～126。

29. 徐惠，社會轉型視域中儒家文化及其當代價值〔D〕，新疆大學，2007。

30. 王永進，左衝，儒家哲學思想在轉型時期的積極作用〔J〕，鄭州航空工業管理學院學報（社會科學版），2007（01）：56～58。

31. 張波，論儒家倫理的角色定位及現代轉型〔J〕，延邊大學學報（社會科學版），2007（01）：16～20。

32. 陶愛萍，汪婷，西學、儒學與中國近代社會轉型〔J〕，蘭州學刊，2008（02）：112～114。

33. 杜崙，全球化視角下的儒家現代性轉型〔J〕，東方論壇，2010（04）：35～39。

34. 秋風，儒家轉型與當代中國的道德重建〔J〕，文化縱橫，2010（02）：44～51。

35. 趙法生，內聖外王之道的重構與儒家的現代轉型〔J〕，開放時代，2011（06）：5～16。

36. 曾潔，綜合創新：中國傳統文化現代化轉型的歷史進路和演進趨向〔D〕，陝西師範大學，2011。

37. 彭春凌，儒教轉型與文化新命〔D〕，北京大學，2011。

38. 黎志敏，重釋《論語》：儒家文化的現代轉型〔J〕，廣州大學學報（社會科學版），2012，11（08）：61～68。

39. 盛亞軍，儒家現代化轉型的困境與社會主義新文化的優越性〔J〕，福建省社會主義學院學報，2012（03）：53～59。

40. 鄧林華，守常與應變——康有為與儒學現代轉型〔D〕，湖南大學，2015。

41. 張旭洲，中國傳統道德人格的現代轉型研究〔D〕，西北師範大學，2014。

42. 董成雄，中國優秀傳統文化的系統解讀和傳承建構〔D〕，華僑大學，2016。

43. 王立新，儒家倫理的當下境遇問題〔J〕，學術月刊，2006：（9）。

44. 楊興玉，科際整合的現代性意蘊〔J〕，湖南科技學院學報，2011：32（9）。

45. 李吉、何杉，儒家倫理的創造性解讀——評《儒家倫理的創造性轉化：韋政通倫理思想研究》〔J〕，池州學院學報，2009：23（6）。

46. 邵漢明，儒家文化基本精神及其現代價值〔J〕，新長征，2001：（2）。

47. 王豔華、許以民，論傳統文化創造性轉化的基本途徑〔J〕，長春師範學院學報（人文社會科學版），2006：25（6）。

48. 謝永鑫，「第一屆海峽兩岸傅偉勳、韋政通與當代中國哲學的創造性轉化」研討會綜述〔J〕，孔子研究，2003：（1）。

用生命做學問——初見韋政通先生

劉君莉

　　2018 年 8 月 6 號中午，突然聽聞韋政通駕鶴歸西的噩耗，一時不能自己，難以接受，看著陳復老師發的訃告傷心地哭了一通，先生一直精神矍鑠，身體硬朗，講起話來鏗鏘有力，慷慨激昂，每天還堅持做著保健工夫操，怎麼會突然就……關鍵是三天前先生還給晚生打過電話，先生在電話裏談笑風生，有說有笑，還給晚生推薦了一本書，王汎森先生的《思想是生活的一種方式》，先生諄諄教誨我：「這本書一定要好好讀，尤其是第三章，這樣你會更能把握我的思想本質，寫起博論來也會更有方法，讀完之後可將讀書心得寄給我，我看後會給你回電話談談我的看法。」未曾想到是這竟是我和先生的最後一次通話，也未曾想到一個月前與先生的見面也竟是最後一次，先生的音容笑貌，舉手投足，揮斥方遒，激情四射地講他的思想的一幕幕不時迴蕩在我的腦海裏揮之不去。筆者僅就一個月前和先生交往的點點滴滴和切身感受一一表述，以示對先生的紀念和緬懷。

　　2018 年 4 月 16 日～6 月 30 日，我參加臺灣輔仁大學的士林哲學研習會，來臺灣之前，導師肖群忠老師多次叮囑若有機會了一定要拜見一下韋政通先生，一是基於對先生的敬仰和崇拜，二是因為我的博士論文是想圍繞韋政通先生的倫理思想進行研究，後來經深圳大學王立新教授的引薦，我有幸拜訪並問道於韋政通先生數次〔註 1〕。先生住在臺北很有名的碧湖公園旁邊的小區——西湖花園，碧湖微波蕩漾，美景如畫，水岸柳葉飄飛，湖中魚兒歡快暢遊，湖邊遊人如織，碧綠的湖水映襯著遠處巍峨的高山。先生府宅是個複

〔註 1〕2018 年 4 月 28 號，5 月 6 號，12 號，21 號，27 號，6 月 5 號，6 月 11 號，
　　　　我先後和廣州的葉師竹博士、中國礦業大學的胡可濤老師多次拜訪了韋先生。

式房，門樓口是個圍欄，圍欄外就是巍峨的群山，北臨群山，南鄰碧湖，可謂是依山傍水，山青水秀，屋裏擺設精緻而有講究，樓上住宿，樓下是廚房，會客廳，書房，各個空間和布局很是合理雅致，乾淨衛生。

先生 1927 年 12 月 16 日出生，時年 92 歲，兒子 70 多歲，兩個孫女一個四十多歲，一個三十多歲，大孫女的孩子已經十多歲，可謂四世同堂，但先生從來不拖累他們，十五年前老伴去世後先生就一直獨居，先生說他一輩子追求思想獨立，生活獨立，不願拖累任何人。先生雖年事已高，但思維敏捷，思路清晰，談起話來激情四射，紅光滿面，樂此不疲，談到自己特殊的學術之路、人生經歷和艱苦卓絕的奮鬥生涯，先生總是情緒激昂，感慨萬千。問到先生問題，先生總是耐心解答，先生很健談，有時還沒等你問，他自己話匣子一打開就收不住了，除了我問他問題之外，他自己也會談到很多問題，比如國內現狀，國人素質，子女教育，夫妻相處，人格培養，健康養生，他似乎對很多問題都有關注也都進行過深入思考，再加上早年當過記者，先生對很多問題有獨到的見解。

碧湖旁邊紅色建築物即是先生的小區：西湖花園，攝於 2018 年 4 月 28 日

初見先生，感覺先生胸襟曠達、視野開闊、閱歷豐富、對歷史有清醒的認知力，對現實有深邃的洞察力。談話間流露出強烈的現實關懷，人也很和

藹、平易近人，一點兒架子都沒有，隨著接觸的增多，認識的加深，感覺先生身上有著別人身上所沒有或者說看似很簡單但未必人人能做到的優良品行。令人敬仰和佩服。

先生待人真切誠懇熱情，平易隨和。未見先生之前，我曾多次想像先生的性格，先生早年不服父親管制和約束，隻身離家出走，中年又因自己的婚姻的風暴「背叛師門」，我想像著先生該是怎樣的一種性格，說不定很固執執著，然而等我真的見了先生之後，真的如楊東林先生所言：「望之儼然，即之也溫，聽其言也厲。」〔註2〕先生態度溫和，觀點平正中允。談話間針砭時弊，激盪文字但從不偏激，眉宇間時常流露出強烈的現實關懷。2018 年 5 月 6 號，是我第一次去拜訪先生，先生看到我，遠遠地問：「是君莉吧？跑這麼遠，一定累了吧？」我在電話裏只是說了一次，先生竟是記住了我的名字，而且如此親切地問候和關心，讓人感動的同時倍感親切，初見先生的緊張與不安也逐漸淡去。隨後的幾次拜訪，先生總是會到樓梯口接我們，見到我們，先生總是說：「這麼遠跑來，辛苦了。」5 月 27 號，我們一行三人去拜訪先生，天氣特別熱，先生見到我們連說：「真是對不起，今天這麼熱，又讓你們跑過來，不知臺灣的濕熱天氣你們可否受得了？」當時心裏很是感動，如此一位大家，竟是如此熱情平易親和，一進屋，先生就急忙拿出頭天晚上就凍好的冰水，說：「先喝了冰水降降溫，別中暑了，然後再喝泡好的茶水。」先生很用心，專門在沙發的座套上套上涼席讓我們坐，說這樣比較涼爽，一次先生給我指導開題，我隨便找了一個凳子坐在先生的側旁，先生非得讓我從書房搬一個軟的凳子，說坐硬座時間長了不舒服。交談吃飯過程中有時會合影留念，下次去拜訪先生時，先生總是把照片洗出來送給我們。先生給我講他的倫理思想，條理很清晰、娓娓道來，不厭其煩，有時會建議我應該如何去寫，但很尊重我自己的想法，他總是說：「我給你說的是我的思想，你可以有自己的想法，你可以修正我的思想但儘量不要誤讀，在研究過程中一定要抱著批判的態度。」

每每問及下次的來訪是否會給先生帶來不便和麻煩，先生總是非常熱情地歡迎下次再來，先生說他很喜歡和大陸的年輕人交往，先生說十五年前她愛人去世，先生失去了生活的勇氣，好友金觀濤夫婦建議他去大陸探親並講學，換一下心情和環境，之後他先後四次去大陸，每次一個月，在大陸遇見

〔註 2〕楊東林：《韋政通先生印象》，中華讀書報，2017 年 11 月 15 日，第 015 版，第 2〜3 頁。

了很多年輕人，大陸一行使他慢慢走出了失去老伴的低谷，徹底改變了自己。

韋政通先生家的客廳，攝於 2018 年 4 月 28 日

韋政通先生與筆者（右一），中國礦業大學胡可濤副教授（左一）、廣州葉師
竹博士（右二）合影留念，攝於 2018 年 5 月 21 日

　　先生是有毅力又能堅持的人。不必說剛入牟門時困守大屯山，也不必說吃野果喝涼水堅持苦讀儒家經典，更不必說無論外界如何誘惑仍不改志向，單說他每天練氣功，做耳部、眼部、臉部的保健操，每天兩個小時，雷打不動，一堅持就是十五年。先生說他愛人去世後，他身體幾次出了問題，除了耳朵有些聽不清，發現手也不能寫字，有幾次無緣無故地摔倒在客廳裏，暈了好長時間才醒來，去醫院查也查不出問題，後來醫生就讓他吃有關神經性的藥，暈倒是沒再暈倒過，但藥沒敢停，一吃就是幾年，金觀濤夫婦來看望他，覺得他不能再這樣吃下去，於是先生就索性停了藥，但還是有些擔心，有病亂投醫，一次他看見電視上播放《三分鐘懶人氣功》，他就買書回來自己在家裏練習，一練就是十五年，每天堅持兩個小時，先生說：「老年人都知道鍛鍊好，但關鍵是要堅持，很多人根本就堅持不下來。」「重要的不是你懂，你知道，關鍵的是你要去做。」這句話是我拜訪先生時聽到最多的。另外就是在飲食方面，先生很能節制，不該吃的堅決不吃，老伴去世後，剛開始的兩年，自己不太會做飯，就去飯店吃飯，發現實在是不行，索性就早上喝速溶麥片，吃地瓜或南瓜，中午不吃飯，晚上用兒子每週五送的肉湯下麵條，一吃就是十五年，從來沒有改變過，我問及為何中午不吃飯，他說老伴生病時經常去醫院陪護，中午有時來不及吃飯，剛好那時血壓也高，醫生說若能瘦下來十斤，血壓就沒事了，也不用吃藥了，照顧老伴期間，整整瘦下來十五斤，從此血壓藥也斷了。因一直鍛鍊，做氣功，血壓也沒再高過。

　　先生為人守時而有規律。第一次去拜見先生，去之前沒有打電話，還怕先生年紀大給忘記，沒想到先生已經提前給小區門口保安交代過了，第二次去先生家，他仍是按約定的時間，有一次先生約定好週日見面，但先生忘了他的大孫女韋心怡週日已給他安排好了活動，先生想起來後急著想通知我週日不能去最好換個時間，但當時我沒有留給先生電話，先生很著急，知道我在輔仁大學學習，就讓她的大孫女打電話到輔仁大學，最終也沒有聯繫上我，恰好晚上的時候我有事要徵求先生意見給先生打了電話，能聽得出來，先生很著急，他說：「太好了，君莉，你打電話過來，我聯繫你一天了，聯繫不上，我讓我孫女給輔仁大學打電話，也沒有找到你，可把我急壞了。」聽了先生的話，除了內疚自己沒給先生留聯繫方式之外，感動與敬仰之情油然而生。他說人要有時間觀念，而且要信守承諾，答應什麼時候做的就一定要做到，先生說有一次說好了要給大陸的一個學生寄資料，約定的當天下起了大雨，

先生仍是信守承諾，冒著大雨去郵局寄書，先生的生活也極有規律，何時睡覺，何時鍛鍊，何時讀書，幾點散步，從不輕易改變。甚至在哪個飯店吃飯，點什麼菜都是很固定，正是這種有規律的生活使他的晚年生活有序充實。

先生為人慷慨大方。先後拜見先生數次，每次先生都會邀我們一起去飯店吃頓飯，先生想讓我們多品嘗一下臺灣的美食，總是盡量換著口味換著地方吃飯。5月12號，我們去拜訪先生，交談之後在先生家附近的一個很有特色的家庭餐館吃飯，吃飯過程中，我悄然起身去付款，先生發現了，很是批評了我，說：「你看你這個孩子，說好了不讓你付錢，你就不用付。」我解釋說：「不能總是讓先生您破費，我們也要盡一下心意表示感謝。」先生說：「大陸的學者和年輕人來看我，不管多少人，都是我請吃飯。前幾年有一個大陸的老師，還在我家裏住了好長時間，也是我天天請他吃飯。」5月21號去拜訪先生時，我事先請求一定要對先生表示一下感謝，先生勉強同意，吃完飯後，先生還一直說：「君莉，這次讓你破費了，你看你還是學生，沒有收入，不應該讓你付錢。」有時出去吃飯會乘計程車，先生付車費時總是不讓司機師傅找零。慷慨大方的同時先生也從來不會浪費，每次點菜，所點菜品除了很養生之外，先生很能把握菜的分量，盡可能做到不浪費。第一次去拜訪先生時和先生一起在碧湖公園的湖邊餐館吃飯，有一道菜沒有吃完，先生讓服務員包好了帶走。我還發現，每次吃飯先生從來不用餐巾紙，而是用手帕，他說：「這些餐巾紙都是樹木做成的，不能太浪費，用手帕好，髒了洗洗就行。」先生談及他前幾年來大陸講學，在賓館吃飯過程中，不少人很浪費，尤其是在盥洗池處，「嘩嘩」團很多紙來擦手，「用那麼多幹啥，一張就夠了，不是自家的啊，要是自家的就不會這麼浪費了。中國人啊，公德意識和人文修養有待提高啊。」

先生記憶力好，思維清晰，辦事有條理。和先生談話的過程中，有時是提問性的，但有時又很隨意，每每問及問題，先生都能侃侃而談，思維清晰，觀點獨到。一次先生給我講他新倫理構建的主要內容，先生雖然寫字很吃力，但先生事先詳細寫好綱目、要點，涉及到某個問題的參考文獻，他會詳細說出這個問題在他的哪本書的哪一篇章裏，他出版了多少本書，在臺灣和大陸各出版了多少本，每本書裏的主要內容，先生都記得很清楚。有時在非正式場合談話，先生仍能思路清晰地表達自己的觀點，我至今仍記得一次在飯店吃飯時先生關切地問及我的婚姻家庭情況，談及家庭生活，夫妻相處方面，

先生說：「婚姻生活三個階段：情愛、志愛、恩愛，年輕時注重生理的激情，等到中年，兩個人在事業上要志趣相投，共同進步，等老了，親情恩情占主導。」先生家的廚房垃圾實行嚴格的分類、書房、客廳裏，所有對象擺放整齊，井井有條。

先生客廳擺設的照片櫥櫃，攝於 2018 年 5 月 21 日

每次我們去之前，先生都會把想要辦的事情或想要交代的事情提前羅列到一張紙上，推薦我看的書或者文章，也會事先準備好擺放出來，將相關頁碼用書簽夾好，要送給我們的照片和書、資料，他也會事先準備好，然後一項一項地給我們交代清楚。我還發現先生有一個名片夾，裏面有很多書店、飯店、個人、計程車公司等的聯繫卡片，整理得非常規範，每到需要的時候，先生就非常熟練地拿出名片夾撥通號碼，享受預約計程車、預定飯店座位等服務。

追求獨立與自由，這是我接觸先生後感受最為深刻的。先生說他一生追求兩件事情：「追求思想的獨立和渴愛自由」，先生不但追求思想的獨立，還追求生活的獨立，經濟的獨立，當問及為何這麼大年齡了還一個人住，先生說：「你要瞭解我，與中國任何的老年人不一樣，中國人到了老年之後，都希

望和孩子孫子生活在一起，否則就有被拋棄的感覺，但我不一樣，這一方面我學西方人，我從小就追求獨立，我喜歡美國人的獨立。」「中國的很多大儒都有精神獨立的層面，但是我講的比較生活化，什麼叫精神獨立？就是你一輩子要為自己的生活負責任到底，你不能夠依賴任何人，你也不要想政府幫你的忙，也不要想你的子女幫你的忙，你有負責你一輩子的責任，不依賴任何人，不依賴任何的制度，你能活得非常好，我愛人去世十五年給我一個機會，讓我徹底地精神獨立，愛人去世以後我下決心不和別人一起住，所有的事情都自己料理，所有的事情都不要別人幫忙，如果你能做到這樣才叫精神獨立、生活獨立。」〔註3〕談到思想獨立，先生認為在中國這樣的環境裏，思想獨立是個比較困難的事情，因為思想獨立要有訓練，一定是批判性的，要有批判力思想才能獨立，但批判很難，大家對批判比較忌諱。自由可謂是先生一生的追求，是他生命的學問也是學問的生命。先生說：「自由是我的天道。」小時候，為了追求自由離家出走，成年後韋先生和楊慧傑老師的「相戀震撼到社會的禁忌」〔註4〕，為了婚姻的自由脫離師門，晚年時為了個人的自由一直獨處。看得出，先生樂享這種人生的自由。先生在他的《九十感言》中寫到：「自由即選擇成為自己的可能性，一次又一次的重大抉擇，都代表自我的再生。」〔註5〕

先生通過閱讀，進行思想的換血。92歲高齡的先生身體康健，精神矍鑠，鶴髮童顏，走路穩健有力，先生說他一直在創造著生命的奇蹟，由原來的高血壓到現在的血壓正常；無故的神經性習慣跌倒到身體的各項機能穩定；視力老化到視覺恢復正常；右手不能動到重新握筆寫字；耳朵失聰到聽覺改善等等。當問及先生「不老智慧」的秘訣，先生侃侃而談，說他每天堅持鍛鍊兩個小時的身體，包括眼部、耳部、臉部的按摩操，還有針對全身的運動，先生還在談話之餘給我們演示他怎樣運動，怎樣做按摩操。先生提倡「動」的哲學，講求與身體對話，與自我生命對話。除此之外，先生不老之秘訣更重要的在於通過閱讀進行思想的換血。先生雖視力不好，但仍用放大鏡堅持每天看書長達四個小時，先生的兒子每週五會開車過來給先生送一鍋煮好的肉湯，陪先生去飯店吃頓飯，然後就是陪先生去書店買書。先生看書的內容涉及到

〔註3〕參見2018年4月28日韋政通口述，採訪人：劉君莉、葉師竹，未刊。
〔註4〕陳復：《學問不死：我心目中的韋政通教授》，未刊。
〔註5〕韋政通：《九十感言》，感言之五：自由對我的意義，未刊。

各個方面，每看一本書或讀一份報紙，先生都會詳細地做筆記或心得，將要點和想法羅列出來，將報紙上認為重要的部分剪貼並黏貼到需要的地方。先生的書房有好幾個書架，每個書架上書都是滿滿的，但他自己的著作並不多，他說他愛人去世之後，有一段時間心灰意冷，覺得自己也活不久了，就把自己的著作和幾萬冊的書全部捐給了法鼓大學的圖書館和大陸的杭州師範學院的圖書館，兩所圖書館專門設立了「政通書房」，書架上陳列的都是先生近幾年看過的書。先生近年已讀了將近 200 本新書，並對很多書做了詳細的評注和摘抄。先生說他大部分的時間都在看書思考，年輕的時候一天能看書思考 12 個小時，他給太太提出的唯一要求就是不要打擾他看書做學問。先生在一樓的書房裏讀書，太太帶朋友來了直接上二樓，互不影響。

「智慧不老」「學問不死」〔註6〕，先生說他正是通過閱讀，實現了思想的換血，使他的心態時刻保持年輕。先生思想深刻同時又能保持超前的狀態，雖是深居簡出，卻能盡知天下事。先生說：「我立志做個『現代新人』，所謂新人，就是『日日新，又日新』。事實上我現在每天都在讀，仍在寫下新思想，似乎在潛意識裏已『死過一次』，今後仍將全心全意，意猶未盡地活下去。」〔註7〕

然而就是這樣一位大家，卻突然離開了我們，「然而其學問不死，精神永恆與我們同在。」〔註8〕生存、生活、生命，先生用自己的行動書寫了富有創造性的人生。先生自言：「我一生經歷過流浪人生涯，玩過愛情遊戲，扮演過離經叛道的異端角色，僥倖都能『生還』。」〔註9〕求真、求善、求美，先生用思想詮釋了自己的人生追求，先生對自己的人生很滿足，對自己也很滿意，他說：「較之我的思想，我更喜歡的還是我自己，喜歡現在的我，喜歡現在渴愛生活，熱愛自由的韋政通。」〔註10〕先生認為人間似天堂，「到九十歲的黃昏歲月仍活得身體健康，心理愉快，精神飽和，充滿新奇與創意，常想如果真有天堂，也不過如此吧！」〔註11〕先生讓人感受到了生命的激

〔註6〕陳復：《學問不死：我心目中的韋政通教授》，未刊。
〔註7〕韋政通：《九十感言》，感言之十一：立志做個現代新人，未刊。
〔註8〕陳復：2018 年 8 月 6 日《韋政通先生訃告》。
〔註9〕韋政通：《九十感言》，感言之十二，未刊。
〔註10〕參見 2018 年 5 月 27 號，韋政通口述，採訪人：劉君莉、葉師竹、胡可濤，未刊。
〔註11〕韋政通：《九十感言》，感言之十二，未刊。

情，生活的熱情；讓人思考如何做一個有責任，有擔當、有社會良知的世界公民；如何做一個追求自我，追求獨立又極度自律的知識分子。先生寓儒家智慧於現實生命，是用生命在做學問，先生讓我們體會到什麼是創造的人生，什麼是活化的人格和生命的學問，正如先生的好友何懷碩評價的那樣：「政通兄啟發了我們：人生的價值是個人創造出來的：只有創造的人生才是最值得活的。」（註12）

　　韋先生默默離開了我們，他的音容笑貌猶在眼前，發自內心的為先生惋惜、垂淚的學人很多，這正說明韋先生「用生命做學問」精神之不朽，作為青年學人我們將以傳承此種精神自勉，以此表達對韋先生的深切緬懷與敬意……

〔註12〕何懷碩：《創造的人生》，韋政通：《韋政通八十前後演講錄》，武漢：華中師範大學出版社，2009 年，序言第 2 頁。

韋政通先生簡明年表 [註1]

1927 年

農曆 11 月 23 日，12 月 26 日，出生於今江蘇省鎮江市丹徒區丹陽縣新豐鎮後小辛村。

1933 年（6 歲）

在家鄉的一個私塾，設在韋氏宗祠裏，開蒙讀書。

1936 年（9 歲）

在新豐鎮中第一所小學，設在關帝廟中，在此讀到小學二年級。

1937 年（10 歲）

抗日戰爭爆發，日軍焚毀新豐鎮運河以東地區，韋家布莊遭焚毀，整個家庭面臨滅頂之災。

1938 年（11 歲）

再次入村中私塾，後轉入鄰村私塾，跟隨私塾先生趙文耀讀書兩年。

1940 年（13 歲）

在新豐鎮讀最後一個私塾，跟隨私塾先生柯耀符學習古文和白話文，並兼學習數學和英文，讀私塾三年。

1943 年（16 歲）

受父親之命赴上海「茂豐錢莊」當學徒，在錢莊當學徒一年期間，利用業餘時間學習了薄記和速記。當作家當記者的念頭由此萌生。

[註 1] 本年表依據《異端的勇氣──韋政通先生一生》中韋政通先生年表和尹文漢：《儒家倫理的創造性轉化──韋政通倫理思想研究》一書中的韋政通教授簡明年表整理而成。

1944 年（17 歲）

在兄長支持下，隱瞞父親去上海私立大同中學讀初中。

1945 年（18 歲）

日本投降，抗戰勝利，回到常州著名的正衡中學讀書，因年齡和成績直接跳級到初三，後轉入水利學校讀一學期，再轉入南京基督教青年會讀最後一個中學，跳級到高二下。

1948 年（21 歲）

讀完高二，以同等學力考入上海的光華大學。

1949 年（22 歲）

受心儀的女護士去臺的刺激，同時不甘在嚴父高壓管教下做生意，偷母親十塊銀元從上海赴臺，從新竹輾轉到臺北，為生計開班教授速記課。

1950 年（23 歲）

加入中國文藝協會，以韋蕉為筆名創作小說並多次獲獎。

1951 年（24 歲）

當選「文協論評委員會副主任委員」，並教授速記班速記，經速記班同學呂天行引介去通訊社當記者三年。

1954 年（27 歲）

無法忍受新聞工作的生活，同時受勞思光先生影響，辭去記者工作隱遁大屯山麓茅草屋中讀書，經勞思光先生引薦結識牟宗三先生。

1957 年（30 歲）

隱居深山三年半，生活難以維持，幾次昏迷病倒，獲友人救助後赴南投碧山，為比丘尼講授文史課。

1958 年（31 歲）

在徐復觀先生鼎力相助之下，通過著作鑒定獲得教師資格，離開南投碧山執教於臺中一中，開始撰寫《荀子與古代哲學》。工作期間接觸國文老師楊慧傑女士，兩人相愛。

1959 年（32 歲）

在徐復觀先生引薦之下，去彰化靜山修道院兼課並開始書寫《中國近三百年思想研究》。

1962 年（35 歲）

參加中西文化論戰，由《民主評論》和《人生》的作者變成《文星》的作者；因與楊慧傑女士戀情問題遭牟宗三先生反對，與牟宗三先生決裂；迫於輿論壓力離開臺中一中，與楊慧傑女士一起去臺南善化中學任教。

1963 年（36 歲）

《荀子與古代哲學》一書寫成；與楊慧傑女士結婚；脫離牟門，與道德理想主義分道揚鑣。

1965 年（38 歲）

發表大量的文章批判儒家；與自由主義的第三代代表殷海光先生結識並初次見面；《傳統透視》出版。

1966 年（39 歲）

任教於醒吾商專，任教期間撰寫《中國文化概論》；出版《荀子與古代哲學》。

1968 年（41 歲）

殷海光先生給韋政通寫信並希冀其「嚴重工作二十五年」，韋政通先生開始一年一書，《中國哲學思想批判》《傳統與文化》《中國文化概論》相繼出版。

1970 年（43 歲）

發表文章《我所知道的殷海光先生（1965～1969）》紀念 1969 年去世的殷海光先生；到臺灣神學院講授《中國哲學史》；參與楊國樞、李亦園等現代化派組織的科際整合研討會；出版《知識分子的責任》。

1972 年（45 歲）

出版《開創性的先秦思想家》，後改名為《先秦七大哲學家》；任教中國文化學院三年，開設並講授《人生哲學》和《中國文化與現代生活》等課程。

1974 年（47 歲）

出版《中國文化與現代生活》，希冀通過社會科學的方法，運用多學科的知識討論傳統文化與現代生活的問題；出版《現代化與中國的適應》。

1975 年（48 歲）

《中國的智慧——中西偉大觀念的比較》出版；迫於政治壓力從大學離職簽約出版社。靠稿費維持生活。

1976 年（49 歲）

《現代化與中國的適應》出版；在《夏潮》第 8 期第 9 期上先後發表《胡適論（一）》和《胡適論（二）》。

1977 年（50 歲）

出版《中國哲學辭典》；撰寫《梁漱溟：一個為行動而思考的儒者》，收錄《儒家與現代中國》；撰寫《現代中國哲學思想的動向》，收錄《巨變與傳統》；撰寫《中國思想史研究的新動向──余英時〈歷史與思想〉評介》，收錄《傳統的更新》。

1978 年（51 歲）

出版《巨變與傳統──中國傳統思想現代意義的追尋》《中國現代思想家梁漱溟》《中國現代思想家胡適》；撰寫《孔子以前的文化與思想》發表於《哲學與文化》。

1979 年（52 歲）

出版《中國思想史》（上冊）；撰寫《如何建立現代中國人的道德規範》並收錄《傳統的更新》。

1980 年（53 歲）

出版《中國思想史》（下冊）；撰寫《我對中國思想史的幾點認識》《中國人的思想──兼談思想更新之道》《中國思想史方法論檢討》並收錄《中國思想傳統的創造轉化》。

1981 年（54 歲）

出版《傳統的更新》和《中國思想史方法論文選集》；撰寫《認知心態與民主心態》《青年文化與青年類型》《改革青年的思想教育》《批判的心靈、社會的關懷》並收錄《思想的貧困》。

1982 年（55 歲）

出版《倫理思想的突破》；先後發表《新文化運動時代的自由與民主》《社會的良心，歷史的見證──徐復觀教授》《學習與創新》《工業社會倫理危機的診斷與建議》《我愛異端》《朱熹論「經」「權」》《初見馮友蘭》《也談「憂患意識」》《為真理作見證：知識分子的歷史使命》並收錄《思想的貧困》；參與《中國論壇》事務並擔任《中國論壇》半月刊編輯委員；參加「國際朱子學會議」，與傅偉勳相識並結為好友。

1983 年（56 歲）

擔任《中國論壇》編委會召集人並負責審稿、專題策劃、專欄撰寫、籌辦座談會；出版《中國哲學辭典大全》《思潮的脈動》；發表《變遷與回應──是什麼因素阻礙著我們前進？》《犯罪與人性》《二十一世紀會是中國人的世紀？》《啟蒙運動與當代中國思想發展》《老課題上應該努力的新方向──社會道德問題》。

《環境倫理》《學術獨立於民主》《傳統與我》並收錄《思想的貧困》。

1984 年（57 歲）

受三民書局之託與傅偉勳合編《世界哲學家叢書》，廣泛邀請海內外知名學者參與並出版 150 多部；出版《儒家與現代中國》；發表《青年的人生觀──怎樣為自己找出路、意義、理想？》《青年文化的理想與現實》《民國史上地位突出的三位大學校長》《哲學在人文教育中的地位》《迎接學術的新挑戰》並收錄《思想的貧困》。

1985 年（58 歲）

出版《先秦七大哲學家》《中國的智慧》《思想的貧困》；發表《閑暇的價值》《歷史的夢魘》《思考方式的突破》《為什麼大家都有無力感？》《傳統的偏見──以「人師」「經師」為例》並收錄《歷史轉捩點上的反思》。

1986 年（59 歲）

出版《世界哲學家叢書》第一冊《董仲舒》；婉言拒絕擔任《文星》雜誌復刊主持；發表《學派與學閥》《知識分子與大眾文化》《「五四」在今日意義》《「那也是人性」──一個新的人生觀》《民主法治社會裏倫理問題的探討──儒家倫理的現代化之路》《以傳統主義衛道、以自由主義論政──徐復觀先生的志業》《民主的扎根》並收錄《歷史轉捩點上的反思》。

1987 年（60 歲）

發表《「費邊」精神》《胡適心目中的孔子──為中國近代思想史上一宗公案進一解》《「文化中國」的象徵──梁漱溟的生平與思想》《開放社會的基礎建構》《想起賀佛爾》《當前道德問題診斷》《臺灣三十年來的思想界》並收錄《歷史轉捩點上的反思》；蔣經國總統宣布解除黨禁、報禁並開放兩岸探親。

1988 年（61 歲）

出版《衝破禁忌──1987 臺灣思想批判》；《中國的智慧》《倫理學突破》

在大陸出版；到大陸探親，重返青年時期生活的上海，首次回故鄉探親。

1989 年（62 歲）

出版《歷史轉捩點上的反思》；《傳統與文化》再版並更名為《儒家與現代化》；發表《知識分子的抗議傳統》《科學、民主、反傳統──以「臺灣經驗」反省五四》《邁出「五四」的幽靈》《大陸學運已開創新的變局》《方勵之：自由的象徵》《殷海光先生的志業與悲劇》並收錄《立足臺灣‧關懷大陸》；與夫人楊慧傑歷時 23 日遊歷歐洲八個國家。

1990 年（63 歲）

辭去《中國論壇》編委會工作，婉言拒絕《聯合報》總編輯一職；出版《中國思想傳統的現代反思》，《儒家與現代中國》簡體版在大陸出版；發表《人道之光重回故土──晏陽初思想國際學術討論會觀感》《古典的重要》《尊重生命的典範人物──馬曉濱案引起的反思》《推廣民主教育、發展民主文化──為自由主義者重定位》《哲學的黃昏》《學術要自由，文化要自由》《與中國文化相「隔」的馮友蘭》並收錄《立足臺灣‧關懷大陸》。

1991 年（64 歲）

出版《立足臺灣‧關懷大陸》《中國十九世紀思想史》（上冊）；發表《建立知識分子新傳統》《一個夢想：多元化的統一》《是文化危機，抑是文化重建？──「臺灣文化主體性問題」初探》《簡論儒家倫理與臺灣經濟》《學術乃文化之根》《政治生態的試煉──年底大選初探》等文章。

1992 年（65 歲）

與文崇一、李亦園、何懷碩、胡佛、黃光國、楊國樞等人聯名發表《修憲前夕我們對憲政體制與權力之爭的看法》；出版《中國十九世紀思想史》（下冊）。

1993 年（66 歲）

出版《思想的探險》（學術自傳）、《中國哲學辭典》。

1996 年（69 歲）

出版《孔子》（世界哲學家叢書之一）。

1997 年（70 歲）

發表《他山之石，可以攻錯──東瀛所見所聞》《〈新青年〉的在讀與反思》並收錄《中國思想與人文關懷》。

1998 年（71 歲）

撰寫的《新儒家與自由主義觀念衝突的檢討》和《倫理思想的突破》（部分內容）收錄於湯一介、杜維明主編的《百年中國哲學經典》。

1999 年（72 歲）

出版《無限風光在險峰——毛澤東的性格與命運》；發表《梁漱溟的人格特質與生命動力》並收錄《中國思想與人文關懷》。

2000 年（73 歲）

出版《中國思想傳統的創造轉化》《中國思想與人文關懷》《人是可以這樣活的》（自傳）；發表《傅偉勳：一個漂泊不安的靈魂》並收錄《中國思想與人文關懷》。

2001 年（74 歲）

出版《一陣風雷驚世界——毛澤東與文化大革命》。

2002 年（75 歲）

第一屆海峽兩岸傅偉勳、韋政通與當代中國哲學的創造性轉化研討會在武漢召開，因照顧生病的夫人楊慧傑而未能出席；《中國思想傳統的創造性轉化——韋政通自選集》出版。

2003 年（76 歲）

《中國文化概論》《中國的智慧》在湖南嶽麓出版社出版，《中國思想史》（上下冊）在上海書店出版社出版；夫人楊慧傑女士去世。

2005 年（78 歲）

中國人民大學出版社出版《中國文化與現代生活》和《倫理學思想的突破》；山東教育出版社出版《韋政通自選集》，收入湯一介先生主編的「漢學名家」系列叢書。

2006 年（79 歲）

發表《韋政通：吾愛師更愛真理》《我治中國思想史的經驗——在華中師範大學中國近代史所的演講》《倫理學要面對生活》；江蘇教育出版社出版《先秦七大哲學家》；贈杭州師範學院圖書八千冊。

2007 年（80 歲）

發表《生存・生活・生命——人生意義的三階段論——韋政通先生在東南大學「人文素質大講座」的演講》《職業與志業：新一代學者未來的願景》

《怎樣的人生才有意義》。

2008 年（81 歲）

吉林出版社出版《中國文化概論》；贈法鼓大學籌備處人文社會科學領域中外文圖書、期刊四千冊和個人手稿若干。

2009 年（82 歲）

《中國思想史方法論文選集》《中國思想史》《中國的智慧》《中國哲學辭典》在大陸出版；《智慧不老——韋政通教授八十演講錄》在臺北出版；《韋政通八十年代演講錄》在大陸出版。

2011 年（84 歲）

何卓恩、王立新主編的《韋政通文集》，分為《時代人物各風流》《知識人生三大調》《傳統與現代之間》《人文主義的力量》四冊出版。

2013 年（86 歲）

《從「智慧」不老到「日日是死日」——我的入老生活》收錄《走過：老年書寫華文作品選輯》。

2015 年（88 歲）

韋政通演講、張宏敏整理的《韋政通九十感言》《活化人格教育：我對儒家的最後一點想法》，韋政通演講、劉蓉蓉整理陳復校訂的《我踏過的山河歲月——生命教育的創新與發展》在大陸發表。

2016 年（89 歲）

發表《活化人格教育：我對儒家的最後一點想法》《走自己的路——我的人生經驗之一》《走自己的路——我的人生經驗之二》《走自己的路——我的人生經驗之三》。

2017 年（90 歲）

越南河內人文社會科學大學出版了越南文譯版的《中國文化概論》。

2018 年（91 歲）

撰寫《九十歲感言》；8 月 5 日凌晨三點半辭世，享耆壽 92 歲。

致　謝

　　行文至致謝二字，禁不住頭涔涔淚潸潸，雖然一直盼望著這一天的到來，但又是如此的不捨，難捨平易親和的老師們，難忘相親相愛的兄弟姐妹們，11 月的人大校園沒有了鳥語花香卻仍然那麼溫情脈脈。溫暖而舒心的宿舍、寬敞明亮的圖書館、香氣撲鼻的食堂、書聲琅琅的教學樓、洋溢人文情懷的人文樓，一切都是那麼的讓人難忘。

　　大學畢業工作十年之後能有機會來到人大哲學院讀博，聆聽老師們教誨，漫步知識的殿堂，是我一生的幸運和幸福。一路走來，讓人感動的事情太多，需要感謝的人太多，最讓我感恩的就是我的恩師肖群忠教授。肖老師為人平易親和，亦師亦父，悉心指導學業、言傳身教為人處事之道的同時對我們關心細緻入微。在學業上，肖老師因材施教，針對我個人的實際情況對我的學習進行了合理規劃：博士一年級以課程為主，廣泛涉獵，夯實基礎；博士二年級多寫多練，參加讀書會、學術交流會，通過小論文的寫作不斷訓練自己的思維和寫作能力，同時做好博士論文選題；博士三年級目標清晰，方嚮明確、全力以赴進行博士論文的寫作。老師在培養我們學術科研能力方面費盡苦心，老師會通過不同的模式和方法促進我們寫作能力的提升，諸如論文剖析會、綜合考試演練會、開題討論會、預答辯預演分析會、答辯總結會。讓我印象最為深刻且受益匪淺的是論文剖析會，老師會選取一篇師門內論文，讓撰寫者先說一下寫作情況，然後比對論文逐句剖析，反覆講述論文的寫作方式和注意事項，有三點我至今記憶猶新：論文題目準確規範的同時要注意遣詞造句；區分論文的摘要與提要並力求簡潔完整；論文的內容要思路清晰並力求邏輯論證嚴謹。這篇近 16 萬字的畢業論文，從選題到開題再到答辯，小到標點符號語句表達，大到論文框架、布局謀篇，都浸潤著肖老師的心血、

關愛和智慧。除了學業，最為重要的是肖老師教會了我如何做人做事。老師性格開朗、樂觀向上、與人為善、樂善好施；辦事高效、考慮周全、凡事能夠換位思考，處處為學生著想。這些都深深地影響並引導著我。感召著我去追求有智慧有德性有品質的生活。從肖老師身上，我懂得了如何去做一位有人格魅力、深受他人敬重和愛戴的好老師。

感謝已故的韋政通先生，感謝先生去世前的一個月接受我數次的採訪並盛情款待。先生揮斥方遒，慷慨激昂地講他的思想、細緻入微、不辭勞苦地指導我開題報告的一幕幕不時迴蕩在我的腦海裏，他的音容笑貌猶在眼前。生存、生活、生命，先生用自己的行動書寫了富有創造性的人生；求真、求善、求美，先生用思想詮釋了自己的人生追求；先生讓人感受到了生命的激情，生活的熱情；讓人思考如何做一個有責任，有擔當、有社會良知的世界公民；如何做一個追求自我，追求獨立又極度自律的知識分子。「其學問不死，精神永恆與我們同在。」〔註1〕作為見證〔註2〕韋政通先生最後生命的青年學人之一，將以傳承此種精神自勉，謹以拙作表示對韋先生的深切緬懷與敬意。

哲學院的老師們有恩於我，我得到了他們無私的幫助和關愛。感謝焦國成教授、姚新中教授、龔群教授、曹剛教授、張志偉教授、李萍教授、李茂森副教授、郭清香副教授、張霄副教授、劉瑋副教授、楊偉清副教授、王福玲副教授。他們學識淵博、寬厚仁和，傳道授業解惑，在學習、生活上給予我很大的幫助和引導。感謝臧峰宇副院長和博士教務秘書楊淑華老師，他們認真負責，辦事高效靈活，一切為了學生，為了學生一切。

感謝評審我論文的評委老師們，他們的評審意見和中肯的修改建議讓我再次受教；感謝能百忙之中參加我論文答辯的王淑芹教授、鄗愛紅教授、王文東教授，感恩他們對我的扶攜和指導。

感謝深圳大學的王立新教授，在得知我研究韋政通倫理思想之後，第一時間聯繫了韋政通先生予以引薦，使我得以有機會對韋政通先生進行了數次的採訪，在論文寫作過程中，王老師還通過微信和郵件多次給我發來研究韋政通先生的資料和最新信息，更讓人感動的是，王老師將他帶領學生、耗費

〔註1〕陳復：2018年8月6日《韋政通先生訃告》。
〔註2〕2018年8月6日，筆者聽聞韋先生去世的消息，悲痛欲絕，隨即聯繫了深圳大學的王立新教授，王老師勸勉晚生：你是他生命的最後見證人之一，好好努力，多保重！

數月辛苦整理的韋政通先生早期的書信文字全部發來讓我作為論文寫作參考；感謝北京大學的胡軍教授、北京大學出版社的楊淑瀾老師在論文寫作過程中給予的鼓勵和幫助；感謝西南師範大學的高秀昌教授，給我提供了有關論文寫作方面的資料；感謝華中師範大學歷史文化學院的何卓恩教授，在論文寫作過程中發郵件進行鼓勵；感謝池州學院的尹文漢教授，提供研究韋政通先生大事記方面的資料；感謝中國礦業大學的胡可濤教授、廣州天主教神學院的葉師竹女士，在臺期間陪同我數次採訪韋政通先生。

感謝輔仁大學的黎建球教授、潘小慧教授、何佳瑞教授、陳文祥教授，黃渼婷教授，在臺期間提供良好的研究條件並指導博士論文的開題報告；感謝臺灣輔仁大學的濟時、公博、神學圖書館的工作人員，指導我搜集有關論文寫作方面的資料；感謝海峽兩岸心學研究會會長陳復教授，在訪問韋政通先生過程中提供的幫助。

感謝同門兄弟姐妹和同專業的同學們，感謝師姐姚楠、師兄楊建強、師姐李營營、牛紹娜；感謝師妹楊帆、霍豔雲、尹春心，師弟張桂超，在我困難和需要幫助的時候他們總是第一時間予以鼓勵並伸出援助之手，整個師門其情切切、其樂融融，有事情大家通力合作，互相關心扶持，這些都將沉澱為我內心最美的情愫，一生難忘；感謝16級博士班的同學吳迪、楊琳、李慧、賈偉瑋、曾持、秦曉陽、鄭隨心、張曉、李葉、于婷婷，難忘我們這一段美好的旅程，難忘我們融洽、和諧、愉快、友好的相處；感謝我的室友吳伊心和朋友符小麗，給予我無私的支持和幫助，生命中能得如此情誼，是我終生的財富。感恩我遇到的每一個同學，是他們讓我真切地感受到友情的美好，生活的多嬌。

感謝我的家人，感謝與我同甘共苦、風雨同舟、相濡以沫的愛人張永超，在我讀博士期間，他承擔起了料理家務和照顧兩個孩子的責任，在他全力的支持和幫助之下，我才能安心並全力以赴地投入學習和博士論文的寫作當中；感謝我的父母和我的婆婆，他們雖然不懂我在研究什麼，但總是鼓勵我好好讀書，珍惜機會，每次見面憐清瘦，呼兒問苦辛的溫暖成為我求學的巨大動力；感謝我13歲的女兒和六歲的兒子，他們乖巧懂事，成為我情感的寄託！

知恩於心，感恩於行，我將永遠銘記所有的感動，且行且珍惜！

劉君莉

2019 年 11 月 26 日於人大圖書館